ÄGYPTEN
ROTES MEER & SINAI

DUMONT REISE-TASCHENBUCH

Michel Rauch

ÄGYPTEN
ROTES MEER & SINAI

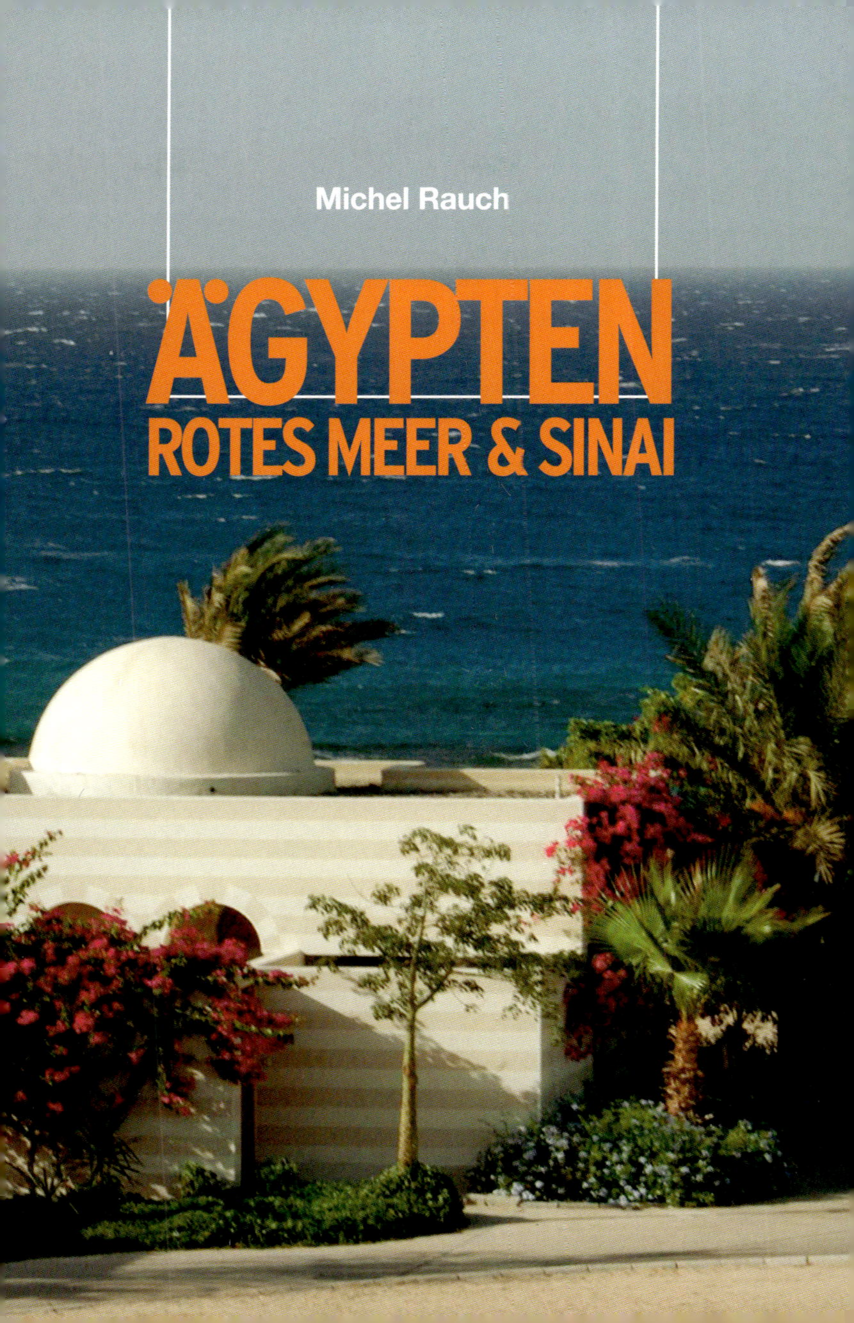

LAND & LEUTE

Am Ursprung dreier Religionen

Kultur und Leben

Tipps für Ihren Urlaub

Tauchparadiese

UNTERWEGS AM ROTEN MEER & SINAI

An der Küste des Roten Meeres

REISEINFOS VON A BIS Z

REISEATLAS

LAND & LEUTE

»Dann stieg Mose auf den Berg, und die Wolke bedeckte den Berg. Die Herrlichkeit des Herrn ließ sich auf den Sinai herab, und die Wolke bedeckte den Berg sechs Tage lang. Am siebten Tag rief der Herr [...] aus der Wolke Mose herbei. Die Erscheinung der Herrlichkeit des Herrn auf dem Gipfel [...] zeigte sich vor den Augen der Israeliten wie verzehrendes Feuer.«

Exodus 24, 15–17

Am Ursprung dreier Religionen

Gebel Musa

AN DEN KÜSTEN DER PHARAONEN

Wer das Rote Meer und den Sinai kennt, der weiß noch lange nichts über das restliche Ägypten. Und wer Ägypten kennt, aber das Rote Meer und den Sinai nicht, der hat auch nur das halbe Land gesehen. Nicht nur geografisch liegen die beiden Regionen weit weg vom Niltal und seinem Delta, wo die meisten der 70 Mio. Ägypter leben, wo sich die beeindruckende pharaonische Geschichte abspielte und bis heute einzigartige Monumente aus viereinhalbtausend Jahren Menschheitsgeschichte erhalten sind.

Zu schwer erreichbar, zu unwirtlich – Wüste eben, dort wo der Aberglaube bis heute das Heim der Dschinn, der Geister und Teufel, ansiedelt, das waren Rotes Meer und Sinai schon für die Pharaonen. Die Herrscher über Ober- und Unterägypten entsandten allenfalls Expeditionen in diese Gegenden oder wickelten über Häfen am Roten Meer ihren Handel mit Ostafrika und Südwestasien ab. Die Gleichgültigkeit der Ägypter, von denen auch heute nur eine Minderheit je auf dem Sinai oder am Roten Meer gewesen ist, gegenüber diesen Landesteilen hat sich, auf Regierungsebene, erst in den vergangenen Jahrzehnten in Interesse umgewandelt – seit es handfeste wirtschaftliche Gründe dafür gibt: Erdölfunde bringen Devisen, und die Natur schenkt mit 360 Tagen Sonne, immerzu warmem Meer und wunderbaren Stränden das Kapital für einen Tourismus, der als Einnahmequelle wichtiger geworden ist als Erdöl. Der Werbename steht für die hohen Erwartungen und steigenden Besucherzahlen: ›Red Sea Riviera‹.

Als Landschaft kann die Küste am Roten Meer nicht mit der wilden und bizarren Schönheit des Sinai mithalten. Das Rote Meer steht mit seiner rapide wachsenden Hauptstadt Hurghada für Badespaß, Sonne tanken und Wassersport, insbesondere für grandiose Tauchgründe. All das bietet in Sharm el Sheikh, Dahab, Nuweiba und Taba auch die Halbinsel Sinai – die darüber hinaus ein grandioses Naturerlebnis verspricht. Der südliche Teil des Sinai besteht aus Granit in Grau- und Rottönen, der, von schwarzen Lavabändern überzogen, geradezu kunstvoll anmutet. Oasen und Wüsten führen den Besuchern auf beeindruckende Weise den Kontrast zwischen Kargheit und üppiger Vegetation vor Augen.

In diesem über weite Strecken unwirtlichen Land sind seit jeher die Beduinen beheimatet. Nur wenige tausend von ihnen leben heute noch nomadisch. Noch nach dem Sechstagekrieg 1967 gestaltete sich das Leben der Beduinen unter den Israelis, die den Sinai erobert hatten, um einiges einfacher als heute unter der erdrückenden Umarmung aus Kairo, das den letzten nicht sesshaften Beduinen ihr Nomadisieren mit fast allen Mitteln austreiben will. Entwicklungshilfe heißt das offiziell. Die Israelis ließen die Beduinen wenigstens Beduinen sein: grenzenlos freizügig.

Andauernde geopolitische Bedeutung erlangte der Sinai ab 1869 mit der

STECKBRIEF ROTES MEER UND SINAI

Lage: Das Rote Meer bildet die östliche Grenze Ägyptens. Die Halbinsel Sinai, zwischen dem westlichen Golf von Suez und dem östlichen Golf von Aqaba gelegen, ist das Bindeglied zwischen afrikanischem und asiatischem Kontinent. Der Sinai grenzt an Israels Negev und das autonome Palästina.

Fläche: Die Küste des Roten Meeres erstreckt sich über 960 km. Der Sinai ist mit 61 000 km^2 etwa eineinhalbmal so groß wie die Schweiz.

Städte: Mit 20 Mio. Einwohnern ist Kairo die größte Stadt Ägyptens und Afrikas. In Alexandria leben mehr als 3 Mio. Menschen. In der Hauptstadt des Nordsinai El Arish leben rund 50 000 Einwohner. Hurghada und Sharm el Sheikh sind die größten Bade- und Wassersportorte am Roten Meer.

Bevölkerung: Ca. 20 Beduinenstämme leben auf dem Sinai. Von den über 79 Mio. Ägyptern (2007) sind geschätzte 500 000 Menschen Beduinen; etwa 5–10 % von ihnen leben in der Wüste des Roten Meeres, weitere 10 % auf dem Sinai. Die Badeorte auf dem Sinai werden dominiert von sesshaft gewordenen Beduinen, am Roten Meer von Saisonarbeitern aus Kairo. Nomadische Beduinen gibt es kaum noch auf dem Sinai.

Religion: Offiziell sind knapp 90 % der ägyptischen Bevölkerung sunnitische Muslime, etwa 10–15 % sind Kopten. Zu den ethnischen Minderheiten zählen ca. 80 000 römisch-katholische und griechisch-orthodoxe Christen, Protestanten und 100 Juden.

Staatsform und Politik: Rotes Meer (Hurghada) und Sinai (Hauptstadt El Tur) sind zwei der größten und militärisch sowie wirtschaftlich wichtigsten Provinzen (Verwaltungsbezirke) der Al-Gumhurrija al-Arabija al-Misrija, der Arabischen Volksrepublik Ägypten. Ägypten ist ein präsidial bestimmter, zentralistischer Staat. Seit 1981 regiert Mohammed Hosni Mubarak uneingeschränkt auf der Grundlage einer Notstandsgesetzgebung. Er ernennt den Premierminister, die Minister, die Gouverneure und eventuell einen Vizepräsidenten (Mubarak hat keinen Stellvertreter).

Wirtschaft: Eine blühende wirtschaftliche Zukunft für das arme Ägypten (das jährliche Pro-Kopf-Einkommen liegt bei 1000 US$) erhoffen sich viele vom Tourismus am Roten Meer und auf dem Sinai. Neben dem Tourismus bilden Erdöl, die Passagegebühren für die Fahrt durch den Suezkanal sowie Überweisungen von im Ausland lebenden Ägyptern die wichtigsten Devisenquellen.

Eröffnung des Suezkanals. Wer den Sinai besitzt, der kontrolliert den Kanal, wer den Kanal besitzt, braucht den Sinai als Pufferzone. Das wussten schon die Kolonialbriten und das gilt noch heute. Drei Kriege fanden hier seit dem israelisch-arabischen Krieg 1948/49 statt (s. S. 27ff.). Der Yom-Kippur-Krieg 1973, nach dem der Sinai an Ägypten zurückfiel, trug den Europäern das Ölembargo der arabischen Staaten ein.

Für die drei großen Offenbarungsreligionen der Welt – Judentum, Christentum und Islam – stellt der Sinai einen der wichtigen Schnittpunkte gemeinsamer Glaubensgeschichte dar. Auf dem Sinai verkauften Jakobs Söhne ihren Bruder Josef. Gott verkündete hier Moses und den Israeliten, die über den Sinai aus Ägypten geflohen waren, die Zehn Gebote; Christen versteckten sich vor ihren Verfolgern, Eremiten lebten hier in Askese und Abgeschiedenheit, um dem biblischen Schauplatz nahe zu sein. Die Kreuzritter erlebten hier eines ihrer vielen Debakel: der Weg nach Mekka, höchster islamischer Wallfahrtsort im heutigen Saudi-Arabien, wurde ihnen von den Muslimen unter Salah el Din erfolgreich abgeschnitten. All das geschah auf dem Sinai.

Gott, heißt es in der Bibel, hat hier gesprochen. Das kann man glauben oder auch nicht. Wenn er aber hier gesprochen hat, dann hat er sich dafür eine der schöneren Gegenden dieser Welt ausgesucht.

Landschaft am Golf von Suez, durch Erosion geformter Sandstein

LANDSCHAFTEN UND NATURRAUM

Tauchparadiese, Wüste und schroffe Bergwelt

Das Rote Meer

Die Küste des Roten Meeres erstreckt sich von Suez bis nach Berenice an der sudanesischen Grenze auf einer Länge von 960 km; das entspricht in etwa der Nord-Süd-Ausdehnung der Bundesrepublik Deutschland.

Schon südlich von Suez flankieren die steil abfallenden Gebirgszüge der Arabischen (Östlichen) Wüste die Küste. Diese im Vergleich zum schroff geformten Sinai sanfthügeligen Gebirge aus kristallinen Gesteinen, Gneis, Granit und Diorit erreichen Höhenlagen bis zu über 2000 m; höchster Berg ist der Gebel Shayab (2185 m) südwestlich von Hurghada. Wüste und Gebirge entstanden vor 500–600 Mio. Jahren im Kambrium, dem ältesten System des Erdaltertums; sie laufen zum abrupt beginnenden fruchtbaren Niltal hin in einer von schwarzen Basalthügeln durchzogenen Steppenwüste flach aus.

Das Bahr el Ahmar (arab. für Rotes Meer) ist, erdgeschichtlich betrachtet, relativ jung, es entstand vor ca. 20 Mio. Jahren. Das sehr salzhaltige Meer ist im Norden 180 km, im Süden etwa 360 km breit; der tiefste Punkt liegt 2604 m unter dem Meeresspiegel. Die Oberfläche von 44 000 km^2 entspricht der Größe der Schweiz. Berühmt ist es wegen seiner Vielzahl von herrlichen Korallenriffen, die in den vergangenen 50 Jahren stark unter der Erdölförderung und – seit einigen Jahren – dem Tauchtourismus gelitten haben und teilweise in sehr kritischem Zustand sind.

Der Sinai

Die Halbinsel Sinai ist mit einer Fläche von etwa 61 000 km^2 ungefähr eineinhalbmal so groß wie die Schweiz und hat eine Nord-Süd-Ausdehnung von 410 km und eine maximale Ost-West-Ausdehnung von 220 km.

An der Südspitze des dreieckig geformten Landkeils zwischen Israel und Ägypten liegen der touristische Hauptbadeort Sharm el Sheikh sowie der Nationalpark Ras Mohammed. Hauptstadt des Nordsinai ist El Arish an der Mittelmeerküste, El Tur die bescheidene Kapitale des südlichen Teils. Der Sinai lässt sich geographisch in vier Regionen einteilen: Nordsinai (an der Mittelmeerküste), Zentralsinai, Südsinai und Westsinai (am Golf von Suez) sowie Ostsinai (am Golf von Aqaba).

Der Sinai besteht aus tertiärem Sandstein und zu über der Hälfte aus grauem, rotem und rosa Granit namens *ikna,* der in Dutzenden von Farbtönen schimmert und rund 580 Mio. Jahre alt ist. Erkaltete Lava durchzieht die Massive mit schwarzen Bändern, ein augenfälliges Charakteristikum der Sinai-Landschaften.

Landschaftlich faszinierend ist der Sinai nur im südlichen Viertel, in etwa auf der gedachten Linie zwischen Hamamet Fara'un (Golf von Suez) und Nuweiba (Golf von Aqaba). In diesem

FRÖSCHE, WATTWANDERER UND ZWEI STEINTAFELN

Sinai und Rotes Meer als biblische Schauplätze

Dem Sinai, er bildete schon eine prächtige Kulisse für biblische Ereignisse, kommt in der Religionsgeschichte des Abendlandes große Bedeutung zu. Das Alte Testament überliefert uns die Begebenheit von Joseph und seinen Brüdern, die ihn in die Sklaverei nach Ägypten verkauft hatten. Dort erweckte Joseph aufgrund seiner Neugier und Gelehrsamkeit die Aufmerksamkeit des Pharaos und gewann schließlich dessen Vertrauen. Zuvor hatte er zwei Träume des Herrschers gedeutet und Ägypten sieben fruchtbare und sieben unfruchtbare Jahre richtig vorhergesagt. Der Herrscher gewährte daraufhin die Erlaubnis, dass Joseph sein Volk durch den Sinai nach Ägypten führen dürfe. Zahlreichen Überlieferung zufolge wurde es dort von der Bevölkerung herzlich und wohlwollend empfangen.

Erst unter anderen Pharaonen begann die Unterdrückung und Versklavung der Israeliten. Als historisch verlässliche Quelle versagt hier das Alte Testament völlig. Es ist keine zeitlich schlüssige Zuordnung von Geschehnissen, Akteuren und tatsächlichen politischen Umständen möglich. Die Unterdrückung, die wohl viele, viele Jahrzehnte dauerte, begann möglicherweise unter Hyksos-›Pharaonen‹, kleinasiatischen Hirtenkönigen, spätestens aber nach deren Vertreibung. Die Pharaonen Amenophis (Mitte 16. Jh. v. Chr.) und Thutmosis III. (Mitte 15. Jh. v. Chr.) werden ebenfalls in diesem Zusammenhang von Historikern genannt. Der Auszug aus Ägypten wird häufiger einer Epoche nahe an Ramses II. (13. Jh. v. Chr.) zugeschrieben. Einer der Gründe dafür, dass die Israeliten bei den Herrschern am Nil in Ungnade gefallen waren, dürfte die Religion der Fremden gewesen sein, die nur einen, noch dazu unsichtbaren Gott verehrten, während in Ägypten Statuen des Gottes Amun und eine Legion von Reichs- und Regionalgöttern angebetet wurden. Rund 400 Jahre liegen zwischen Joseph und Moses, der die Israeliten aus Ägypten hinausführte. Welche Sprache dieses Volk sprach, wo und wie die Israeliten Jehova verehrten, wie sie überhaupt lebten, wer sie zwischen Joseph und Moses führte, all das ist weitgehend unbekannt. Ebenso unklar ist übrigens, ob die Genesis, die Jahrhunderte vor Moses eben diese Versklavung vorhersagte, tatsächlich von Anfang an diesen Passus beinhaltete oder ob sie nachträglich um das Geschehene erweitert wurde.

Die Geschichte Mose, wie sie in der Bibel niedergeschrieben ist, sollte man durchaus einmal lesen. Selbst wenn man dies ohne religiöse Beziehung zum Text tut, handelt es sich bei diesem doch, profan gesprochen, allemal um ein bedeutendes Stück Weltliteratur: wie der Pharao die Israeliten zu knechten versucht, wie Moses ihn auf Geheiß Gottes zwingt, sein Volk aus dem Land zu werfen – nämlich durch die zehn Plagen – und so weiter …

So wird der Sinai zum Schauplatz des Exodus. 40 Jahre soll die Wanderung auf geheimen Wegen über den Sinai und durch den Negev gedauert haben. Sie beginnt am Schilfmeer (Roten Meer) mit einem Wunder für die Israeliten, die vom Pharao und den ägyptischen Heeren verfolgt werden: »Und Mose streckte seine Hand über das Meer aus, und der Herr ließ das Meer die ganze Nacht durch einen starken Ostwind zurückweichen und machte so das Meer zum trockenen Land, und die Wasser teilten sich. Dann gingen die Söhne Israel auf trockenem Land mitten in das Meer hinein, und die Wasser waren ihnen eine Mauer zur Rechten und zur Linken.« (14,21–22) Mit Streitwagen und Reitern verfolgten die Ägypter die Israeliten ins Meer hinein. »Der Herr aber sprach zu Mose: Strecke deine Hand über das Meer aus, damit die Wasser auf die Ägypter, auf ihre Wagen und über ihre Reiter zurückkehren! Da streckte Mose seine Hand über das Meer aus, und das Meer kehrte beim Anbruch des Morgens zu seiner Strömung zurück. Und die Ägypter flohen ihm entgegen. Der Herr aber trieb die Ägypter mitten ins Meer. [...] es blieb auch nicht einer von ihnen übrig. Die Söhne Israel aber waren auf trockenem Land mitten durch das Meer gegangen, und die Wasser waren ihnen eine Mauer zur Rechten und zur Linken gewesen.« (Exodus 14,26–29)

Auf dem Sinai schließlich sprach Gott zu Moses. »Mose aber führte das Volk aus dem Lager hinaus, Gott entgegen, und sie stellten sich am Fuß des Berges auf. Und der ganze Berg Sinai rauchte, weil der Herr im Feuer auf ihn herabkam. Und sein Rauch stieg auf wie der Rauch eines Schmelzofens, und der ganze Berg erbebte heftig. Und der Hörnerschall wurde immer stärker. Mose redete, und Gott antwortete ihm mit einer lauten Stimme. Und der Herr stieg auf den Berg Sinai herab, auf den Gipfel des Berges, und der Herr rief Mose auf den Gipfel des Berges, und Mose stieg hinauf« (Exodus 19,17–20). Auf dem Berg Horeb empfing Moses die Zehn Gebote Gottes, drei Gebote und sieben Verbote (s. S. 154ff.), geschrieben auf zwei Steintafeln.

Von 600 000 Männern (Exodus 12,37) im Gefolge Mose spricht die Bibel, eine Zahl, die heute stark bezweifelt wird, da sie bedeuten würde, dass – Frauen und Kinder mitgerechnet – insgesamt 2–3 Mio. Menschen vier Jahrzehnte unterwegs gewesen wären. Als wahrscheinlich gilt eine Zahl von 6000, maximal 60 000 Israeliten, verteilt über mehrere Jahrzehnte.

Sinai – das ist auch die Geschichte vom brennenden Dornbusch (Exodus 3,2–5): »Da erschien ihm der Engel des Herrn in einer Feuerflamme mitten aus einem Dornbusch. Und er sah hin, und siehe, der Dornbusch brannte im Feuer, und [...] wurde nicht verzehrt. Und Mose sagte: Ich will doch hinzutreten und dieses große Gesicht sehen, warum der Dornbusch nicht verbrennt. Als aber der Herr sah, dass er herzutrat, um zu sehen, da rief ihm Gott mitten aus dem Dornbusch zu und sprach: Mose! Mose! Er antwortete: Hier bin ich. Und er sprach: Tritt nicht näher heran! Zieh deine Sandalen von deinen Füßen, denn die Stätte, auf der du stehst, ist heiliger Boden!« Den brennenden Dornbusch pflegen bis heute die Mönche des Katharinenklosters (s. S. 142ff.).

Teil liegen die höchsten Erhebungen: der Mosesberg (2285 m) und der Katharinenberg (2640 m), die zusammen mit dem Katharinenkloster das reizvolle Herzstück des Sinai bilden. Das Inland des nördlichen Sinai ist eher eintönig und fällt in einer wenig abwechslungsreichen Wüsten- und Dünenlandschaft zum Mittelmeer hin ab.

Der Sinai formte sich vor etwa 35–45 Mio. Jahren, als Arabien von Afrika mit einer Geschwindigkeit von ca. 0,2 cm pro Jahr wegzudriften begann. Im Lauf der Jahrmillionen entstanden die beiden Brüche, die heute den mehr als 300 km langen und bis zu 110 m tiefen Golf von Suez im Westen und den bis zu 1850 m tiefen Golf von Aqaba im Osten bilden und über das Rote Meer durch den Golf von Aden zum Indischen Ozean führen. Der Golf von Aqaba ist Teil eines im Tertiär entstandenen Risses, der vom Jordantal über das Tote Meer bis nach Ostafrika an den Sambesifluss reicht, insgesamt eine Länge von über 6400 km.

Für Geologen ist die Peninsula eines der aufschlussreichsten Gebiete der Welt, da sich hier die ältesten Steine und Gesteinsformationen der Erdgeschichte ohne Mühe finden lassen.

Während das übrige Ägypten zu Afrika gehört, zählt der Sinai bereits zu Asien. Die Grenze zwischen beiden Kontinenten verläuft durch den Suezkanal, der seit seiner Eröffnung im Jahr 1869 der Weltschifffahrt die Passage um die lange und gefährliche Südspitze Afrikas, um das Kap der Guten Hoffnung, erspart.

Drastische Folgen, so befürchten Wissenschaftler, wird der Treibhauseffekt auch für Ägypten haben. Wenn sich der Kohlendioxydgehalt in der Atmosphäre tatsächlich in den nächsten Jahrzehnten verdoppelt, dann würde etwa der Bardawil-See im Nordsinai vom Meer überspült, die Beduinen dort verlören ihr überlebenswichtiges Fischfanggebiet. Das steigende Mittelmeer würde zudem Tausende Quadratkilometer Kulturland vernichten.

Pflanzen und Tiere

Dattelpalmen und Mangroven

Die Pflanzenwelt auf dem Sinai und am Roten Meer prägen am ehesten Akazien und Dattelpalmen, gelegentlich Wacholder und Tamarisken, die in der Arabischen Wüste die anspruchsvollere Akazie ersetzen. Auf dem Sinai wurden von Botanikern an die 1000 verschiedene Pflanzen nachgewiesen, 45 % des in Ägypten existierenden Bestandes. An der Sinai-Ostküste und am südlichen Roten Meer findet man wunderschöne Mangrovenwälder.

Kamele, Geckos und Skorpione

Es ist unübersehbar: Das am häufigsten vorkommende Tier auf dem Sinai und am Roten Meer ist das strapazierfähige Kamel. Giraffen, Leoparden, Löwen und Strauße, die es hier einst gab, hat die Klimaveränderung gezwungen, sich im Inneren des afrikanischen Kontinents einen geeigneteren Lebensraum zu suchen. Bei Wüsten-

MAL LASTESEL, MAL RENNTIER – MEILENWEIT MIT DEM KAMEL

Das Kamel, genauer das einhöckerige Dromedar, ist seit jeher treuester Begleiter der Beduinen und Wüstenvölker. Es dient vor allem dem Lastentransport sowie als Lieferant von Kamelmilch, -fleisch und -fell. Auch im Tourismussektor hat es sich als nützlich erwiesen: Der Besucher auf dem Sinai findet an jeder Straße Beduinen, die mit ihm einen kurzen oder auch mehrtägigen Wüstentrip mit Kamelen unternehmen. Vom schaukelnden Gang des Wüstenschiffs sollte sich niemand abschrecken lassen.

Allerdings haben Touristen nicht Gelegenheit die prächtigsten Tiere zu reiten. Letztere werden vielmehr für diverse Kamelrennen, die sich in ganz Arabien höchster Beliebtheit erfreuen, trainiert. Auf dem Sinai finden solche Rennen im Frühjahr und Herbst in El Arish und am Katharinenkloster statt (da es keine festen Termine gibt, muss man die Daten vor Ort in Nuweiba, Dahab, El Arish erfragen; die Hotels wissen normalerweise Bescheid). Zum Teil werden die teilnehmenden Renntiere eigens aus Qatar, Kuwait und den Emiraten mit Spezialmaschinen nach Ägypten eingeflogen und während einer Akklimatisierungsphase hier auch trainiert.

»Einmalig in der Natur«, so der Kamelspezialist Dr. Ulrich Wernery aus Dubai, »ist die wüstengerechte Physiologie der Tiere.« Der Körper des Menschen taugt für die Wüste wenig, wie jeder schnell bemerkt, Kamele dagegen besitzen organische Kühlaggregate. Die Nase des Kamels ist eine Klimaanlage, die den Wasserdampf der ausgeatmeten Luft zur Kühlung von Blut, Gehirn und Augen nutzt. Mit der Oberlippe können stachelige Zweige abgerissen werden, die im Maul durch verstärkten Speichelfluss aufgeweicht werden. Bei extremer Hitze steigt die Körpertemperatur auf 43 °C, reduziert dadurch das Schwitzen und senkt damit wiederum den Flüssigkeitsverbrauch. Die Niere filtert Salzwasser und gewinnt aus dem verdickten Harn in einem chemischen Recyclingverfahren Restwasser, das dem Körper wieder zugute kommt. Die roten Blutkörperchen können sich um das 200-fache vergrößern und Wasser speichern. In nur einer Viertelstunde können Kamele ihren natürlichen 200-l-Tank, Zellen einer Magenwand, füllen und damit für mehr als eine Woche ohne Wasser auskommen. Die Höcker sind kein Wasser-, sondern ein Fettreservoir, beinhalten also Energiereserven. Knie, Ellenbogen und Brustbein sind knorpelig und schildförmig verdickt, um die Gelenke beim Niederknien zu schonen und die Bauchhöhle vor Bodenhitze abzuschirmen. Die Füße sind tellerförmig gespreizt – eine Form, die das Einsinken im Sand verhindert. Hornschwielen schützen vor der Hitze des Bodens und scharfen Steinen. Obwohl das Kamel geradezu für die Wüste geschaffen worden zu sein scheint, wird es, selbst in den abgelegensten Wüstenregionen Arabiens, mehr und mehr durch moderne Technik verdrängt: Vierradantrieb und Pickups sind die PS-starken Feinde des Kamels.

touren kann man noch gelegentlich Hyänen, Schakale, Wüstenfüchse, Aasgeier und Gazellen sehen – oder Wüstenspringmäuse. Eidechsen und Geckos sind auch noch da. Vorsicht ist angebracht bei Schlangen (Kobras und Sandvipern) und grünen und schwarzen Skorpionen, die sich gerne unter Steinen und in Sträuchern aufhalten.

Milan, Falke, Storch

Die Vogelwelt ist Europäern vertraut – die heimischen Zugvögel lassen sich in Ägypten nieder. Den Schwarzen Milan und den Falken (er ist Wappentier und im arabischen Raum beliebtes Symbol der Macht) kann man noch ab und an am Himmel beobachten. Der Nationalpark Ras Mohammed bei Sharm el Sheikh ist Zwischenstation für Störche; eine Storchenwarte erforscht das Zugverhalten der Tiere, pflegt schwache oder verletzte Vögel gesund.

Prächtige Unterwasserwelt

Das Rote Meer beherbergt eine in allen Farben schillernde Vielzahl an zum großen Teil ungefährlichen Fischen: Barsche, Kaiser- und Soldatenfische, Napoleonfische, Barrakudas, Tunfische, Rochen, Muränen, Papageienfische, Clownfische, Haie, aber auch Delfine, die oft in Schwärmen Boote begleiten.

Vorbereitung zum großen Kamelrennen in El Arish

WIRTSCHAFT, UMWELT UND POLITIK

Ein Überblick

Ägypten zählt zu den ärmeren Ländern der Welt: das jährliche Pro-Kopf-Einkommen liegt bei ca. 1000 US$, die Arbeitslosigkeit bei ca. 20 %, die Inflationsrate bewegt sich bei deutlich unter 5 %. Die Auslandsschulden belaufen sich nach etlichen internationalen Schuldenerlassen auf über 29,1 Mrd. US$ (Stand: 2007). Neben Israel gehört Ägypten zu den größten Empfängern amerikanischer Wirtschaftshilfe (2,1 Mrd. US$/Jahr). Deutschland steuert 95,5 Mio. € jährlich bei.

Ägypten war nicht immer arm. Nach dem Zweiten Weltkrieg war das Land noch höchst potenter Kreditgeber. England stand damals mit 525 Mio. Pfund Sterling beim Königreich Ägypten in der Kreide. Nach Nassers unheilvoller arabisch-sozialistischer Regierung übernahm Sadat das Land mit 1,3 Mrd. US$ Schulden, die sich bei Amtsantritt Mubaraks bereits auf 22 Mrd. summiert hatten. Mubarak häufte nun schon über 40 Mrd. US$ Aus- und Inlandsschulden an. Der Internationale Währungsfonds und die Weltbank verlangen von Ägypten zügige Wirtschaftsreformen mit Privatisierung verstaatlichter Betriebe. Doch angesichts der stetig wachsenden Bevölkerung (jährlich über 1 Mio. Ägypter mehr) kommt ein Teil der Reformen über den guten Vorsatz schwerlich hinaus. So werden seit Jahren ca. 55–65 % der Lebensmittel für jährlich weit über 4 Mrd. US$ importiert; Getreide stammt zu 70 % aus dem Ausland. Die Handelsbilanz weist ein durchschnittliches Minus von über 10 Mrd. US$ auf.

Industrie

Am Roten Meer und auf dem Sinai dominiert der Dienstleistungssektor in Form des Tourismus mit der üblichen Zulieferindustrie und Infrastruktur. Im Altertum schickten die Pharaonen Expeditionen auf den Sinai, um Türkise und Kupfer abzubauen. Die Vorkommen von Mineralien und Kohle lohnen den Abbau aus wirtschaftlichen Gründen nicht. Allerdings wird im Golf von Suez und südlich davon soviel Öl gefördert, dass Ägypten damit etwa 25 % seiner Staatseinnahmen bestreitet. Westlich der das Rote Meer säumenden Küstengebirge finden sich große Vorkommen von Phosphaten, Eisenerz, Porzellanerde (Kaolin), Blei und Asbest, die industriell abgebaut werden. Die Goldminen, die hier in der Antike betrieben wurden, lohnen heute keinen Abbau mehr. Bergbau und Industrie erwirtschaften zusammen nur 18 % des Bruttoinlandsprodukts. Nach ersten Windfarmen nahe El Gouna entstanden weitere, weitaus großflächigere südlich von Ain Sukhna.

Landwirtschaft

Wasser, das blaue Gold, wird zum größeren Bedarfsanteil in Pipelines und

von Tankern auf den Sinai und ans Rote Meer transportiert. Dutzende Lkws bringen tagtäglich aus dem Nildelta Lebensmittel, darunter Obst und Gemüse, die auf dem Sinai und am Roten Meer weder gedeihen noch in den geforderten Mengen produziert werden könnten. Zum Teil wird wertvolles Kulturland für den illegalen Hanfanbau verwendet. Priorität hat die Bodengewinnung durch Urbarmachung von Wüste. Bis Ende des 21. Jh. soll das Kulturland Ägyptens – bislang nur 4 % der Gesamtfläche – um 30 % vergrößert werden. Die Erträge in der Landwirtschaft liegen volkswirtschaftlich gesehen noch hinter denen in Bergbau und Industrie.

Tourismus und Umweltschutz

Der Anteil des Dienstleistungssektors am ägyptischen Bruttoinlandsprodukt beträgt 37 %. Einen zunehmend größeren Beitrag zum sich langsam entwickelnden Aufschwung leisten die Urlaubsregionen Sinai und Rotes Meer. Die knapp 8,8 Mio. Touristen bescheren mit 36 Mio. Übernachtungen jährlich Einnahmen von über 6,9 Mrd. US$ (Haushaltsjahr 2005/06).

Die genauere Analyse verrät einiges über das sich wandelnde Profil der Reisenden: die neu gewonnene Klientel ließ sich oft durch Dumping-Ange-

Markt auf einer Straße in Hurghada

bote locken, reiste mit kleinerem Budget an. Bis 2015 soll sich die Zahl der Touristen – nach der vielfach als traumtänzerisch kritisierten Vorstellung der Regierung – auf 12 Mio. jährlich erhöht haben.

Sinai und Rotes Meer werden sich in den nächsten Jahren weiter zu einer eine viele hundert Kilometer langen Mega-Ferienanlage entwickeln. Die Grundstücke mit Meerzugang sind bereits zu 97 % an Investoren verkauft oder zumindest mit Optionen belegt. Das Hoffen auf den Devisensegen durch einen anhaltenden Urlauber-Boom wird verständlich, wenn man die ernste wirtschaftliche Lage Ägyptens bedenkt die einem auf dem Sinai oder am Roten Meer allerdings nicht bewusst werden kann. Armut, wie sie den Rest des Landes prägt, gibt es hier kaum (zu sehen).

Ägyptens Präsidialregime

Der Staatspräsident heißt, seit der Ermordung Anwar el Sadats im Oktober 1981, Mohammed Hosni Mubarak. Er ist der starke Mann im Land und bestimmt den politischen Kurs. Er ernennt den Premierminister, die Minister, die Gouverneure und eventuell einen Vizepräsidenten (Mubarak hat keinen Stellvertreter). Der Präsident verkündet Gesetze, erlässt Dekrete, schließt Verträge, kann als Oberbefehlshaber der Streitkräfte den Krieg erklären. Der Präsident wird alle sechs Jahre vom Abgeordnetenhaus gewählt. Ägyptens Präsidenten, so zeigt es die diesbezüglich kurze Geschichte, scheinen wegen ihrer Unersetzbarkeit gezwungen zu sein, im Amt zu sterben – sei es eines natürlichen Todes wie Nasser oder eines unnatürlichen wie Sadat. Die ägyptische Präsidialherrschaft ist mit westlichen Demokratien nicht vergleichbar: Seit der Ermordung Sadats 1981 herrscht darüber hinaus eine Notstandsgesetzgebung, die einfachste Bürgerrechte aushebelt. Wahlen werden massiv manipuliert und nicht staatskonforme politische Parteien schikaniert und verfolgt.

GESCHICHTE IM ÜBERBLICK

Vorzeit

20 000–2500 v. Chr. Am Nil leben Menschen als nomadische Jäger und Sammler. Auf dem Sinai gibt es erste Besiedlungen, nachgewiesen durch den Abbau von Feuerstein. Die Verarbeitung des Feuersteins setzt sich in der so genannten halbnomadischen Eilat-Kultur (4500–3500 v. Chr.) fort. Auf die Eilater folgt die Timna-Epoche (3500–2500 v. Chr.), in der Kupfer und Türkis abgebaut werden. Davon profitieren wiederum die pharaonischen Expeditionen, die ab 3000 v. Chr. in den Sinai aufbrechen und mit den Timna-Leuten anfangs kooperieren, sie später aber bekämpfen und diese Kultur schließlich auslöschen.

Frühzeit

3000–2650 v. Chr. 1.–2. Dynastie. Menes, möglicherweise Sammelname mehrerer Provinzfürsten, einigt Ober- und Unterägypten zum Königreich; Beginn der Hochkultur.

Altes Reich

2650–2150 v. Chr. 3.–6. Dynastie. Gottgleich regieren die Pharaonen einen voll entwickelten Staat, der durch Kriegszüge und Expeditionen seinen Machtbereich ausdehnt; König Djosers Baumeister Imhotep erbaut die Stufenpyramide in Saqqara; in Giza entsteht u. a. die Cheopspyramide.

Erste Zwischenzeit

2130–2040 v. Chr. 7.–10. Dynastie. Das Land zerfällt durch das Machtstreben kleiner Gaufürsten, versinkt in sozialen Unruhen und Bürgerkriegen.

Mittleres Reich

2040–1640 v. Chr. 11.–14. Dynastie. Mentuhotep II. befriedet das Reich, leitet eine neue Blütezeit ein; Amun wird anstelle des Sonnengottes Re Hauptgott.

Zweite Zwischenzeit

1640–1550 v. Chr. 15.–17. Dynastie. Die vorderasiatischen Hyksos erobern Ägypten.

Neues Reich

1550–ca. 1070 v. Chr. 18.–20. Dynastie. Mit der Vertreibung der Hyksos beginnt Ägyptens Blütezeit. Es entstehen die großen pharaonischen Götterbauten in Luxor und Abu Simbel.

Spätzeit

1000–332 v. Chr. 21.–30. Dynastie. Auf die Blüte folgt durch innere Unruhen der Zerfall des Reichs; die Ägypter verlieren die Macht an Libyer, Äthiopier, Perser. Im 8. Jh. v. Chr. fallen die Assyrer nach Ägypten ein; im 6. Jh. v. Chr. okkupiert der Perserkönig Kambyses zuerst den Sinai, dann Ägypten; Kambyses ist jener König, von dessen Heer 50 000 Mann später spurlos in der Westlichen Wüste nahe der Oase Siwa verschwunden sein sollen.

Griechische Herrschaft

332–30 v. Chr. Alexander der Große, aus Vorderasien kommend, dehnt im 4. Jh. v. Chr. sein Weltreich über Ägypten aus. Unter seinen Nachfolgern, den Ptolemäern, prägen das Land für 300 Jahre hellenistische Kunst und Kultur. Tempelbauten in Philae und Edfu.

Römische Herrschaft

30 v. Chr.–395 n. Chr. Ägypten wird nach Octavians Sieg über Kleopatras Flotte römische Provinz. Das Christentum breitet sich trotz grausamer Verfolgung aus. Die halbnomadischen Nabatäer, die von ihrer Hauptstadt Petra (im heutigen Jordanien) aus alle Handelswege kontrollieren, behalten auch unter den Römern die Kontrolle über den Sinai. Zur Zeit der Christianisierung suchen die ersten Eremiten in der Sinai-Wüste die Erfüllung in einem Leben in Abgeschiedenheit und Askese.

Katharina, ein Mädchen aus Alexandria, stirbt Anfang des 4. Jh. während der Christenverfolgung den Märtyrertod. Der Legende nach bringen Engel ihren Leichnam auf den Gipfel des Berges Sinai, der heute nach Katharina benannt ist. Dort jedenfalls finden Mönche den Leichnam und errichten eine Kapelle für die Tote.

Byzantinische Herrschaft

395–641 Neue Besatzer, gleiche Ausbeutungspolitik: Ägypten verarmt. Die ägyptische, nun koptisch genannte Kirche trennt sich von der byzantinischen.

Islamische Epoche

ab 640 Amr Ibn el As erobert Ägypten, gründet Fustat (aus dem das spätere Kairo hervorgeht) und islamisiert das Land. Der Siegeszug des noch jungen Islam über ganz Arabien hinweg ist nicht aufzuhalten.

640–1517 Islamische Kalifendynastien aus Damaskus und Bagdad machen Ägypten zur Provinz ihrer Reiche. Unabhängig regieren von 968 bis 1169 die aus Nordwestafrika stammenden Fatimiden, Abkömmlin-

ge der Prophetentochter Fatima. Unter ihnen erblüht das Land, es entsteht die Hauptstadt Al Qahira (Kairo), die Unbesiegbare.
Die fränkischen Kreuzfahrer, die im 11. und 12. Jh. Palästina zu erobern suchen, fallen gleich mehrmals auf dem Sinai ein. Renaud de Chatillon, der Kreuzfahrer-Burgherr aus dem jordanischen Kerak, besetzt 1182 mit fünf Schiffen die strategisch wichtige Pharaoneninsel (südlich des heutigen Taba), um den islamischen Pilgern den Weg nach Mekka abzuschneiden. Doch der islamische Feldherr Salah el Din (Saladin) schlägt de Chatillons Heer in die Flucht. Nach Salah el Dins Tod übernehmen 1249 Mamelucken, aus Militärsklaven hervorgehende Dynasten, die Herrschaft über Ägypten.

1517–1798 Die Ottomanen erobern Ägypten, dessen Regierung sie in Händen der Mamelucken belassen. Die Rolle der Ottomanen beschränkt sich im Wesentlichen auf das Eintreiben horrender Steuern und Zölle.

1798–1801 Napoleon schlägt die Türken/Mamelucken und will mit seinem Ägyptenfeldzug dem britischen Empire den Zugriff auf Indien unmöglich machen. Französische Gelehrte begründen die Ägyptologie und damit den neuzeitlichen Studientourismus in das Land am Nil. Britische und ottomanische Truppen vertreiben 1801 die Franzosen. Türken und Briten kämpfen in der Folgezeit um die politische Hauptrolle im Land.

1805–1849 Der Albaner Mohammed Ali erringt als Pascha die Macht und zwingt die Engländer zeitweise aus dem Land. Er reformiert den maroden Staat (Schulen, Landwirtschaft), baut ein Bildungssystem auf und wird so zum Schöpfer des modernen Ägypten.

1869 Der Suezkanal, der Ägypten an den Rand des Ruins bringt, wird eröffnet. Ägypten muss wegen der Schuldenlast den Kanal für 99 Jahre einer internationalen, mehrheitlich britisch-französischen Betreibergesellschaft überlassen.

1914 England, das Ägypten erneut besetzt hat, erklärt das Land nach dem Kriegseintritt der Türken auf deutscher Seite und einem Angriff auf die Kanalregion zum Protektorat der Krone.

1922 Ägypten wird unter britischer Kontrolle teilunabhängig und bekommt eine konstitutionelle Monarchie unter König Fuad I.

1936/37 Nach dem Tod Fuads I. (April 1936) wird sein Nachfolger Faruk I. im Juli 1937 zum König gekrönt.

1939–1945 Im Zweiten Weltkrieg dient Ägypten als wichtiger Stützpunkt für britische Truppen im Nahen Osten. Bei El Alamein wird 1942 Rommels Afrikakorps geschlagen.

1946 Die Briten ziehen (außer von der Suezkanal-Zone) ab.

1948 Eine geostrategisch wichtige Bedeutung, die die Freizügigkeit der Beduinen stark einschränkt, bekommt der Sinai mit der Gründung

Faruk I., König von Ägypten, bei einem Manöver mit britischen Truppen (1940)

des Staates Israel, wodurch die Halbinsel plötzlich zur Pufferzone, zum Frontgebiet für die Blutfeinde Israel und Arabien wird. Ägypten beteiligt sich nach der Gründung Israels am Unabhängigkeitskrieg, den die Araber verlieren.

1952 Die Freien Offiziere (u. a. Nasser, Sadat) stürzen unter der Führung General Naguibs König Faruk. Am 23. Juli dankt der König ab. Nasser spielt Naguib aus und macht sich zum Kopf des Staatsstreichs, der in der offiziellen Sprachregelung fortan »Revolution« genannt wird.

1953 Am 18. Juni wird die Republik ausgerufen, Faruk wird verbannt.

1954 Gamal Abdel Nasser wird Ministerpräsident, zwei Jahre später Staatspräsident. Die britischen Truppen verlassen das Land.

1956 Die Verstaatlichung des Suezkanals, der auf Grund des Pachtvertrags von Briten und Franzosen kontrolliert wird, provoziert die Suezkrise und macht Nasser zum panarabischen Idol. Die Beschützer- und Förderrolle des Westens übernimmt die Sowjetunion.

1967 Sechstagekrieg. Ägypten hat die Straße von Tiran, Israels einzigen Zugang zum Indischen Ozean, gesperrt; in einem vernichtenden Schlag zerstört Israel die ägyptische Luftwaffe, besetzt den Sinai und erobert die syrischen Golanhöhen und die jordanische Westbank. Wegen der Unterstützung Israels bricht Nasser, der trotz der Niederlage Volksheld bleibt, die Beziehungen zu den USA und einigen europäischen Staaten ab. Die Sowjetunion versorgt Ägypten mit Waffen.

1970 Nach Nassers Tod wird sein Stellvertreter Anwar el Sadat neuer Präsident und korrigiert den sozialistischen Kurs Nassers. Gleichzeitig

ZANKAPFEL UND PUFFERZONE – DER SINAI ZWISCHEN DEN FRONTEN

Die Suezkrise.
Mit der Eröffnung des Suezkanals im Jahr 1869 erhält Ägypten auf 99 Jahre befristet eine Konzession für den Schifffahrtsbetrieb, eine Kanalgesellschaft wird gegründet. Ein Teil der Aktien dieser Gesellschaft bleibt zunächst in ägyptischem Besitz, ein anderer wird von Frankreich erworben. Als der ägyptische Staatshaushalt so ruiniert ist, dass man die Anteile veräußert, erwerben die Briten diese und besetzen, da sie ihre Nahostinteressen durch Frankreich gefährdet sehen, 1882 die Kanalregion. Dort bleiben die Truppen, seit 1936 geregelt durch einen britisch-ägyptischen Vertrag, bis zum Sommer 1956. Den Abzug der Briten nutzt Ägyptens Präsident Gamal Abdel Nasser und erlässt ein Gesetz zur Verstaatlichung des Kanals (s. S. 178), zudem blockiert er die Straße von Tiran und schneidet damit Israels Handelszugang über das Rote Meer zum Indischen Ozean und nach Asien ab. Großbritannien und Frankreich entschließen sich daraufhin in Absprache mit Israel zur militärischen Intervention – ein Schritt, der von den Vereinten Nationen für völkerrechtswidrig erklärt wird, aber nicht verhindert werden kann, da das französische und britische Veto den Sicherheitsrat blockieren.

Am 29. Oktober 1956 beginnt der Sinai-Krieg. Der israelische Heeres-Chef Moshe Dajan marschiert mit seinen Truppen über Gaza auf der Halbinsel Sinai ein. Zwei Tage später bombardieren Frankreich und Großbritannien Ägypten.

Auf Drängen von den USA und der UdSSR wird am 6. November der UN-Forderung nach einem Waffenstillstand entsprochen. Ägypten öffnet den Suezkanal wieder für die internationale Schifffahrt und garantiert, gemäß einer Konvention von 1888, die jederzeitige freie Durchfahrt für alle Handels- und Kriegsschiffe in Friedens- und Kriegszeiten sowie die Neutralität der Kanalzone.

Der Sechstagekrieg.
Eine UN-Truppe auf dem Sinai und im Gaza sichert seit 1957 den Frieden an der ägyptisch-israelischen Grenze. Doch an den israelischen Grenzen zu Syrien und Jordanien kommt es seit 1962 immer häufiger zu Gefechten, die im Juli 1966 zu schweren Zusammenstößen von syrischen und israelischen Panzerverbänden führen. Die arabischen Staaten, so Israels Argumentation, hätten die Jahre seit dem Suezkrieg in erster Linie dazu genutzt, sich für den Endschlag gegen Israel hochzurüsten. Als auf Ägyptens Drängen die UN ihre Friedenstruppen aus dem Sinai und vom Gaza abziehen, Nasser kurz darauf abermals die Straße von Tiran sperrt und erklärt: »Allein die Existenz Israels ist eine Provokation«, macht Israel mobil.

Die Großmächte reagieren unterschiedlich auf die drohende militärische Konfrontation. Frankreich will Krieg vermeiden, die USA und Großbritannien stellen sich auf die Seite Israels, und die Sowjetunion erklärt sich zu Ägyptens Schutzmacht – Nahostkonflikte haben in der Folgezeit immer eine weltpolitische Dimension.

Am 1. Juni 1967 bildet Israels Premier Eschkol eine Regierung der nationalen Einheit; Verteidigungsminister wird der ›Suez-Held‹ Moshe Dajan, der Mann mit der Augenklappe. Am 5. Juni 1967 starten 183 israelische Kampfjets in Richtung Ägypten und zerstören in zwei Überraschungsangriffen drei Viertel der ägyptischen Luftwaffe. Nun greifen Jordanien und Syrien in den Krieg ein, Jordanien verliert seine gesamte Luftwaffe, Syrien etwa die Hälfte. Am 6. Juni besetzt Israel den Gazastreifen, am 7. und 8. Juni Hebron, Ramallah, Nablus und Jericho, am 10. Juni den Sinai. Innenpolitisch am bedeutendsten ist die Einnahme Jerusalems vom 5. auf den 6. Juni: Moshe Dajan kann den Israelis stolz die Klagemauer zurückgeben. Am 9. Juni startet Syrien von den Golanhöhen aus Angriffe gegen Israel; einen Tag später ist der Golan in israelischer Hand; der Krieg ist zu Ende. Israel hat eine Fläche von knapp 67 000 km² dazu gewonnen, das Dreifache des eigenen Territoriums vor diesem Sechstagekrieg.

Neun Tage nach Kriegsende bietet Israel, Syrien und Ägypten Land für Frieden, die Rückgabe des Golan und der Sinaihalbinsel als »Gegenleistung für Frieden und Entmilitarisierung«, an eine Formel, die auch bei den Friedensverhandlungen seit Anfang der 90er-Jahre Verwendung findet. Ob das Angebot 1967 ernst gemeint ist oder nur Rhetorik, wohl wissend, dass die Araber nie akzeptieren würden, ist bis heute höchst umstritten.

Der Yom-Kippur-Krieg.
Die Spannungen zwischen Israel und den Arabern verschärfen sich nach dem Sechstagekrieg erneut. Vom Frühjahr 1969 an beschießen Ägypter über den Suezkanal hinweg den besetzten Sinai. Die palästinensische Terrorwelle erreicht mit dem Anschlag bei den Olympischen Spielen in München 1972 ihren Höhepunkt.

Am 6. Oktober 1973, an Yom Kippur, rollen Panzerverbände zur Überraschung der Israelis und der übrigen Welt zeitgleich auf den Sinai und dem Golan ein, der Sieg scheint für die Araber greifbar nahe. Am 16. Oktober jedoch ist die ägyptische Armee eingekesselt, und die Israelis stehen jenseits des Suezkanals 220 km vor Kairo. Der 18-tägige Krieg endet durch das Drängen der UN auf Verhandlungen. Durch dieses Ende des Yom-Kippur-Kriegs, von beiden Seiten als Sieg gefeiert, blieb Ägypten diesmal vermutlich eine greifbar nahe Niederlage erspart.

Die daraufhin stattfindenden Gespräche am grünen Tisch dürften der Absicht entsprechen, die Ägyptens Präsident Anwar el Sadat mit seinem Angriff verfolgte. (Sein Kalkül geht auf, 1979 bekommt Ägypten den Sinai zurück.) Die arabische Welt reagiert auf die Auseinandersetzungen mit dem Ölembargo gegen den Westen, das ein Umdenken in Energiefragen einleitet und den Ölverbrauch so sehr drosselt, dass die ölexportierenden Staaten seit Beginn der 1990er-Jahre in der Absatzkrise stecken.

propagiert Sadat als »Korrektur-Revolution« eine liberale (Wirtschafts-) Politik, um Ägypten dem Westen wieder anzunähern. Politische Gegner verfolgt Sadat mit äußerster Härte, sich selbst lässt er per Gesetz zum Präsidenten auf Lebenszeit erklären.

1973 Im Oktoberkrieg (Yom-Kippur-Krieg), der letztlich am Verhandlungstisch zugunsten Ägyptens entschieden wird, erhält Ägypten einen Teil des Sinai von Israel zurück. Obwohl im Feld so gut wie besiegt, feiern die Ägypter den Krieg als großen Sieg.

1977 Präsident Sadat reist nach Jerusalem, um mit Israels Ministerpräsident Menachem Begin Frieden zwischen den beiden Ländern zu schließen.

1979 Israels Menachem Begin und Ägyptens Sadat schließen in Camp David (USA) Frieden. Ägypten erkennt das Existenzrecht Israels an, was im arabischen Lager einem Hochverrat an der gemeinsamen Sache gleichkommt. Wegen dieses Alleingangs wird Ägypten aus der Arabischen Liga ausgeschlossen, im islamischen Lager isoliert.

1981 Staatspräsident Sadat wird – wegen des »verräterischen Friedens mit Israel« – von Islamisten ermordet; sein Stellvertreter Hosni Mubarak folgt ihm im Amt. Mubarak verhängt den bis heute andauernden Ausnahmezustand, der, so Kritiker, Willkürjustiz Tür und Tor geöffnet hat und der Polizei weitestreichende Befugnisse einräumt.

1982 Israel gibt das letzte Stück Sinai zurück, nur um Taba bei Eilat wird noch verhandelt, ehe auch dieser Grenzort 1989 in ägyptischen Besitz übergeht.

1990/1991 Im Golfkrieg profiliert sich Ägypten als Kopf der Anti-Irak-Front, kann damit im arabischen Lager die alte Rolle des politischen Vermittlers gewinnen; der Westen honoriert das Engagement gegen Saddam Hussein mit enormen Schuldenerlässen und neuen Kreditzusagen.

ab 1992 Islamische Fundamentalisten, die ihren blutigen Terror religiös begründen, gewinnen vor allem bei den Armen an Sympathien, da sie mit viel Geld und sozialen Taten helfen, wo der Staat versagt. Ziele von Attentaten sind kritische Journalisten, Kopten, Touristen aus westlichen Ländern. Anschläge mit Autobomben und Heckenschützen gegen Informations-, Innen- und Premierminister sowie den Literatur-Nobelpreisträger Nagib Mahfus misslingen, kosten aber Leibwächter und unbeteiligte Ägypter das Leben. Der Tourismus erleidet Einbußen bis zu 60 %. Verurteilte fundamentalistische Terroristen werden von Militärgerichten regelmäßig mit der Todesstrafe belegt.

1993 Amnesty International und andere internationale Menschenrechtsorganisationen beklagen, dass die ägyptische Polizei bei Verhören zunehmend Foltermethoden anwendet.

In der Folgezeit bemühen PLO-Chef Yassir Arafat und Israels Außenminister bzw. nach Yitzhak Rabins Ermordung der Premier Shimon Peres Präsident Mubarak als Vermittler in den Verhandlungen um Gründung und Ausweitung der palästinensischen Autonomiegebiete sowie in den Friedensgesprächen mit Syrien.

1996 Fundamentalisten überfallen eine Reisegruppe, töten vor einem Hotel nahe der Pyramiden 18 griechische Touristen. Dennoch erlebt der Tourismus sein ›bestes‹ Jahr. Präsident Mubarak gibt seinem Tourismusminister Weisung, dafür zu sorgen, dass Sharm el Sheikh, Dahab und der Sinai bald in großem Stil auf der »Weltkarte des Tourismus« stehen.

Nach dem Amtsantritt des rechtsgerichteten israelischen Premiers Benjamin Netanjahu, der den Nahostfrieden zum Stillstand zu bringen versucht, sinken die Beziehungen zu Israel unter den Gefrierpunkt. Anti-israelische Kampagnen der ägyptischen Presse gleiten in antizionistische und antijüdische Hetzkampagnen ab. Mubarak setzt sich an die Spitze der gesamtarabischen Kritik an Israels Friedenspolitik.

1997 Präsident Hosni Mubaraks Regierung beschließt einen umfangreichen 20-Jahresplan, nach dem bis 2017 über 40 neue Städte, teils am Roten Meer, gegründet werden sollen.

Mit sieben anderen muslimischen Staaten gründet Ägypten nach dem Beispiel der Organisation der sieben führenden Industrienationen (G-7) einen Kooperationspakt, die Organisation der acht Entwicklungsländer (D-8).

1999 Per Sondergesetz des Parlaments kann Präsident Mubarak eine vierte Amtszeit antreten.

2000 Bei den Parlamentswahlen, gekennzeichnet von unverhüllter Wahlfälschung, kommt es zu gewalttätigen Auseinandersetzungen zwischen Polizei und Bürgern, denen der Zugang zu Wahllokalen verwehrt wurde. Neun Menschen sterben, Dutzende werden verletzt, mehr als 200 verhaftet.

2003 Verschärfte Wirtschaftskrise, Devisenknappheit.

Wissenschaftler entdecken im Nordschacht der so genannten Königinnenkammer in der Cheopspyramide eine neue, bislang unbekannte, mit zwei Kupfergriffen versehene Tür.

2004 Archäologen entdecken bei Grabungen in Alexandria Reste der wahrscheinlich ältesten Universität der Erde.

2005 Mubarak, erstmals mit Gegenkandidaten, wird zum fünften Mal vom Volk zum Präsidenten gewählt. Die Wahlen gelten als kräftig manipuliert.

2007 Funde von 4000 Jahre alten Sarkophagen bei Saqqara.

Kultur und Leben

Moschee an der Einfahrt zum
Suezkanal, Port Said

KULTUR DER BEDUINEN UND RELIGIONEN

Die Beduinen

Der Sinai ist seit Jahrtausenden die Heimat von Nomaden und Halbnomaden: Hirtennomaden, wie das arabisch-französische Wort Beduine impliziert. Die westsemitische Wurzel *bedw* bezeichnet den Herdenbesitzer, und die Beduinen und Nomaden sehen in dem biblischen Ismael ihren Stammvater.

Der Sinai besteht aus einer Ansammlung verschieden großer Gebiete, die knapp 20 Beduinenstämmen gehören und von diesen auch relativ unabhängig kontrolliert und verwaltet werden (die Planungs- und die Polizeihoheit liegen selbstverständlich bei der Kairoer Regierung und dem von ihr eingesetzten Gouverneur). Die Grenzen zwischen den Stammesgebieten sind während der vergangenen 400–500 Jahre unverändert geblieben.

Von Bedeutung sind auf dem Sinai zwei Gruppen: die *tiyaha,* die mit großen Kamelherden von Ort zu Ort ziehenden Leute der Ebene, die einst von Schutzgeldern der Handelskarawanen lebten, und die *tuwara,* die Leute vom Berg Sinai.

Die Tuwara sind bis heute lediglich als Halbbeduinen anerkannt, da sie ursprünglich nicht arabischer Abstammung sind. Vielmehr kamen ihre Vorfahren im 6. Jh. als Sklaven aus Osteuropa, Bosnien, Anatolien und vom Schwarzen Meer ins Land. Kaiser Justinian hatte sie für den Aufbau des Katharinenklosters auf den Sinai bringen lassen; Ägyptens Statthalter Theodosius schickte weitere 100 Familien aus Alexandria, die ebenfalls den Mönchen willfährig und gottgefällig zu dienen hatten. Die Tuwara galten als die Beschützer des Katharinenklosters; im Gegenzug verpflichteten sich die Mönche, ihnen regelmäßig Naturalien, vor allem Brot, zu geben. Erst allmählich vermischten sich die Tuwara, die einstigen Zwangsgastarbeiter der Klostermönche, mit Beduinen, heirateten in arabische Stämme ein und konvertierten spätestens im 7. Jh. allesamt zum Islam (laut Koran unbedingte Voraussetzung, damit ein Mann eine muslimische Frau heiraten kann).

Andere wichtige Beduinenstämme auf dem Sinai sind die aus dem heutigen Jordanien stammenden arabischen *haweitat* und die *suwarka,* die als größter Stamm im Nordsinai leben.

Sowohl Ägypten als auch Israel (während der Sinaibesetzung) taten viel, um die Nomaden sesshaft zu machen, wobei die Israelis geschickter vorgingen und noch heute große Sympathie bei den Beduinen genießen.

Kairos Methode zur ›Domestizierung‹ ist einfach: Plötzlich mussten Beduinen Geburtsurkunden haben, wo doch keiner von ihnen das exakte Jahr kannte, in dem er geboren wurde; man kommt zur Welt im Jahr des großen Sturms oder der langen Hitze oder im dritten Winter ohne Regen. Nun plötzlich brauchte man dieses Personendokument, das *bataaga,* mit dem der Beduine zwar billiger Grundnahrungsmittel kaufen kann, das aber auch den

Nachteil in sich birgt, dass es ihn für den Wehrdienst leicht identifizierbar macht. Der von Kairo auferlegte Schulzwang wird von vielen Beduinenfamilien nur widerwillig erfüllt; nicht weil die Kinder nichts lernen sollen oder wollen. Aber die beduinische Geschichte und Wirklichkeit ist auf dem Lehrplan offiziell kein Thema.

Auf die Kultur der Beduinen hat Kairo nie Rücksicht genommen, man hält den Sinai wie eine Kolonie und wendet dabei in gemäßigter Form jene Praktiken an, mit denen die europäischen Kolonialisten einst die Ägypter zu brechen versuchten. Verständlich, dass die Beduinen der israelischen Sinai-Besatzung wie einem schönen Traum nachhängen.

Wer das Aussterben beduinischer Kultur beklagt, der muss aber auch bedenken, dass ein Phänomen, das weder israelisch noch ägyptisch etikettiert werden kann, das Leben auf dem Sinai rigoros verändert hat: der Tourismus. Er bringt den Beduinen, die als Fremdenführer, Cafébesitzer und ähnliches arbeiten, weit mehr Geld, als sie mit Viehzucht oder Kleinhandel je verdienen könnten. Der Tourismus machte die Beduinen aber auch mit einem westlichen Lebensstil bekannt, der auf viele erstrebenswerter und bequemer wirkt als das einfache und kontrollier-

Gemeinsames Essen der Beduinen während des Kamelrennens von El Arish

DIE BEJAS – DER VERGESSENE STAMM

Sie leben am südlichen Ende der Arabischen Wüste, östlich des Nasser-Sees an der Grenze zum Sudan, und gleichen in ihrer Physiognomie den Ägyptern der frühdynastischen Reiche vor etwa 5000 Jahren. Sie sprechen kein Arabisch, sondern einen hamitosemitischen Dialekt.

Und wahrscheinlich wüsste heute noch niemand von ihnen, wenn nicht die ägyptische Anthropologin Shahira Fawzy bei einer Umweltstudie über den Nasser-See per Fernstecher auf zwei Frauen aufmerksam geworden wäre, die mit drei Kindern vom See aus zu einem angeblich unbewohnten und unbewohnbaren Landstrich zogen. Die Wissenschaftlerin ließ ihre eigentliche Arbeit liegen, verfolgte die Gruppe einen halben Tag lang und stieß auf einen Nomadenstamm, von dessen Existenz bis dahin niemand gewusst hatte.

Shahira Fawzy beschloss, mit dem Stamm, rund 20 000 Menschen, zu leben. Sie blieb zwölf Jahre unter den Nomaden, die seit Jahrhunderten so isoliert lebten, dass sie nicht einmal wussten, was Strom ist und wozu man ihn benutzen kann. Den Stausee, der einen Teil ihres Gebietes überflutete, hielten sie für eine Sintflut, die von selbst wieder abschwellen werde. Und wenn sie gelegentlich im Land Cruiser der Wissenschaftlerin mitfuhren, dann erklärten sie nicht der Fahrerin den Weg durch die Wüste, sondern sprachen mit dem Wagen selbst.

Die Bejas nennen sich selbst *ness el gebel,* die ›Leute vom Berg‹, und stammen der mündlichen Überlieferung nach von der arabischen Halbinsel. Ihre Erzählungen deutet die Anthropologin Fawzy so, dass die Bejas unter den Pharaonen, aber auch noch später unter den Römern die ergiebigen Goldminen vor Plünderern schützten. Nach dem Ende der Goldgräberzeit hatten sie kaum noch Kontakt mit Fremden und taten, was sie auch vorher getan hatten: sie zogen dem seltenen Regen, wenn er denn fiel, hinterher, und blieben, wo sie waren, wenn es nicht regnete. Die Feuchtigkeit genügte für ein karges Weideland, das wiederum Schafe und Ziegen ernährte.

Kritisiert wurde Shahira Fawzy von unterschiedlichen Seiten oft für das, was sie schon während ihrer wissenschaftlichen Studien tat: sie machte sich bei der ägyptischen Regierung stark dafür, dass die Bejas eine minimal menschenwürdige Versorgung bekommen sollten: Brunnen, Erziehung, Kleidung. Die Verwaltung war alles andere als glücklich darüber und versuchte, Fawzys Engagement mit allen erdenklichen bürokratischen Mitteln (und auch Gewalt) zu Fall zu bringen; man wollte nicht noch ein Problem, das dem abgewirtschafteten Staat nur Kosten verursacht.

Ist es richtig, einen Stamm wie die Bejas gleichsam in die Moderne zu katapultieren? Forscherin Fawzy sagt dazu nichts. Für sie ist es eine Verbesserung der Situation, dass die Bejakinder heute wissen, was ein Auto, ein Fernseher ist, wie eine Mango und wie Honig schmecken. »Aber«, fragen manche Kritiker, »ist es wirklich wichtig, dass sie das wissen?«

te, abgeschlossene Leben in Clan und Stamm.

Über das Leben der arabischen Beduinen *(ababdas, ma'asas* und *bishari)* der Östlichen Wüste ist weit weniger bekannt als über die auf dem Sinai beheimateten Stämme. Die Beduinen der Östlichen Wüste standen immer im Ruf, Wegelagerer, Piraten der Sandmeere zu sein, gefürchtet wegen ihrer sagenhaften Räuberkarawanen. Doch der Großteil ernährte sich von Viehzucht, Fischfang und Kleinhandel. Die ursprünglich aus dem westlichen Afrika stammenden Bishari gelten als Meister der Kräuterkunde, die für jedes Leiden die passende Medizin zu mixen verstehen. Viele von ihnen sind über die durchlässige sudanesische Grenze nach Ostafrika ausgewandert.

Sitten und Gebräuche

Nomaden ziehen umher, nicht etwa weil es in ihrem Blut oder ihrer Genetik liegt, sondern weil sie in Gebieten zu Hause sind, wo sie an einem festen Platz nicht überleben könnten. Ihre Habe können die Beduinen, die meist in Zelten leben, in weniger als einer halben Stunde auf ein oder zwei Kamele packen. Ihr Dach über dem Kopf ist der Himmel der Wüste, vor dessen sengender Sonne das Zelt schützt.

In das Beduinenzelt selbst wird der Fremde so gut wie nie eingeladen, man sitzt davor im schattigen Freien, wo sich das Leben abspielt. Männer und Frauen leben bis zu ihrer Heirat mit den Eltern im Zelt; erst danach ziehen sie in ihr eigenes Zelt, dessen Eingang oft nach Mekka ausgerichtet ist. Bei heißem Wetter werden die Seitenwände hochgerollt, sodass das Dach als reiner Sonnenschutz fungiert.

Das Zelt einer Familie mit Kindern teilt sich – getrennt durch Vorhänge – in den Männer- und den Frauenbereich auf. Zur Domäne der Männer gehört der Kaffeeplatz mit den Matratzen; zum mindestens doppelt so großen Areal der Frauen zählen der Schlafbereich für die Erwachsenen und die Kinder, ein mit Teppichen und Decken ausgelegter Aufenthaltsort, die Ecke mit dem Geschirr und den Wasserkrügen. Früher bestanden die Zelte mit Grundflächen von 100 m² und mehr meist aus schwarz gefärbtem Kamelhaar. Das Naturgarn wird heute oft durch Plastikplanen und feste Stoffe ersetzt. An Plätzen, zu denen man regelmäßig zurückkehrt, wird ab und an auch eine Lehmhütte errichtet; die hässlichen modernen Fertigbetonbauten, die man heute vermehrt sieht, sind von der Regierung aufgezwungene ›Geschenke‹ und dienen meist als Schulen, gelegentlich als Lagerhallen.

Die Aufteilung des Zelts spiegelt die Hauptaufgaben der Frau deutlich wider: sie ist für Kinder und Küche (inklusive Beschaffung des Brennholzes) verantwortlich; darüber hinaus betreut die Frau das Vieh der Familie und holt vom Brunnen, wo sie auch wäscht, das Wasser. In größeren Beduinensiedlungen haben Frauen, um kompromittierende Begegnungen mit fremden Männern zu vermeiden, sogar ihre eigenen Wege, die nur sie benutzen dürfen, während die Männer sich auf anderen Pfaden durch das Dorf zu bewegen haben. Frauen tragen immer die *tarha,* ei-

Beduinenfrau mit *tarha*

nen schmuckvollen, Mund und Nase verdeckenden Überwurf, der nur innerhalb der Familie gelüftet wird.

Die Stämme unterteilen sich in die verschiedenen Familien, die Clans; die Struktur ist streng patriarchalisch. Jeder Clan hat einen *omda,* ein Familienoberhaupt, und dem Stamm steht der *sheikh* vor, eine Art Bürgermeister und oberster Richter, der eine Schlüsselrolle in den Beziehungen des Stammes nach außen spielt: Er ist Bindeglied zur offiziellen ägyptischen Verwaltung, die jedoch auf dem Sinai weit weniger zu sagen und zu regieren hat, als ihr lieb ist, und der Sheikh überwacht die Beziehungen seiner Clans zu Nicht-Beduinen.

Der Sheikh oder *kadi* ist es auch, der wie ein Gericht entscheidet, sein Wort gilt als endgültig. Das ist der uralte Rechtsweg auf dem Sinai. Noch heute gilt die Blutrache zur Wahrung der Familienehre. Das Gastrecht stellt ebenfalls einen hohen Wert in der beduinischen Gesellschaft dar, solange es nicht offensichtlich (von Touristen) ausgenutzt wird.

Trotz der weit verbreiteten Viehzucht (Schafe, Ziegen), die den Lebensunterhalt sichert, ist dem Beduinen das wichtigste Tier das Kamel. Es steht für *baraka:* für Glück. Brautgeld, Schulden und das Pflichtalmosen, das der Islam vorschreibt, wurden seit jeher in Kamelen berechnet (heute kalkulieren auch die Beduinen untereinander in Papierwährung). Aus Kamelhaar spinnen Frauen Kopfbedeckungen; aus Knochen von Kamelen und Gazellen wurden einfache Küchenbestecke gefertigt; heute sind allerdings Löffel, Tassen, Teller und Töpfe aus Blech das moderne unverwüstbare Standardgeschirr.

Ein anderer wertvoller Stoff der Wüste ist Wasser, zu Recht das blaue Gold des Nahen Ostens genannt. Wasser zu verschwenden wird als grobe Unhöflichkeit empfunden, und jemandem Wasser zu verweigern, wenn man genug davon hat, als eine noch viel größere. Nicht einmal Spülwasser wird eine Beduinenfrau wegkippen, sondern in einem Topf oder Eimer sammeln, um es dem Vieh zu trinken zu geben.

Musik und Poesie der Beduinen

Die Kultur der Beduinen kennt keine schriftlichen Dokumente; alle Überlieferung erfolgt nach alter orientalischer Tradition mündlich. Was Europäern das Familienbuch mit Stammbaum ist, das ist dem Beduinen die Fähigkeit, seine Vorfahren zurück bis ins erste Glied aufzählen und benennen zu können. Auch Stammesgrenzen, die sich an markanten Punkten in der Landschaft orientieren, sind nirgends niedergeschrieben, sondern allgemein bekannt.

Beduinen sind der Musik und der Poesie geradezu verfallen, und so treffen sich in uralter arabischer Tradition die Männer allabendlich, um gemeinsam auf ihren Instrumenten zu musizieren. Gewöhnlich spielen sie auf einer fünfsaitigen *simsimiyya,* einer der Lyra ähnlichen Leier. Die Saiten, die mit der linken Hand gezupft werden, produzieren fünf verschiedene Halbtöne. Aber auch auf Gitarren, Pfeifen und Trommeln werden von den Vorvätern überlieferte, teils sehr rhythmische, teils sehr sanfte Melodien und Weisen gespielt.

In den Liedern und Gedichten gibt es stets wiederkehrende Motive, die von Karawanen und Kamelen, vom Fischeralltag, von der Wüste und den Freuden der Oasen sowie dem Lauf der Jahreszeiten erzählen. Die unterhaltsamen Sagen über die Ahnen, in denen sich Geschichte und Geschichten vermischen – oftmals kleine Juwele orientalischer Erzählkunst – erfüllen zudem die Funktion einer immerwährenden Chronik.

Kopten und Muslime

Die Kopten und ihre Kirche

Die Kopten beanspruchen für sich zu Recht, die direkten Nachfahren der altägyptischen Bevölkerung der Pharaonenzeit zu sein. Aus ihrem Namen entstand das griechische *aigiptios,* das im Deutschen zu Ägypten wurde. Mit 7–10 Mio. Kopten bildet diese christliche Gemeinde die zweitgrößte Religionsgruppe Ägyptens.

Über Alexandria brachte der Apostel Markus 68 n. Chr. das Christentum nach Ägypten, wo es sich rasch ausbreitete und den römischen Machthabern allein deswegen missfiel. Der Überlieferung nach soll Kaiser Diocletian im 3. Jh. Hunderttausende Kopten ermorden lassen haben.

Im 5. Jh. geriet die ägyptische Kirche in Streit mit der Kirche in Byzanz (dem heutigen Istanbul). Es ging um die so genannte monophysitische Lehre der ägyptischen Kirche. Dass Jesus Christus wahrer Mensch und wahrer Gott sei, wurde im 5. Jh. von allen Kirchen akzeptiert. Strittig war jedoch, wie man dieses Glaubensgeheimnis theologisch-philosophisch in Worte fassen darf.

Die koptisch-orthodoxe Kirche, die zu den orientalisch-orthodoxen Kirchen gehört, zog es vor, die Taten Jesu auf eine göttliche und eine menschliche Natur aufzuteilen, womit die Einheit der Person Jesu Christi aufgelöst war. Dagegen akzeptierte die römische Kirche die Ausdrucksweise von Papst Leo I., der die Formel von »zwei Naturen in einer Person« prägte. Die orientalisch-or-

TRADITIONSVERBUNDENE LITURGIE – DIE KOPTISCHE MESSE

Die koptische Liturgie wurde im Lauf der Jahrhunderte kaum verändert; sie unterscheidet sich trotz der gemeinsamen Wurzeln wesentlich von der katholischen oder der evangelischen.

Ein Kopte, der an einer Messe teilnimmt, muss neun Stunden zuvor fasten: ebenso lange darf zu Ehren Marias neunmonatiger Schwangerschaft der Altar nach einem Gottesdienst nicht erneut benutzt werden. Um dennoch mehrere Messen kurz hintereinander zelebrieren zu können, ist der Sanktuar (Altarraum) häufig mit mehreren Altären ausgestattet oder er verfügt über weitere Räume. Der Sanktuar wird nur während der Gottesdienste geöffnet; sonst ist er vom Gemeinderaum durch eine dreitürige, mit Ikonen besetzte Wand (Ikonostase) getrennt.

Männer und Frauen sitzen strikt voneinander getrennt, die Frauen auf der rechten, die Männer auf der linken Seite. Auch bei der Kommunion gilt Geschlechtertrennung. Der Altar bietet hier zwei entsprechende Bereiche. Frauen, die ihre Menstruation haben, dürfen nicht am Abendmahl teilnehmen.

Am Anfang einer jeden Messe steht die Lesung (*aaisheia*) mit Kapiteln aus der Bibel. Anschließend folgt die *tazbeha*. Bei der Tazbeha werden koptische Lieder gesungen, die an die Urväter erinnern. Dazu spricht der Pater für sich leise das Gebet und bereitet derweil den Altar vor. Dann deckt er den mit einem Tuch geschützten Abendmahlskelch und den mit Brot gefüllten Bastkorb ab, seine Zwiesprache mit Gott setzt er unterdessen fort. Begleitet wird der Gottesdienst von mindestens zwei Diakonen, die rechts und links vom Altar auf Holzbänken sitzen beziehungsweise im Lauf der Messe hinter dem Altar stehen. Sie stellen Engel dar.

Der Diakon rechts vom Pater hält einen runden Korb, der mit einem weißen Stofftuch ausgelegt und mit einem Kreuz bestickt ist; der Diakon auf der linken Seite hält den Kelch. Zuerst wird dem Pater der Korb gereicht, in dem neun runde Laib Brot aus der hauseigenen Bäckerei kreuzförmig arrangiert sind. Nur makelloses Brot und guter Messwein dürfen nach dem Gottesdienst gereicht werden. Die Auswahl des Brotes ist ein wichtiges Ritual, ebenmäßig und rein muss es sein. Unter diesem Aspekt wählt der Pater einen Laib mit der rechten Hand aus und prüft ihn mit kreisenden Bewegungen. Ist er nicht gefällig, nimmt er das Brot in die linke Hand und wählt ein Neues – so lange, bis er ein perfektes Stück gefunden hat. Dies alles geschieht in Erinnerung an den Tod Jesu, der bei lebendigem, unversehrtem Körper gekreuzigt wurde. Mit seiner Wahl, noch immer in der rechten Hand, die als Zeichen für Macht und Stärke steht, schreitet er dreimal um den Altar und bekundet leise, das rechte Brot gefunden zu haben (*agbeia*). Während dieser Handlung kniet die Gemeinde, die Diakone singen. Der Messwein wird der gleichen strengen Prüfung unterzogen. Verströmt der Wein einen son-

Koptische Mönche

derbaren Geruch, wird Gott um Vergebung gebeten und der Wein ersetzt. Einziges Ziel der koptischen Messe ist, Brot und Wein symbolisch zu Körper und Blut Jesu zu transformieren (*el tanauwil*).

Der Danksagung an Gott, der schützend über der Gemeinde steht, folgen die sieben wichtigsten Gebete, wobei die ersten drei einen höheren Rang einnehmen: das Gebet für den Frieden, das Gebet für den Pater und Papst, das Gebet für die Gemeinde, das Gebet der Barmherzigkeit, das Gebet für Wasser, das Gebet für Pflanzen und das Gebet für Früchte.

Während der Messe werden Kapitel aus den Evangelien von Matthäus und Lukas gelesen. Die Gemeinde spricht das orthodoxe Glaubensbekenntnis, bevor das geheiligte Brot in drei Teile geteilt wird – im Namen des Vaters, des Heiligen Geistes und des Sohnes. Die Gemeinde verharrt in einminütigem Schweigen. Auch der Wein wird gesegnet, und wieder verstummen dabei die Gläubigen in Andacht.

Der Gottesdienst dauert bis zu drei Stunden und wird auf Arabisch oder auf Koptisch gehalten. Dafür sind auf dem Altar eigens zwei verschiedene Pulte errichtet, die koptische und die arabische *mangale'a*. Je nach Sprache findet die Lesung von einem der beiden Pulte statt. Gäste sind bei Messen der Kopten herzlich willkommen.

thodoxen Kirchen – heute die syrisch-orthodoxe, die armenisch-apostolische, die äthiopisch-orthodoxe und die orthodoxe Kirche Indiens – akzeptierten diese Zweinaturenlehre des Konzils von Chalkedon (451) nicht und sagten sich los. Die Religionswissenschaft geht heute davon aus, dass der Streit nur als Vorwand für machtpolitische Intentionen herhalten musste.

Bis zur muslimischen Eroberung Ägyptens im 7. Jh. beuteten die byzantinischen Herrscher – nur kurzzeitig von persischen Sassaniden abgelöst – das Land erbarmungslos aus. Im Einfallen der muslimischen Heere 641 sehen die Kopten die Befreiung ihres Landes von der Tyrannei. Tatsächlich unternahmen die Muslime in den nächsten vier Jahrhunderten kaum Anstrengungen, die Kopten zu bekehren. Erst im 11. Jh. setzte die Verfolgung der Kopten ein – unter dem Zwang konvertierten viele. Der Islam war nicht mehr aufzuhalten. Die koptische Gemeinde schrumpfte zu einer Minderheit, wenn auch zu einer bis heute unübersehbaren. Kopten sind im Allgemeinen gebildeter als die übrigen Ägypter, bekleiden überdurchschnittlich viele mittlere Positionen. Der Aufstieg zu den hohen Positionen in Politik, Wirtschaft und Gesellschaft ist ihnen in Ägypten aber verwehrt. Berühmtester Kopte ist der Ex-UN-Generalsekretär Boutros Boutros Ghali.

Der Papst der Kopten, Patriarch Shenuda III., residiert in Alexandria und leitet seine Kirche mit autoritärer Hand. Widerspruch und öffentliche Diskussionen von Gläubigen gegen päpstliche Entscheidungen bestraft er gelegentlich mit Exkommunikation.

Seit Ende 1970 mehren sich vor allem in den Unruheprovinzen Oberägyptens, ausgelöst durch fundamentalistische Muslime, gewalttätige Auseinandersetzungen zwischen Kopten und Muslimen. Heiraten zwischen ihnen sind äußerst selten – sie werden von beiden Konfessionen abgelehnt und mit sozialer Ächtung bestraft.

Der Islam

Der Islam stammt aus der Wüste Arabiens. Wer mit Beduinen auf eine längere Tour durch die Wüste geht, wird bei vielen von ihnen eine tiefe, natürliche Gottverbundenheit feststellen, die sich von der zur Schau getragenen Gläubigkeit urbaner islamischer Gesellschaften durch Bescheidenheit und Zurückhaltung abhebt.

Begründer dieser Glaubensrichtung ist der um 570 n. Chr. geborene Prophet Mohammed, der im Jahr 622 mit seiner islamischen Urgemeinde von Mekka nach Medina auswanderte und dort, weniger angefeindet als in Mekka, den ersten islamischen Staat gründen konnte. Mit diesem *hidschra* genannten Ereignis beginnt denn auch für die Muslime die Zeitrechnung, die das Mondjahr zugrunde legt. Nach dem islamischen Kalender ist beispielsweise 2008 das Jahr 1429/30.

In der Wüste des heutigen Saudi-Arabien offenbarte Gott über den Kaufmann und Analphabeten Mohammed in arabischer Sprache den Koran. In Mekka und Medina, wo er Gottes Botschaft verkündete, stieß Mohammed zunächst auf Ablehnung, da Mekkas Kaufleute vor allem von Pilgern lebten, die eine

Vielzahl von Göttern und Götzen verehrten. Doch binnen zwei Jahrzehnten war fast der gesamte arabische Raum islamisiert, anfangs gewaltfrei, später zunehmend mit Hilfe sanften Drucks, wie Sondersteuern für ›Ungläubige‹.

Nach dem Tod Mohammeds entstanden im Kampf um die ›richtige‹ Fortführung der Religion durch die Imame (= Oberhaupt aller Muslime, heute auch Vorbeter) zwei große Glaubensrichtungen. Die **Schiiten** (etwa 10 % der Muslime) erkennen als Anhänger der Partei des vierten Kalifen Ali Ibn Abi Talib nur dessen Nachkommen als rechtmäßige Imame an. Die **Sunniten**, mit 90 % der Muslime die weitaus größere Gruppe, erkennen als Nachfolger des Propheten auch die Imame als rechtmäßig an, die nicht dessen Nachkommenschaft entstammen.

»La ilaha ill allah wa muhamed rasul allah«, lautet das Glaubensbekenntnis der Muslime: Es gibt keinen Gott außer Allah, und Mohammed ist sein Prophet. Das Wort Islam, in nur einem deutschen Wort nicht zu übersetzen, bedeutet soviel wie Hingabe an Gott, Ergebung in seinen Willen. Die so genannten fünf Pfeiler tragen den Islam: Einer ist das fünfmal täglich zu verrichtende Gebet *salah,* dem eine rituelle Waschung zur spirituellen Vorbereitung vorausgeht. Die vier weiteren Pflichten sind das Fasten *(saum)* im Monat Ramadan, die freiwillige Almosensteuer 2,5 %, die Pilgerfahrt *(hadsch)* nach Mekka für den, der sie sich leisten kann, und – wichtigster Pfeiler – die *shahada,* das Zeugnis von der Einheit Gottes, die den Glauben an die Gottessohnschaft ausschließt.

Beim Gebet ist eine Kopfbedeckung unabdingbar

Der Islam kennt keinen Klerus und untersagt jeden Personen- und Heiligenkult, was aber nicht heißt, dass nicht dennoch eine Anzahl von ›Heiligen‹ verehrt und deren Geburtstage sowie der des Propheten groß gefeiert würden. Wegen des Verbots des Personenkults verbietet sich auch die Bezeichnung »Mohammedaner« für Muslime. Aus demselben Grund sind auch Heiligendarstellungen verpönt, sodass man in Moscheen nur Kalligraphien findet.

Als *kitab,* ›das Buch‹, wird der heilige Koran im Arabischen oft kurz bezeichnet. Koran ist abgeleitet von *qara,* ›lesen‹. In diesem Buch stehen in 114 Suren die Offenbarungen, die Allah dem Mohammed, vermittelt durch den Engel Gabriel, verkündete. Dieses Offenbarungsbuch geht über die Bedeutung der Bibel für Christen im alltäglichen Leben weit hinaus. Der Koran erlaubt aber aufgrund seiner vielen widerstreitenden Aussagen noch keine eindeutige Auslegung. Diese wird erst einigermaßen möglich durch die *sunna.* Sie umfasst Koran und *hadith,* ursprünglich primär mündlich überlieferte Sprüche und Auslegungen Mohammeds zum Koran, sowie die dokumentierte Lebenspraxis des Propheten, wobei man nach gesicherten, glaubhaften und unglaubhaften Hadith unterscheidet.

Dieser Lebenspraxis eifern die **Sunniten** nach. Als oberste Instanz in Fragen der Auslegung wird von vielen Sunniten die Al-Azhar-Universitätsmoschee in Kairo angesehen, deren Entscheidungen aufgrund eines Zwei-Kammer-Systems aber häufig widersprüchlich sind.

Die Minderheit der **schiitischen Muslime** hingegen betrachtet religiöse Gelehrte als weitere Quelle der Willensauslegung Allahs, wie es z. B. im Iran des verstorbenen Ajatollahs Khomeini und seiner Nachfolger Praxis war.

Der Koran, die jüngste der drei Offenbarungen, stellt ein unnachahmbares Meisterwerk arabischer Prosa dar, dem schon Johann Wolfgang von Goethe im ›West-östlichen Diwan‹ (1819) seine kritische Bewunderung zollte: »Und so wiederholt sich der Koran Sure für Sure [...]. Nähere Bestimmungen des Gebotenen und Verbotenen, fabelhafte Geschichten jüdischer und christlicher Religion [...] bilden den Körper dieses Buches, das uns, so oft wir auch daran gehen, immer von neuem anwidert, dann aber anzieht, [...] und am Ende Verehrung abnötigt.«

In den meisten arabischen Ländern war zum Ende des 20. Jh. eine friedliche Renaissance des Islam zu beobachten. Eine gegenläufige Strömung stellt der militante Fundamentalismus dar, der häufig zur Mobilisierung der Massen und zum Zweck der Motivierung der Kämpfer den *dschihad* ausruft, was mit ›Heiliger Krieg‹ ziemlich unzutreffend übersetzt ist. Dschihad, arabisch für ›Bemühung‹, meint das Bestreben, Gottes Wort zu folgen, ein guter Mensch zu sein. Vorrangiges Ziel des Dschihad ist nicht die Missionierung Ungläubiger, sondern die territoriale Ausdehnung der islamischen Gesellschaftsordnung, die von Andersgläubigen Unterwerfung fordert, deren Glauben im Idealfall aber toleriert. Die islamische Glaubensgemeinschaft ist zum Dschihad verpflichtet. Die militante Komponente steht nicht an erster Stelle, doch zeigt sich hier eine Schwäche des Islam und aller Offenbarungsreligionen, die sich für radikale Ziele in jede Richtung interpretieren, für politische Ziele bequem instrumentalisieren lassen, wie das aus Christentum und Judentum ebenfalls bekannt ist.

Reform- und Modernisierungsversuche des Islam gab es zuhauf. Doch die überwältigende Mehrheit – Anhänger der so genannten reinen Lehre – hielt und hält am Überbrachten fest, verschließt sich Veränderungen und Anpassungen an moderne Gesellschaftsstrukturen und globale Entwicklungen.

ESSEN UND TRINKEN

Die ägyptische Küche

Üppig Essen gehört zu den Lieblingsbeschäftigungen der Ägypter, zumindest derjenigen, die es sich leisten können. Viele Speisen, von denen hier die Rede sein wird, zählen für den Großteil der ägyptischen Bevölkerung zu den unerschwinglichen Köstlichkeiten, die man sich allenfalls zu hohen islamischen Festen gönnen kann.

Fleisch war seit jeher in Ägypten knapp, und so entwickelte sich eine **vegetarische Küche**, bei der man Fleisch gelegentlich nur zu gerne vergisst. Viele dieser Gerichte auf Gemüse- und Getreidebasis serviert man in Restaurants als orientalische Vorspeisen. Die *mezze* (Vorspeisen) auf kleinen Tellern dürfen Sie nach Landessitte mit dem *aish balladi,* dem Fladenbrot, tunken. Wenn Ihnen die Portionen klein vorkommen mögen – sie enthalten reichlich sättigendes Öl. Oft wird eine Auswahl dieser Vorspeisen den Hauptgang völlig überflüssig machen. Unter den Mezze finden sich häufig auch *fûl* (Bohnenbrei) und *ta'amiyya* (Gemüsefrikadellen), für einen Großteil der armen Ägypter tägliches Frühstück und wichtigste Hauptmahlzeit. Zu den bedeutenden Gewürzen zählen Sesam, Safran und Kreuzkümmel, der ganz anders schmeckt als in Europa.

Fleisch von Rind, Huhn und Lamm kommt meist gegrillt auf den Teller, und es ist sicher frischer, als der Reisende das von zu Hause gewohnt ist. Zwischen Schlachtung und Verarbeitung vergehen meist nur Stunden. Die Fleischküche ist nicht sehr fantasievoll, das meiste wird nur auf dem offenen Feuer oder im Ofenrohr gebrutzelt, z. B. *kebab* (am Spieß gegrilltes Lamm oder Rind) und *kufta* (gegrillte Hackfleischbällchen).

Mehr kulinarische Freuden bietet die **Fischküche** des Mittelmeeres und des Roten Meeres, die Barrakudas, Tintenfische, Krabben, Garnelen und Hummer kennt und je nach Küstenregion verschieden zubereitet. Eine Spezialität findet man an der Mittelmeerküste: den stark gepökelten *fesich,* einen Fisch, der entsetzlich riechen mag, auf der Zunge aber zergeht wie Anchovis.

Verboten ist Muslimen der Verzehr von **Schweinefleisch** (Schweine gelten als unrein, weil sie Abfall fressen), von blutigem Fleisch sowie das Fleisch von Tieren, die nicht durch Schlachtung starben (weshalb es in islamischen Ländern auch keine Freibanken gibt). Den christlichen Kopten ist Schweinefleisch erlaubt. Da es aber nicht auf Trichinen und ähnliche Fleischparasiten untersucht wird, verzichtet man besser darauf.

Eine typische Arme-Leute-Speise stellt **Kamelfleisch** dar. Junge Bullen, wie sie in den Golfstaaten verzehrt werden, mögen zwar wie Hirschmedaillons schmecken, aber das Fleisch der in Ägypten geschlachteten alten Arbeitskamele ist zäh und so geruchs- und geschmacksintensiv, dass es nur mit vielen Nudeln oder Reis und stark mit Knoblauch gewürzt genießbar wird.

Die Gerüche und Gewürze des Orients

Getränke

Zum Essen trinkt der Ägypter meist Wasser oder Softdrinks, nach dem Mahl wird ein sehr süßer türkischer Kaffee oder Tee genossen.

Weinbau

Trotz des Islam ist eine Tradition aus pharaonischen Zeiten erhalten: **Weinbau**. Im Nildelta mühen sich Winzer um brauchbare Produkte. In der Tat sind Fortschritte in Geschmack und Qualität festzustellen. Um die 50 LE zahlt man in Restaurants für die Flasche roten *Omar Khayamm,* den Rosé *Rubis d'Égypt* und die Weißweine *Cru des Ptolemées* und *Gianaclis.* Besser bedient ist man mit dem neuen Wein (rot, weiß und rosé) *Obélisque*. Der Preis pro Flasche variiert, in den Restaurants zwischen 120–250 LE. Für den Obélisque wird, um die Alkoholsteuer zu vermeiden, unvergorener Most aus Italien und/oder Frankreich importiert und dann in der Kellerei von El Gouna vergoren.

Wasser und Softdrinks

Verzichten Sie in Ägypten unbedingt darauf, Leitungswasser zu trinken, wenn Sie anfällig für Darmerkrankungen sind. Stilles und neuerdings auch kohlensäurehaltiges Mineralwasser einheimischer wie ausländischer Marken (Safi, Baraka, Siwa, Oasis, Perrier) und Softdrinks (Coke, Fanta, Seven Up, Canada Dry, Schweppes, Soda,

Tonic) bekommt man fast überall, wenn auch nicht immer. Achten Sie bei Mineralwasser auf jeden Fall darauf, dass die Flasche verschlossen serviert wird; andernfalls lassen Sie sie zurückgehen. Ab und an wird nämlich versucht, dem Gast Leitungswasser als Mineralwasser zu verkaufen!

Bier

Für Freunde von Bier gibt es u. a. das ägyptische Stella Local, Meister, Stella Premium, Löwenbräu und Sakkara Gold. Viele Hotels führen auch europäische Exportbiere, meist Heineken, manche Restaurants Bitburger und australisches Foster's.

Apropos Trinken: In der arabischen Sprache wird die Wasserpfeife *(shisha)* nicht geraucht, sondern getrunken.

Ägyptische Lokale

Die klassische Bar- und Kneipenkultur. wie man sie insbesondere aus Europa gewöhnt ist, ist aufgrund des islamischen Alkoholverbots für Muslime in Ägypten nicht sehr ausgeprägt und beschränkt sich zum großen Teil auf die Bars in den Hotels.

Kaffeehäuser

Eine Institution sind im gesamten arabischen Raum die Kaffeehäuser. Während sie für einheimische Frauen tabu sind, sind Touristinnen hingegen willkommen. Hier sieht man die Männer tratschen oder versunken Backgammon spielen, das in Ägypten *taula* heißt, dazu Tee mit Minze *(shai bi nana'a)* oder mittelsüßen türkischen Kaffee *(ahwa masbut)* trinken und genüsslich an der Wasserpfeife mit Apfelgeschmack *(shisha tofa'a)* ziehen. Das Kaffeehaus hat durchaus soziale Funktion, vergleichbar der des Stammtischs als Umschlagplatz für Nachrichten, Neues und Gerüchte.

Restaurants

Die meisten Orte auf dem Sinai und am Roten Meer sind Plätze für Pauschaltouristen, die keinen Wert darauf legen, außerhalb des Hotels zu speisen – die Folge: Gute Restaurants, die nicht zu dem einen oder anderen Hotel gehören, sind eher knapp. Nähere Angaben dazu finden Sie bei den praktischen Informationen bei den jeweiligen Orten im Reiseteil. Gemeinsam ist den Restaurants in und außerhalb von Hotels, dass sie zum Mittagessen (12–16 Uhr) und Abendessen (ab 18 oder 19 Uhr) geöffnet sind.

Hotelgastronomie

Die Hotels haben sich fast ausnahmslos täglich wechselnden Dinner-Büffets verschrieben, die von Chinesisch über Orientalisch bis zum *catch of the day* (Fisch) reichen können und dabei meist versuchen, dem europäischen Durchschnittsgeschmack nahe zu kommen. Wer aber z. B. wirkliche Fischspezialitäten aus dem Roten Meer kosten will, dem sei dringend angeraten, ab und an in einem Restaurant außerhalb des Hotels zu speisen. Tipps finden Sie hierzu im Reiseteil.

ROTES MEER UND SINAI ALS REISEZIEL

Das Rote Meer und der Sinai ziehen jedes Jahr mehr Urlauber an, sind in vielen europäischen Ländern hoch geschätzte Ganzjahresdestinationen. Was lockt, das ist neben der Nähe zu Europa die gebotene Vielfalt. Jeder Wassersport ist möglich, rund ums Jahr. Die Surfreviere und Tauchgründe gehören zu den besten der Welt. Wer Lust auf Kultur hat, verbindet die Erholung am Meer mit einer Kulturreise zu den Pyramiden oder nach Luxor ins Tal der Könige. Auf dem Sinai kann man schon bei einfachen Tagestouren die Wüste und die biblischen Gebirge erkunden. Golfplätze gibt es in ausreichender Zahl im ganzen Land. Der Hotelstandard hat sich deutlich verbessert, und immer mehr Hotels bieten außer ansprechender Architektur, weitläufigen Poollandschaften und gepflegten Stränden geräumige Zimmer und Familiensuiten.

Pauschal oder individuell

Für Pauschaltouristen ist eine Reise nach Ägypten billiger als für Individualreisende, kalkulierbarer – und weniger beschwerlich. Auf eigene Faust zu reisen, kann viel Zeit kosten, eröffnet einem dafür das Land eindringlicher.

Preisniveau

In den Badeorten am Roten Meer und im Sinai ist gemessen am sonstigen Landesstandard alles überteuert, angefangen von der Postkarte bis zu Parfümessenzen und Schmuck. Wer feilschen will, hat kaum eine Chance. In vielen Geschäften gibt es zwei Preise – für Einheimische und Touristen. ›all inclusive‹, das die Urlaubskosten kalkulierbar hält, bieten heute viele Hotels.

Strände

Der Sand am Roten Meer ist etwas grobkörniger als am Mittelmeer. Es gibt nur wenige Kiesstrände in Ägypten, wie z. B. am Taba Hilton Hotel. Mit seinen wunderbaren weißen Sandstränden und malerischen Dattelhainen lockt El Arish. Zu den bezauberndsten Buchten des Sinai gehört die Ghazala Bay in Dahab. Basata ist eines der besten Ökocamps im Land mit schönem Strand, wo es weder Disco noch Alkohol gibt. Bei etlichen Hotels, man beachte das bei der Buchung, kann man wegen Hausriffen oder Felsen gar nicht, nur mit Badeschuhen oder über einen Steg ins Meer – da heißt's Poolurlaub mit Meerblick!

Nachtleben

Quirlig und laut geht es in den Badeorten Hurghada und Sharm el Sheikh zu. Dort füllen sich viele Discos und Kneipen erst gegen 23 Uhr. Die letzten Gäste gehen am Morgen. Fernab vom großen Touristenrummel, im Süden des Landes, liegen die Badeorte Safaga,

Quseir und Marsa Alam. Diese Orte bieten kaum Attraktionen, bemerkenswerte Restaurants oder Discos, sondern wollen vor allem die Ruhe suchenden Individualurlauber ansprechen.

Natur und Erholung

Zu den Naturschutzgebieten Ägyptens zählt der Nationalpark Ras Mohammed bei Sharm el Sheikh eine nur etwas über 3 km lange Halbinsel. Den größten Mangrovenwald (über 4 km) im Sinai findet man im Nationalpark Wadi Nabq. Unter das Naturschutzprogramm fällt auch das Gebiet um Ras Abu Ghalum, an dessen wunderschönem Strand, im türkisfarbenen Meer noch unberührte Korallenriffe zu finden sind.

Urlaub mit Kindern

Ägypten hat entdeckt, dass auch Familien mit Kindern verreisen. Vermehrt bieten Hotels altersgerechte Kids-Clubs mit Tagesbetreuung, Animation, Sport etc. Details dazu findet man in den Katalogen der Reiseveranstalter, die zum Teil – wie z. B. TUI oder die Red Sea Hotels – eigene Betreuungsprogramme für ihre Buchungsgäste bieten.

Sportliche Aktivitäten

Angeln

Ein Relief in der Unas-Pyramide von Saqqara zeigt einen pharaonischen Fischmarkt samt Händlern mit unverkaufter Ware. Fisch war im alten Ägypten eine wichtigere und leichter zu bekommende Speise als Fleisch – anders als heute. Angelscheine, Sportfischerausbildung und ähnliche Anforderungen zum Zweck der simplen Nahrungsbeschaffung aus dem Meer kennt man in Ägypten nicht. Für Hochseeangler gibt es organisierte Touren.

Golf

Sharm el Sheikh, das Zentrum des Sinai-Tourismus, betreibt den einzigen 18-Loch-Golfplatz der Halbinsel. Er gehört zum Hotel Mövenpick und ist für jedermann zugänglich. Exzellent ist auch der Golfplatz bei Safaga (Soma Bay); vorrangig buchbar für Gäste des Sheraton Soma Bay. Eines der schönsten Golf-Hotels ist das Steigenberger Golf Resort El Gouna, Tel. 065/358 01 40, Fax 358 01 49. Für Fans gibt es die Zeitschrift ›Golf in Egypt‹.

Radfahren

Früher guckten die Einheimischen verdutzt, wenn sie einen reichen Touristen auf dem Fahrrad, Fortbewegungsmittel der Armen, durch die Bergwelt des Sinai oder entlang der Rotmeer-Küste strampeln sahen. Heute vermieten fast alle Hotels und viele Privatleute Mountain Bikes (ab 10 LE/Stunde).

Einige Reiseveranstalter bieten auch spezielle Rad-Urlaube auf dem Sinai an.

Reiten

Als Reiter hat man die Qual der Wahl: Kamel oder Pferd? Mit beiden kann

man sich im Sinai zu Touren in die Wüste aufmachen, wobei das beschaulichere und der Landschaft angemessenere Transporttier mit Sicherheit das Kamel ist. Kleine Kameltouren lassen sich auf dem Sinai sogar spontan organisieren, man braucht nur entlang der Straßen eines der Beduinencamps anzusteuern. Ausflüge zu Pferd organisieren Hotels, aber auch Beduinen.

Segeltörns

Das Rote Meer ist eines der ruhigen Reviere für Chartersegler. Ungestört und unbeobachtet kann man hier vom Boot aus angeln, an Korallenriffen und Schiffswracks tauchen, mit Delfinen schwimmen, an Deck sonnenbaden und die Stille genießen.

Etliche Agenturen vermieten Yachten ab 21 m Länge. Die meisten Schiffe sind sehr luxuriös und mit TV, Videorekorder, Satellitennavigation und moderner Küche ausgestattet. Die Alles-inklusive-Preise rangieren zwischen 120 und 400 US$ pro Person und Nacht.

Ägyptische Agenturen dürfen mit ihren Schiffen allerdings die heimischen Hoheitsgewässer kraft Gesetz nicht verlassen. Wer also das Rote Meer außerhalb der ägyptischen Gewässer erkunden will, muss sich z. B. an eine der israelischen Agenturen wenden, für die solche Restriktionen nicht gelten. Informationen in Kairo bei *Nautilus,* Mohamed Safei, 4 Sh. Omar Shaaban, Ard el Golf, Heliopolis, Tel. 02/417 65 15; in Sharm el Sheikh bei *Camel Dive Club,* Tel. 069/360 07 00 und in Hurghada bei *Subex Branch Egypt,* Tel. 065/354 75 93.

El Gouna hat zwei Häfen. Mit einer Kapazität von 40 Booten bietet der Abydos-Hafen Wartungsdienstleistungen an. Der recht neue Hafen Abu Tig Marina ist der erste Segelhafen am Roten Meer mit Liegeplätzen für 126 Boote, Info: Tel. 065/358 00 73, Fax 358 00 40, info@abutig-marina.com.

(Kite-)Surfen

Hurghada ist der Hot Spot für die Surfergemeinde. Es weht ein ständig ablandiger Wind, der manchmal so heftig ist, dass Anfänger nicht aufs Meer hinaus dürfen. Surfbretter ab 180 US$ pro Woche; Anfängerkurse ab 150 US$. Wohl eines der schönsten Surfreviere, schwören eingefleischte Surfer, findet sich in unmittelbarer Nähe vor dem Jasmine Village im südlichen Hurghada. Auch die breite Bucht von Safaga empfiehlt sich als perfektes Surfrevier.

Kitesurfing ist die neue Sportart in Ägypten. El Gouna, nördlich von Hurghada, ist besonders für Anfänger attraktiv, im seichten Wasser kann man stehen, stets weht Wind. Der Kiteboarding Club in Mangroovy Beach wird u. a. von einer Österreicherin betrieben. Der Basiskurs (8 Std.) kostet umgerecht rund 200 €, Brett- und Kiteverleih pro Tag rund 70 €, mehr Info unter www.kiteboarding-club.de oder Thomas Beckmann, thomas@kiteboarding club.de.

Tauchen und Schnorcheln

Die überwältigend schöne Unterwasserwelt des Sinai, soweit sie noch in-

Paragliding

takt ist, kann man schnorchelnd oder tauchend erkunden; täglich starten von den Hotels in Sharm el Sheikh, Hurghada und Safaga unzählige Boote mit Tausenden Urlaubern zu Tagestouren auf die vorgelagerten Riffe.

Da das Rote Meer und die Küsten des Sinai ein beliebtes Tauchgebiet sind, bieten dieses Buch ab S. 59 eine **Übersicht über die Tauchgründe** am Roten Meer und im Golf von Aqaba. Außerdem finden Sie auf S. 66 Informationen zum **Wracktauchen**.

Sonstige Wassersportmöglichkeiten

Wasserski, Ritt auf dem Bananenboot, Jet-Ski, Paragliding, Kitesurfen – jede Art von Vergnügen auf, im und über dem Wasser wird am Roten Meer angeboten. Um mitzumachen, muss man einfach nur an die Stege gehen, von denen aus die diversen Wassersportaktivitäten starten.

Wandern

Der Sinai stellt mit seinen Gebirgen die ideale Landschaft zum Wandern dar. Allerdings darf man hier keine ausgeschilderten und gesicherten Wege erwarten wie in den Alpen. Die schönsten Touren erreicht man sicher unter ortskundiger Führung von Beduinen, in deren Begleitung man per Jeep oder Kamel ins Innere der Gebirge vordringt. Wer eine solche Tour unternehmen

möchte, sollte sich mindestens zwei oder drei Tage Zeit nehmen – und erlebt dabei die Landschaft auch bei Nacht.

Am Roten Meer bieten sich nur wenige Wandertouren an, darunter eine vom Antonius- zum Pauluskloste, die jedoch ohne ortskundigen Führer nicht erlaubt ist!

Organisierte Touren

Mit dem Jeep oder auf dem Kamel kann man ein- oder mehrtägige Touren durch die fantastische Berg- und Wüstenwelt des Sinai unternehmen. Wer dies nicht in einer Gruppe tun will, kann auch einen Beduinen als persönlichen Führer anheuern. In allen Hotels finden sich dazu Aushänge an den Info-Brettern, und natürlich haben die Rezeptionisten in der Regel diese Infos parat. Ein umfangreiches Safari-Programm (Wüsten- und Oasentouren, Trekking, Biking) bietet u.a. Adventure Egypt, Hafez Ibrahim St, Nasr City, Tel. 02/415 89 30, Mobil-Tel. 010/668 68 55, Fax 02/415 89 30, www.adventure-egypt.com.

Unterwasser-Observatorium

Wer sich beim Beobachten der Fischwelt nicht ins Nass hinein begeben will, hat in Hurghada und Sharm el Sheikh die Möglichkeit von Glasbodenbooten und schwimmenden *underwater observatories* aus durch dickes Panzerglas die Welt unter der Wasseroberfläche zu betrachten. Diese bequeme ›Besichtigung‹ der Unterwasserwelt lässt sich in den Hotels buchen: Preise ab 60 LE).

Reisezeit und -kleidung

Rotes Meer und Sinai können ganzjährig bereist werden – je nach Hitzeverträglichkeit. Von mediterran bis subtropisch reicht das Klima zwischen Mittelmeer und nördlichem Sinai einerseits und Rotem Meer mit der Grenzregion zum Sudan andererseits.

Die **Sommermonate Mai bis September** am Mittelmeer und auf dem Sinai sind warm bis heiß, um Hurghada und an der südlich davon gelegenen Küste des Roten Meeres oft unerträglich. Die Temperaturen betragen bis über 30 °C im Nordsinai, bis weit über 40 °C im Südsinai und am Roten Meer. Spitzentemperaturen können hier bis knapp unter 50 °C und Wassertemperaturen bis zu 33 °C erreichen. Auch nachts wird es nur unmerklich kühler.

In den übrigen Monaten liegen die Temperaturen am Tag immer noch zwischen 20 und 30 °C; nachts wird es merklich kühler. Aber:

Von **Dezember bis Februar** muss man auf dem Nordsinai und am Roten Meer gelegentlich mit heftigem Regen und kühlen Winden rechnen. Nachttemperaturen bis weit unter 10 °C sind dann keine Seltenheit. Doch kann man im Roten Meer das ganze Jahr über schwimmen, tauchen und surfen. Im Winter bedeckt gelegentlich Schnee den Gipfel des Katharinenbergs, die Temperaturen fallen dort im Dezember und Januar schon mal auf weit unter

0 °C. Auf dem südlichen Sinai ist es um diese Jahreszeit warm und gelegentlich frühlingshaft, an der Mittelmeerküste aber sehr frisch, hier kann man nur im Sommer baden.

Im **März/April** weht der Chamsin, ein etwa 50 (arabisch: *chamsin*) Tage anhaltender kräftiger Wüstenwind, der meist trockene heiße Luft und viel feinen Sandstaub mit sich bringt, gelegentlich aber auch so kalt über die Rotmeerküste herabfällt, dass man am Strand allenfalls mit Pullover und als Windschutz aufgestellten Liegen in der Sonne liegen kann.

Kleidung

Mit sommerlicher Kleidung kommt man in Ägypten meist gut durch alle Jahreszeiten. Zusätzlich sollte man für die Wintermonate in Kairo und nördlich davon sowie auch auf dem Sinai warme Pullover und eine Regenjacke im Gepäck haben. Für den Sinai sind feste, den Knöchel umschließende Wanderschuhe mit gutem Profil unerlässlich, auf Bergtouren sollte man zudem einen winddichten Anorak dabei haben. Wer auf einem Berg übernachten will, benötigt einen guten Schlafsack, für Wanderungen, die teils im Dunkeln zurückgelegt werden, eine leuchtstarke Taschenlampe pro Person. Leichte Pullover genügen für die Nächte im südlichen Oberägypten und am Roten Meer. Für die Besichtigung von Tempeln und dem Tal der Könige im übrigen Ägypten genügen feste Sportschuhe.

Ein nötiges Wort: Ägyptenreisende befinden sich in einem islamischen Land, das freizügige, aufreizende Kleidung nicht schätzt und als Provokation auffasst. Mit Shorts oder freiem Oberkörper machen sich Männer in einer Stadt zum Objekt des Gespötts. Barfuß zu gehen, ist absolut verpönt, weil Zeichen von Armut. ›Oben ohne‹ ist eigentlich strikt verboten, auch an den hoteleigenen Stränden, dennoch haben in den letzten Jahren an den Stränden in Sharm el Sheikh und Hurghada viele Touristinnen das Oberteil abgelegt. Um die Gäste mit ihren Eigenarten nicht zu verprellen, wird das meist zähneknirschend toleriert.

s. auch S. 210 **Reiseausrüstung für Individualisten**

Tourenvorschläge

Es gibt sie noch, die Ägyptenreisenden, die mit dem eigenen Auto ins Land kommen. Und es gibt mehr und mehr die Ägyptenreisenden, die ihren Pauschalurlaub, sei es selbst am Steuer eines Mietwagens oder bequem chauffiert, mit individuellen Ausflügen erweitern. Für die allermeisten Straßen genügt ein Kleinwagen. Abstecher von den Hauptstraßen, vor allem auf dem Sinai, erfordern Vierradantrieb. Drei Tipps für Trips auf eigene Faust:

Sinai-Ostküste und Zentralsinai

Sharm el Sheikh – Dahab – Nuweiba – Katharinenkloster – Taba

Diese Tour (Dauer mindestens 3–4 Tage) kombiniert Wasserspaß und Kultur. Den Weg von Sharm nach Dahab un-

terbricht man mit einem Abstecher zum größten Mangrovenwald des Sinai im Nationalpark **Wadi Nabq** (s. S. 117). Von etlichen Stellen entlang der Hauptstraße Richtung Dahab kann man mit Beduinen, die dort am Straßenrand warten, kurze Kamelausflüge in die Wüste unternehmen. Vor Dahab weist ein Schild Richtung **»Wadi Connection – Rest Valley Mountain – 5 km«**. Für diesen Kurzabstecher benötig man einen Extra-Tag.

Dahab (s. S. 120ff.), das ist der Ort, um gut zu essen, zu tauchen und zu surfen – oder sich einfach nur im Meer zu erfrischen. Für das Bad im Golf von Aqaba empfehlen sich auch die Buchten zwischen Dahab und Nuweiba sowie, an der Küste gelegen, der Naturpark **Ras Abu Galum** (s. S. 127f.) mit seinen schönen Stränden. Eine Piste führt zu diesem Ausflugsziel außerhalb von Nuweiba (10 km nach der Kreuzung der Straßen Richtung Dahab/Katharinenkloster).

Spektakulär ist der **Coloured Canyon** (s. S. 131f.). Von Nuweiba aus fährt man dorthin auf der Straße zum Ahmed-Hamdi-Tunnel Richtung Nakhl. 15 km nach der Gabelung liegt rechts ein Palmenhain mit Beduinenhütten. Über die Oase Ain Furtaga, und das Wadi Nekheil (wunderbarer Ausblick) geht es hoch in den Coloured Canyon.

Für den kulturellen Höhepunkt fährt man in den Zentralsinai zum **Katharinenkloster** (s. S. 142ff.), besteigt **Moses-** (s. S. 154ff.) oder **Katharinenberg** (s. S. 158f.). Die Anfahrt durch die Berge ist so spektakulär wie die Weiterfahrt vom Kloster ins **Wadi Feiran** (s. S. 167f.). Gärten, Palmenhaine und Tamarisken säumen das gesamte Wadi. Von hier fährt man dann nach Nuweiba zurück.

Nördlich von **Nuweiba** laden Buchten zum Baden ein.

Nach einer kurzen Abstecher zur **Pharaoneninsel/Gezira el Fara'un** (s. S. 136f.) kann man in **Taba** (s. S. 134ff.) übernachten und von dort – zu Fuß – einen Abstecher ins israelische **Eilat** (s. S. 137ff.) unternehmen.

Am Suezkanal

Suez – Isma'iliya – Port Said

Die Strecke am Suezkanal, eine zügig befahrbare Fernstraße, lässt sich in zwei Tagen bewältigen, wenn man die einzelnen Orte besichtigt. In der Hafenstadt **Suez** (s. S. 172f.) bekommt man den atmosphärischen Vorgeschmack darauf, dass man sich nun an den Ufern einer der wichtigsten Wasserstraßen der Welt, sich in Ägyptens größtem Wirtschaftsraum für internationalen Handel und Ölförderung bewegt.

15 km nördlich von Suez beginnen sich **Kleiner und Großer Bittersee** (s. S.173) über 37 km Richtung Isma'iliya zu erstrecken.

Isma'iliya (s. S. 174f.) verdient aus doppeltem Grund einen Stopp. Es ist zum einen die grünste Stadt Ägyptens. Zum anderen sollte man von hier, da die Autostrecke direkt am Suezkanal militärisches Sperrgebiet ist, am Nachmittag den Zug Richtung Port Said (und, falls Sie dort nicht übernachten möchten, auch gleich wieder zurück) nehmen. Näher kommt man den imposanten Schiffskonvois im Kanal nir-

Am Ras Abu Gallum

gends. Übernachten kann man in Isma'iliya genauso wie in **Port Said** (s. S. 176ff.), wo ab dem Nachmittag die Schiffe im Mittelmeer auf die abendliche Kanalpassage warten.

An der Mittelmeerküste

Qantara – El Arish – Rafah

Diese Route ist etwas für Ägyptenspezialisten, die vom Land schon alles gesehen haben, oder für Leute, die zur Abwechslung bewusst abseits der Touristenpfade reisen wollen.

Bei **Qantara** führt eine 70 m hohe Hängebrücke über den Kanal. Qantara ist seit Menschengedenken Rastplatz und Lager für Durchreisende. 21 km sind es von hier bis zu den Ruinen von Tel el Farama, das antike und nur für Archäologie-Freaks interessante **Pelusium** (s. S. 184) Die Weiterfahrt nach El Arish führt am **Bardawil-See**, dem Sabkhet el Bardawil (s. S. 184), vorbei, dessen Fischreichtum 15 % der Sinai-Bewohner ernährt. Die wenig befahrene Hauptstraße nach El Arish führt weiter durch sanfte Wüstendünen. Gelegentlich sieht man Beduinen, wild lebende Kamele. Als Relikte aus den Sinai-Kriegen rotten am Straßenrand vereinzelte Panzer dahin. Vom Badeort **El Arish** (s. S. 184ff.) sind es 43 km bis nach **Rafah** (s. S. 187). Ein eiserner Vorhang samt Todesstreifen trennt Ägypten vom palästinensischen Gazastreifen und Israel. Trotz Grenzübergang keine Weiterfahrt möglich.

Tipps für Ihren Urlaub

Im Coloured Canyon

Tauch-
paradiese

Reiseatlas S. 235, E4, F3,
S. 237 D2–3, S. 238, B3

Tauchkurs

GOLF VON AQABA UND ROTES MEER

Unter Tauchern ist es eine immerwährende Diskussion: Ist Australiens Great Barrier Reef nun schöner oder sind es die Korallenriffe der Küste des Roten Meeres? Die Tauchreviere zwischen Hurghada, Safaga, den Regionen um Quseir und Marsa Alam gehören mit den Spots des Sinai zu den berühmtesten und schönsten der Welt: The Canyon, Blue Hole, The Tower, Giftun oder Shedwan – viele liegen ganz nahe der Küste. Auch für Wracktaucher haben das Rote Meer, der Golf von Suez und der Golf von Aqaba einiges zu bieten.

Weitere Informationen

Infos zu Tauchgebieten, Kursen etc. gibt es darüber hinaus u. a. beim PADI-Netzwerk in Deutschland, Tel. (+49) 0201/294 26 36, Fax 294 26 35, www.dive-travel.net.

Anfängerkurse *(open water licence)* kosten inklusive Ausrüstung ab umgerechnet 230 € für fünf Tage. Für den achttägigen Dive-Master-Kurs mit Diplom muss man rund 435 € veranschlagen. Die Miete für die Ausrüstung schlägt mit ca. 26 € aufwärts pro Tag zu Buche. Ein Tauchtag auf dem Boot (zwei Tauchgänge) kostet ab 50 US$ (Check-Dive ab 40 US$). Die Schnorchelausrüstung (Brille und Flossen) ab 10 US$ pro Tag.

Wie auch immer der Streit ›Austrralien oder Ägypten‹ entschieden wird, falls überhaupt – die Tauchgründe im Roten Meer sind vergleichsweise mühelos erreichbar und zugänglich, während man zum Great Barrier Reef erst einmal eine Stunde ab Küste fliegen muss. Im Roten Meer steigt man vom Strand einfach ins Wasser und taucht los oder fährt mit dem Boot aufs Meer hinaus, lässt sich Rolle rückwärts vom Schiff ins Meer fallen, und sinkt in die farbenprächtige Korallenwelt.

Taucher, die die Karibik und andere tropische Meere kennen, aber das Rote Meer noch nicht, werden sich über die relativ ›kühlen‹ Wassertemperaturen wundern. Im Winter sind 20 °C nicht ungewöhnlich, und selbst im Frühjahr kann ein kühler Wind, der das Wasser nur leicht kräuselt, den Neoprenanzug unentbehrlich machen. Im Sommer dagegen lindert die Brise die an Land schier unerträgliche Hitze.

Tauchgründe

Zwischen Dahab und Sharm el Sheikh, mit Ras Mohammed als Höhepunkt, liegen die interessantesten Tauchreviere des Sinai. Am Roten Meer gilt Hurghada als überlaufen; relativ neu ist die Region um Marsa Alam und Berenice/Hamata – früher kaum zugänglich, heute mit Clubs und Hotels aller Güte- und Preisklassen.

Die Westküste des Sinai, der Golf von Suez, lohnt im Vergleich dazu keinen Tauchgang, der Küstenstreifen hat sehr unter den Auswirkungen der Ölindustrie gelitten – allerdings liegen in der Straße von Gubal einige lohnende Wracks auf Grund (s. S. 66). Wenig interessant ist auch die Ostküste von Dahab bis Taba; zum Schnorcheln findet man aber genug Riffe und eine vielfältige Fauna.

Gesetzliche Regelungen für Taucher

Dass heute viele Riffe in erbärmlichem Zustand oder zerstört sind, mag zwar an den lange Zeit fehlenden gesetzlichen Vorschriften liegen. Aber das alleine hätte noch keinen Schaden angerichtet, wenn da nicht genug rücksichtslose Taucher gewesen wären, die ihren Dive damit krönten, Korallenbänke zu plündern; wenn da nicht genug (internationale) Tauchschulen gewesen wären, die bar jeden Umweltbewusstseins um des schnellen Profits willen ihren Schülern und Kunden nicht einmal die Minimalanforderungen ökologischen Bewusstseins beibrachten – Hauptsache, möglichst viele Taucher buchten möglichst viele Bootsexkursionen, oft wurde nicht einmal nach Tauchscheinen gefragt und Ausrüstung an jeden vermietet, der kam.

Das war einmal. Ohne Tauchschein bekommt man heute nirgends mehr eine Ausrüstung geliehen. Ohne Check Dive geht ebenfalls so gut wie nichts. Jede gute Tauchschule lehrt heute ökologisch richtiges Verhalten, was noch lange nicht heißt, dass sich nicht noch immer zu viele Vandalen in Neopren am Roten Meer tummeln.

Im Roten Meer: Ein Schnorchler trifft auf einen der vielen bunten Riff-Fische

Ägypten hat mit dem Gesetz 102 einige **Tauchvorschriften** erlassen, für deren Einhaltung bei organisierten Trips die Tauchschulen und die Kapitäne der Boote verantwortlich sind:

- Harpunen dürfen weder mitgeführt noch benutzt werden.
- Das Berühren von Korallen, Muscheln und sonstigen Meeresorganismen ist verboten.
- Aus dem Meer darf nichts mitgenommen werden, weder Korallen, Muscheln, Pflanzen noch Fossilien oder tote Fische.
- Essensreste u. ä. dürfen nicht ins Meer geworfen werden; auch das Füttern von Fischen ist untersagt.
- Wer mutwillig Korallenbänke beschädigt, kann für den Schaden in unbegrenzter Höhe haftbar gemacht wer-

Vorsicht Strandminen!

Am Roten Meer sind viele Strände, auch Areale in der Wüste umzäunt. Betreten Sie diese Flächen keinesfalls! Noch immer liegen unzählige Minen im Sand, sie wurden im Zweiten Weltkrieg und bei diversen Kriegen mit Israel meist ohne geografische Erfassung gelegt. Bei den kaum systematisch zu nennenden Räumungsarbeiten fand man nur einen Teil wieder. Nicht genug der Warnungen: Da Zäune und Warnschilder oft weggerissen und nur schleppend oder gar nicht erneuert werden, sollte man Strände und Buchten, die keine Spuren von vorherigen Besuchern aufweisen, lieber meiden.

den; bei schweren Verstößen drohen zudem hohe Geldstrafen. Mehr und mehr sind es auch die Taucher selbst, die unter Wasser für Ordnung sorgen und Korallenräuber mit einem kräftigen Zug an der Tauchermaske zum umweltfreundlichen Aufstieg zwingen.

Gefahren im Wasser

Über **Hai-Attacken** auf Schwimmer und Schnorchler wird ab und an berichtet, Angriffe auf Taucher sind seltener. Die gefährlichen Tiger-, Mako- und Weißspitzen-Haie kommen in der Regel nur auf hoher See vor, nicht aber in Küstennähe. Ungefährlich sind der Weißspitzen-Riffhai und der Graue Riffhai, denen man als Taucher gelegentlich begegnen kann. Unangenehme Begegnungen mit beißenden **Muränen** lassen sich vermeiden, indem man erstens nicht zu nah an dunklen Höhlen und Spalten vorbeitaucht und zweitens keinesfalls hineinfasst. Keiner der im Roten Meer vorkommenden **Giftfische** gilt als aggressiv. Stachelrochen, Skorpion-, Stein- und Rotfeuerfisch stechen nur, wenn man sie berührt oder auf sie tritt, was in Strandnähe passieren kann. Tödlich kann sich lediglich das Gift des Steinfisches auswirken; alle anderen verursachen heftige Schmerzen, die häufig einen Schock nach sich ziehen und auf der Stelle von einem Arzt behandelt werden müssen.

In Ägypten gibt es nichts, was dem deutschen TÜV auch nur annähernd gleichzusetzen wäre. Es liegt also ohne jede Kontrolle von außen einzig an den Tauchschulen, wie sie ihr **Leih-Equipment**, vor allem die Sauerstoff-Flaschen, warten, wo sie das tun – und wie oft. Dagegen kann man als Taucher nichts anderes unternehmen als sein eigenes Equipment mitzubringen. Bei Tauchschulen mit Dumpingpreisen kann man aber davon ausgehen, dass am ehesten an der Wartung und am Material gespart wird. In Tauchzeitschriften und auf Taucherforen im Internet erfährt man Aktuelles zur (Un-) Sicherheit von Tauchbasen.

Das Rote Meer ist mitunter unberechenbar, was **Strömungen** und ihre tatsächliche, nicht gefühlte Geschwindigkeit angeht. Warnungen des Tauchlehrers oder des Bootskapitäns zu ignorieren, kann lebensgefährlich sein.

Jährlich verschwinden gut ein Dutzend Taucher spurlos im Roten Meer.

Die meisten **Unfälle** passieren, nein: nicht Anfängern, sondern erfahrenen Leuten mit zig Tauchgängen, die sich zu riskanten Abstiegen hinreißen lassen. ›Wollt ihr tauchen oder tanzen?‹, warb eine Tauchschule aus Hurghada in einer umstrittenen Anzeigenserie in Taucherzeitschriften. Viele empfanden diese Art der Reklame als Einladung zu waghalsigen Abenteuern in Tiefen, wo es zwar nichts mehr zu sehen, aber dafür den Rausch der Tiefe zu erleben gibt. Etliche Taucherleichen wurden in den vergangenen Jahren, wenn man sie überhaupt fand, in 70–90 m Tiefe schwebend geborgen.

Und nicht zuletzt: Unfälle jeder Art sind in Ägypten doppelt gefährlich: Ein funktionierendes Notarztsystem gibt es nicht, ebenso wenig eine auch nur annähernd flächendeckende Versorgung mit Kliniken, die für alle Fälle mit kompetentem Personal und dem nötigen High-Tech-Gerät ausgerüstet wären. Der Sinai und das Rote Meer sind im sind in dieser Hinsicht tiefes Hinterland.

Dekompressionskammern gibt es in Sharm el Sheikh, Hurghada, El Gouna, Marsa Alam; Tauchbasen bieten Urlaubsversicherungen an (s. S. 196).

Tauchgründe am Roten Meer

Hurghada

Reiseatlas: S. 237, D 2
Abu Ramada: 1 Std. Bootsfahrt, bis 40 m tief, fischreiches, felsiges Riff.
Sha'ab Abu Ramada: 1 Std. Bootsfahrt, 3 km südwestlich Abu Ramada, das flache, in einem Gang zu umtauchende Riff wird seines Fischreichtums wegen auch ›Aquarium‹ genannt, viele Weichkorallen an der Ostseite.
Giftun Island: Anfahrt 1 Std., Ostseite der Insel gut für Strömungstauchen.
Careless Reef: 5 km nördlich von Giftun (von Hurghada gut 1 Std. Anfahrt), bei Fotografen sehr beliebter Tauchplatz, kein Schutz vor Wind und Strömung, reicher und farbenprächtiger Korallenwuchs.
Sha'ab Rur Reef: Anfahrt gut 1 Std., zwischen Careless Reef und Sha'ab Um Qamar Reef (s. u.) gelegen, nicht sehr interessant, auf 25 m liegt ein kleines gesunkenes Schiff.
Sha'ab Um Qamar Reef: Anfahrt 1½ Std., kleine Insel (350 m lang) mit Leuchtfeuer, 9 km nördlich von Giftun Island, beliebtestes, weil wind- und strömungsgeschütztes Gebiet im Südwesten der Insel, Abstieg gegenüber dem Leuchtfeuer bis 35 m, dichter Bewuchs mit Weichkorallen, ideal für Fotografen ist St. Peter's Cave, eine fischreiche Höhle mit schwarzen Korallen.
Shab el Erg Reef: Anfahrt 2 Std., kein aufregendes Riff.
Shedwan Island: je nach Wetter bis zu 4 Std. Anfahrt, die strategisch wichtige Insel ist militärisches Sperrgebiet und darf nicht betreten werden, wegen der Strömungen ein kompliziertes Gebiet, nicht sehr interessante Riffe. Rund um Shedwan gibt es allerdings ein paar gute Tauchplätze, darunter das als Schiffsfriedhof berühmte Riff Abu Nuhas und so berühmte Wracks wie die im Zweiten Weltkrieg von einem deut-

schen Bomber versenkte britische Thistlegorm (s. S. 66).

Safaga

Reiseatlas: S. 237, D 3
Abu Soma Reef: Anfahrt knapp 1 Std., wegen häufig starker Strömungen kein Tauchrevier für Anfänger; 32 m tief, herrlicher Korallenwuchs.
Sha'ab Tobia Arba'a Reef: Anfahrt knapp 1 Std., 15 m tief, aus dem Seeboden wachsen vier wunderbar bewachsene Korallentürme an die Oberfläche, ideal für Fotografen; gut für Anfänger geeignet.
Tobia Kebir Reef: Anfahrt knapp 1 Std., vier kleinere Riffe, ein mittelmäßig interessanter Tauchgang bis 10 m Tiefe.
Sha'ab Tobia Soraja Reef: Anfahrt knapp 1 Std., eng beieinander liegende Riffe, nicht sehr schwieriger Tunnel.
Gamel Soraja: Anfahrt knapp 1 Std., schön zu betauchen ist das Außenriff, sehr fischreiches Revier.
Gamel Kebir: Anfahrt knapp 1 Std., bis 15 m tief, sehr schönes 400 m langes Riff; Vorsicht vor starken Strömungen.
Tobia Island: Anfahrt gut 45 Min., bis auf 23 m fällt das direkt vor der Insel liegende, sehr schöne Riff ab.
Panorama Reef: Anfahrt gut 1,5 Std., eines von Safagas aufregendsten Riffen mit Steilabfällen bis an die 200 m, vielen Höhlen und Überhängen; strömungsbedingt manchmal sehr schwierig.
Abu Kafan Reef: Anfahrt gut 2 Std., das Juwel unter Safagas Riffen, Steilabfälle bis zu 80 m, reich an Fischen und schönen Korallen, mitunter schwierige Strömungen.

Marsa Alam

Reiseatlas: S. 238, B 3
Elphinstone Reef/Sha'ab Abu Hamra: ca. 23 km nördlich von Marsa Alam, 700 m langes Riff, fällt an der Ost- und Westseite erst 40 m, dann über 100 m

Würfel-Kofferfisch

ab. Fischreicher ist die Südseite, ab und an trifft man Barrakudas und verschiedene Haiarten.

Sha'ab Sharm: ca. 33 km südlich von Marsa Alam, 200 m langes, ca. 50 m breites Riff, 30–100 m Abfall, starke Strömungen ostseitig; besucht von Delfinen, Hammerhaien, Barrakudas und Schildkröten.

Abu Dabba'ab Süd/West: ca. 29 km nördlich von Marsa Alam. Die beiden Riffe sind besonders nachts interessant: Hier tummeln sich Rotfeuerfische und Streifengarnelen.

Bernice

Reiseatlas: S. 238, B 3

Sha'ab Malahi: nahe Kap Ras Banas – wild zerklüftete Riffe, Canyons, Höhlen – ist per Boot (im Tauchcenter erfragen) in 1,5 Std. zu erreichen.

Tauchgründe auf dem Sinai

Sharm el Sheikh

Reiseatlas: S. 235, E 4

Da die meisten Tauchplätze in Ägypten englische Namen tragen, die auch den Einheimischen bekannt sind, verzichten wir hier auf die deutschen Namen.

Jackson Reef: Sharm el Sheikh, 1 km von der Tiran-Insel, Südseite ideal zum Abstieg; durchschnittliche Tiefe 25 m, wegen des farbenprächtigen Korallenwuchses ideal für Fotografen.

Woodhouse Reef & Thomas Reef: Sharm el Sheikh, Ostseite steil abfallend, in 35 m Tiefe befindet sich ein zweites Riff, der tiefe Canyon ist nicht betauchbar, gefährliche Strömungen – ganz besonders an der Nordseite.

Gordon Reef: Sharm el Sheikh, starke Strömungen, Ostseite auf 15 m bevorzugter Startplatz, fischreiche Kante.

Ras Nasrani: 9 km nördlich Naama Bay erreichbar über die Piste nördlich von Sharm el Sheikhs Flughafen, 10–15 m flacher Tauchgrund, Riffabfall 60 m, gut geeignet für Nachttauchgänge, sehr gut geeignet auch für Schnorchler.

Shark Bay: 5 km nördlich Naama Bay, vom Strand erreichbar, 45 m tief, schnell steil abfallendes Riff, ab und an werden hier Haie und Mantas gesichtet.

The Gardens: nördlich Naama Bay, ältestes Tauchgebiet, Paradies für Fotografen, bis 45 m tief, sehr schöne Korallen.

The Tower: 3 km südlich Naama Bay, am besten von Land zugänglich, mit leichtem Einstieg, steil bis 80 m abfallender Canyon.

Ras um Sid und The Temple: Sharm el Maya, von Land zugänglich, starke

Shark Observatory

65 m über dem Meer, der höchste Punkt Ras Mohammeds, liegt das Shark Observatory mit drei Terrassen, Aussicht auf die Shark Observatory Bay und das Meer, in dem Taucher das dichte, bunte Unterwasserleben näher erfahren können als irgendwo sonst: Barrakudas, Trompetenfische, Napoleonfische und sogar kleine Haie und Delfine (gutes Fernrohr vorhanden).

WRACKTAUCHEN – SCHIFFFAHRTS-GESCHICHTE AUF DEM MEERESGRUND

Die Straße von Gubal, südliche Durchfahrt für die Suezkanal-Schifffahrt, ist für Wracktaucher besonders interessant, lohnend ist auch die nördlich der Straße von Gubal gelegene Meerenge von Sha'ab Ali. Das Sha'ab Abu Nuhas Reef, 4 km nördlich der Shedwan-Insel gelegen, ist ein bei Seeleuten als Schiffsfriedhof berüchtigtes Riff mitten in einer der meistbefahrenen Wasserstraßen der Welt.

SS Maiden: 2003 wurde dieser Stahldampfer (152,4 m lang; Stapellauf 1902) entdeckt, der 1923 auf dem Weg von Calcutta nach Europa auf ein Riff gelaufen und gesunken war. Bei Rocky Island im südlichen Roten Meer wurde das Wrack durch Zufall entdeckt, kaum beschädigt, dicht von Korallen umwachsen.

Wrack Chrisoula K.: 1981 lief der 108 m lange Frachter von Italien nach Saudi-Arabien, beladen mit Fliesen, bei voller Fahrt auf das Riff. Das Heck kann man mit gutem Licht betauchen.

Wrack Giannis D.: Der griechische Frachter (99 m) lief am 1983 auf das Riff von Abu Nuhas. Das Schiff brach entzwei, sank: Nur der Bug ragt noch aus dem 31 m tiefen Wasser. Für Wrackexkursionen benötigt man gutes Licht. Es gibt gefährliche Strömungen.

Wrack Carnatic: Am 13. September 1869 lief der britische Passagierdampfer auf dem Weg nach Bombay auf das Riff. Da er scheinbar ohne große Beschädigungen blieb, das Wetter mild und die See ruhig waren, beschlossen Crew und 240 Passagiere, auf dem Schiff auf Hilfe zu warten. Doch in der Nacht brach die Carnatic plötzlich entzwei: 27 Menschen ertranken. Über Monate zog das Schiff, das Gold und andere Schätze geladen hatte, Abenteurer und Schatzsucher an. Die Überreste der in drei Teile gebrochenen Carnatic sind sehr eindrucksvoll.

Wrack Thistlegorm: Zwischen dem Sha'ab Ali Reef und der Küste des Sinai liegt das militärische Versorgungsschiff, das hier am 6. Oktober 1941 zur Unterstützung der britischen Nordafrika-Truppen vor Anker gegangen war, um Waffen und Kriegsmaterial zu löschen. Ein deutscher Langstreckenbomber auf Patrouillenflug ortete den Frachter, versenkte ihn. Noch Jahre nach der Katastrophe setzten vorbeifahrende Schiffe ihre Flaggen auf Halbmast. Die Thistlegorm bietet einen der bewegendsten Wracktauchgänge, die man erleben kann. Die Ladung ist, bis auf Waffen, zum Teil noch an Bord: Motorräder, Flugzeugflügel. Das Wrack in 33 m Tiefe ist wegen starker Strömungen nur für erfahrene Taucher geeignet.

The Dunraven: Das Dampfsegelschiff (Zweimaster, 90 m lang) lief auf dem Weg vom Bombay nach Newcastle auf das Riff. 1978 wurde der Frachter auf 28 m Tiefe entdeckt und ist ein sehr beliebter Tauchspot, im Wrack braucht man gutes Licht, Zugang durch den Maschinenraum in der Mitte; nur per Boot (1,5 Std. von Ras Mohammed) zu erreichen.

Strömung, 25 m tief; 1 km westlich des Ras liegt in der Mitte der Bucht der berühmte The Temple (Bootsanfahrt), umgeben von anderen Korallenformationen, viele Riff-Fische, Weichkorallen, Korallenturm auf 15 m.

Ras Mohammed

Reiseatlas: S. 235, E 4

Shark Observatory Bay: Das Juwel von Ras Mohammed, zugänglich von Land und vom Boot aus, Steilabfall bis 70 m, Haie lassen sich nur noch gelegentlich blicken.

Shark Reef und Yolanda Reef: aus dem sandigen Meerboden wachsen die Riffe bis zu 30 m hoch, vielbesucht, aber wegen der starken Strömung auf keinen Fall für Anfänger geeignet.

Fisherman's Bank (Jackfish Alley): 1,7 km nördlich des Ras-Mohammed-Cliffs, Zugang von Land bei unruhiger See schwierig, sehr schöner Tauchplatz für Geübte.

Eel Garden: leicht zugänglich von Land, bis 15 m, Sandboden, das Riff gleicht der Unterwasserfortsetzung eines mächtigen Wadis.

The Qay: leicht erreichbar, überbordender Reichtum an Korallen, Fischen, auch Seeschildkröten; mineralhaltiges, mit Sand vermischtes Wasser entströmt einer warmen Quelle im Riffdach und behindert die Sicht.

Sha'ab Mahmoud: Die nach Süden offene Lagune erstreckt sich über 12 x 5 km westlich von Ras Mohammed. Boote können hier schwer ankern; manche Plätze sind nur per Dingi zu erreichen.

The Alternatives: 15 Riffs befinden sich hier auf einer Länge von 1,8 km, eine Alternative, wenn unruhige See und Strömungen in der Umgebung das Tauchen erschweren, gut geeignet für Nachttauchgänge, besonders interessant am westlichen Ende des Riffs: die Stingray Station, ein dreizüngiges Riff, wo man relativ oft Leopardenhaie sieht.

North Passage: wegen des unberechenbaren Windes und der Strömungen nicht ungefährliches Gebiet, bei ruhiger See ein fantastischer Nachttauchgang.

Small Passage: 7 km südöstlich der North Passage, starke Strömung aufs Meer hinaus. 4–7 m tief, zum Sandboden am Rand 5–12 m.

Dahab

Reiseatlas: S. 235, F 3

The Canyon: 4 km nördlich von Dahab gelegen, das Riff bildet eine große Lagune, mittelschwere bis sehr anspruchsvolle Tauchgänge; der betauchbare Canyon beginnt bei 15 m und ist an einigen Stellen so schmal, dass man nicht auftauchen kann, der Canyon endet in 49 m Tiefe.

Blue Hole: 2 km nördlich von The Canyon, der bekannteste und auch gefährlichste Tauchspot des Sinai: ein Krater, der sich im Riff öffnet und lotrecht bis auf 80 m abfällt; Ausgang in 60 m durch eine bogenähnliche Passage.

The Lighthouse: südlich und nordöstlich des Dahab-Leuchtfeuers an der Bucht, leichter Einstieg, steile Korallenwände bis 30 m.

Southern Oasis und The Caves: guter Platz für Anfänger, die üben wollen.

UNTERWEGS AM ROTEN MEER

Ein Leitfaden für die Reise und viele Tipps für unterwegs.

Genaue Beschreibungen von Städten und Dörfern, Sehenswürdigkeiten, Stränden, Ausflugszielen und Reiserouten.

Ägypten erleben: Ausgesuchte Hotels und Restaurants, Tauchplätze und Tipps für Wüstensafaris.

Eselskarren tun noch heute ihren Dienst

ST. ANTONY

An der Küste des Roten Meeres

Reiseatlas S. 231/232 F 4/A 4, S. 234 A 2–B 2, S. 236 C 3, S. 237 D 1–3, E 4, S. 238 B 3, S. 239 E 1

Antoniuskloster

HURGHADA UND MAKADI BAY

Hurghada ist der zentrale Badeort am Roten Meer. Über bald 50 Küstenkilometer erstreckt sich der Bereich der internationalen Hotels aller Qualitätsklassen. Früher eine Hochburg deutschsprachiger Urlauber, zieht Hurghada heute mehr internationale Gäste an denn je.

Hurghada

Vorwahl 065; **Reiseatlas:** S. 237, D 2
Hurghada ist schon rein flächenmäßig der größte Bade- und Wassersportort am Roten Meer. Auf einer Länge von nahezu 50 km Küste boomt rund ums Jahr der Ferientourismus – und wie man an der regen Bautätigkeit entlang der Küste sieht, kommen in Zukunft noch viele Hotels hinzu, zum Glück keine Bettenburgen, sondern weitläufige Anlagen – Platz ist genug am Rande der Arabischen Wüste.

Über 1,2 Millionen Touristen aus aller Welt zählt man jährlich, Tendenz rapide steigend. Charterflieger bringen allwöchentlich Zehntausende Urlauber aus Europa hierher, neuerdings auch aus den früheren Ostblockstaaten in den Ort, der auf Arabisch, wegen seiner Rachenlaute fast unaussprechbar, El Ghardaqa heißt. Die nach Übernachtungen und Umsatz pro Kopf stärksten Touristengruppen kommen aus den deutschsprachigen Ländern und Italien.

Als Zentrum der so genannten ›Red Sea Riviera‹ boomt die Stadt wie kaum eine andere im Land. An den neuen Ortsteilen und den vielen Baustellen im Hinterland der Strände kann man ablesen, dass Tausende Ägypter aus Kairo, aus dem Niltal und dem Nildelta hierher umziehen, um im Tourismus zu finden, was es im übrigen Ägypten kaum gibt – ausreichend Arbeit.

Geschichte

Blick zurück ins Jahr 1930. Damals war das Auftauchen von Fremden in Hurghada noch eine Sensation, und die den Weg auf sich nahmen, waren meist Briten, die im Auftrag von Erdölfirmen das Rote Meer auf Öllager hin untersuchten, nachdem man bereits jenseits des Meeres in Saudi-Arabien immense Funde gemacht hatte. Nur ab und an verschlug es vor und auch nach dem Zweiten Weltkrieg ein paar ganz verwegene Europäer, meist in Kairo lebende Ausländer, als Urlauber in die unwirtliche Gegend. Die Männer hüllten sich in ziemlich lange Badehosen, die Frauen in noch sehr stoffreiche Badeanzüge.

Mit Beginn des ersten Krieges gegen den eben gegründeten Staat Israel 1948 blieben die wenigen Ausländer weg, denn die Küste war plötzlich auf ihrer gesamten Länge potentielles Frontgebiet – Zugang verboten für Zivilisten. Jeder Mann Hurghadas war nun Soldat.

Auf den Waffenstillstand folgte der nächste, kurze Krieg 1956. Die Küste war erneut mögliches Schlachtfeld (was sie aber nie wurde).

Anfang der 1960er-Jahre startete Präsident Nassers Ägypten den ersten Versuch, Hurghada für den in Europa wachsenden Fremdenverkehr zu erschließen. Ein paar kleine Hotels eröffneten, Touristen reisten in einer langen und beschwerlichen Tagestour oft über Kairo an – bis die Kriege von 1967 und 1973 das Gebiet wieder unter völlige Hoheit der Militärs brachten. Erst der Camp-David-Frieden 1979 ließ einen neuen Versuch zu, Hurghada dem Tourismus zu öffnen.

Bald landeten erste Charterflüge, und Taucher, die noch ihr Gerät selbst mitbrachten, waren fasziniert von der unberührten Unterwasserwelt vor Hurghada.

Hurghada – das sollte Mitte der 1980er-Jahre noch ein vorbildliches ägyptisches Modell für einen Tourismus werden, der aus den Fehlern von Zielen wie Rimini, Ibiza, Gran Canaria oder Mallorca gelernt hat. Die Fehler von dort, wie den Bau von Kolossen von Hotelbunkern, die hat man zwar vermieden, aber andere gemacht. Der Raubbau an der natürlichen Fauna des Roten Meeres etwa hat im Korallenbestand irreparable Schäden hinterlassen.

Am Strand von Hurghada

Obligatorische Polizeikonvois

Es ist so gut wie zwingend, dass Sie sich bis zu ihrem Ziel als Fahrer eines touristischen Leihwagens aus Sicherheitsgründen einem Polizeikonvoi anschließen müssen, der Richtung Kairo fährt. Abfahrtsort und -zeit kennen die Hotelrezeptionen.

Ein Insider-Tipp blieb der Ort mit seinen Naturschönheiten vor der Küste nicht lange. Etwas über vier Flugstunden von Europa entfernt tat sich Tauchern und Surfern ein neues Paradies auf. Und hätten die misstrauischen Militärs schon damals die Küste geräumt und eingewilligt, ihren militärischen Flughafen in großem Maße der zivilen Luftfahrt zur Verfügung zu stellen, dann hätte Hurghada schon früher seine heutigen Dimensionen erlangt.

Das Wachstum des Ortes wurde darüber hinaus immer wieder durch den chronischen Mangel an Strom und Wasser gebremst. Beides war oft so knapp, zeitweise nicht verfügbar, dass sowohl Hotels als auch Einheimische auf dem Trockenen saßen. Viele Hotels haben heute eigene Meerwasser-Entsalzungsanlagen. Zusätzlich pumpen Wasserpipelines den kostbaren Stoff vom Niltal ans Rote Meer.

Kleiner Wohlstand machte sich rasch bei vielen in Hurghada bemerkbar. Das »welcome«, mit dem man jeden Fremden begrüßte, kam von Herzen und vom praller werdenden Geldbeutel gleichermaßen. Seit den 1980er-Jahren wurde Hurghadas Entwicklung zu nationalem Interesse und rechtfertigte obendrein die Existenz eines Tourismusministers. Seine Planer gestalteten den Ortskern Hurghadas mit seiner verfallenen Bausubstanz und seinem Schmutz komplett um. Häuser wurden planiert, eine breiter Boulevard angelegt, die Sheraton Road.

Das moderne Hurghada

Hurghada ist einer der wichtigen Devisenbringer Ägyptens, blieb es auch, als die Touristen Mitte der 1990er wegen fundamentalistischer Terroranschläge das Niltal mieden, dann nach dem 11. September 2001 nur mehr zaghaft Fernreisen wagten. Hurghada überstand die Krise u. a. durch Dumping-Preise auf allen internationalen Märkten. Dass man sich damit gänzlich neue Märkte erschloss, ist vor Ort nicht zu übersehen. Im Zentrum Hurghadas, früher dominiert von italienischen und deutschen Touristen, ist ein ›Klein-Russland‹ entstanden. Werbung und Geschäftsreklame in kyrillischer Schrift, wohin man sieht. Mit der Leichtigkeit, mit der sie schon immer in Deutsch oder Italienisch ihr Arsenal an Souvenirs angeboten haben, preisen Hurghadas Händler heute zusätzlich und vorzugsweise in Russisch und baltischen Sprachen ihre Papyri, ihre Parfümessenzen, ihren pharaonischen Goldschmuck an.

Für Urlauber, die mit dem täglichen Sonnenbad und dem Dinnerbüffet nicht ausgelastet sind, hat Hurghada, seit es sich im Bereich Unterhaltung und Nachtleben in Quantensprüngen von

RICHTUNGSWECHSEL – ERSTE HILFE FÜR DIE UNTERWASSERWELT

Die ökologischen Alarmglocken läuten schon seit langem am Roten Meer – seit 1996 mit positiven Auswirkungen. In jenem Jahr wurde Hurghadas regierungsunabhängige Umweltschutzorganisation HEPCA (Hurghada Environmental Protection Association, www.hepca.com) gegründet, die mit finanzieller Unterstützung der Entwicklungshilfe-Organisation USAID (United States Agency for International Development) mit praktischer Arbeit zum Schutz der Riffe und des Meeres begann. In einer ersten Phase wurden 60 Ankerbojen gesetzt, um weitere Beschädigungen von Riffen durch ankerwerfende Schiffe einzudämmen; bis 2007 waren es über 1000 Bojen; Gesamtkosten der Bojen-Pflanzaktion: über 7 Mio. US$.

HEPCA hat auch begonnen, den Zustand der Riffe zu untersuchen, systematisch zu erfassen und ein ökologisches Gesamtkonzept für Hurghada zu entwickeln. Darüber hinaus initiierte die Organisation eine Sensibilisierungskampagne: Hotels, Tauchschulen, Bootsunternehmer und alle, die touristisch mit dem Meer zu tun haben, werden mit den Problemen der Unterwasserwelt Hurghadas vertraut gemacht und darauf geschult, umweltgerechtes Verhalten zu praktizieren bzw. in den Tauchschulen zu lehren. Als Gesprächspartner stehen Meeresbiologen zur Verfügung, die auch an der Rettungsaktion für bereits kranke Riffe und Meeresabschnitte beteiligt sein werden. Ob und in welchem Maß HEPCA erfolgreich sein wird, wird sich erst in vielen Jahren beurteilen lassen, wenn sich sowohl die finanzielle Unabhängigkeit (auch durch Spenden örtlicher Tauchschulen und Hotels) als auch die Rückendeckung durch die ägyptische Regierung als dauerhaft erwiesen haben sollten. 1997 wurde der Aktionsradius der HEPCA auf fast die ganze touristische Rotmeerküste ausgeweitet. Der Organisation ist es auch zu verdanken, dass ein Gebiet in Samadai Bay am Südzipfel des Roten Meeres für Taucher und Boote unzugänglich gemacht wurde, um den Lebensraum der Delfine zu schützen.

Einen ihrer größten – vorläufigen – Erfolge feierte HEPCA mit der Rettung des Naturschutzgebietes Giftun Island, 5 km vor Hurghada. Als Giftun von Ägyptens Premier für 2 Mrd. US$ an eine italienische Investorengruppe verkauft werden sollte, organisierte HEPCA den Protest, an der sich Greenpeace und die UNESCO beteiligten. Der Plan des Premiers: Auf Giftun sollte ein ca. 10 000-Betten-Resort entstehen, mit Flughafen, Tauchbasen und einer Verbindungsbrücke nach Hurghada. Giftun war erst 2000 zum Nationalpark erklärt worden – der Sandstrand dort ist fein und weiß, das Wasser schimmert türkisfarben und klar. Hier liegen mit die schönsten Riffe der Erde, die Großfische, wie Walhaie, Barrakudas und Blauhaie, anziehen. Präsident Hosni Mubarak stoppte das geplante Bauvorhaben – aber auch aus einem ganz unökologischen Grund. Solche Großprojekte, entschiede man sich dazu, verlangten eine internationale Ausschreibung.

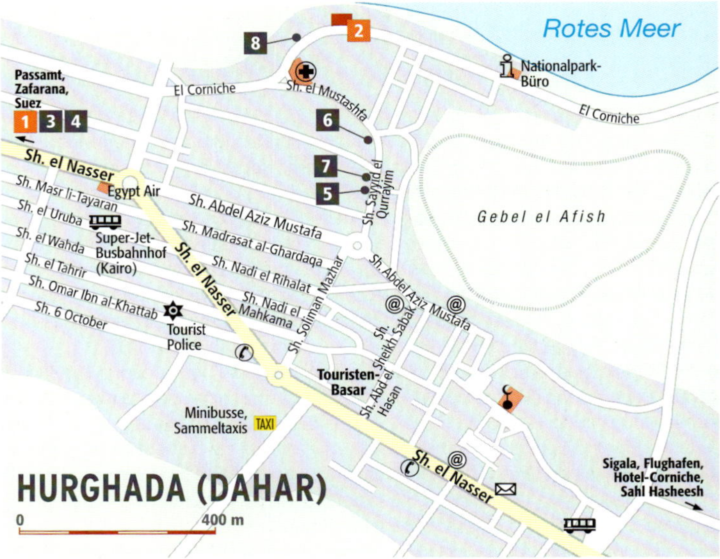

Sehenswürdigkeiten
1 Museum of Marine Biology
2 Red Sea Aquarium

Übernachten
3 Youth Hostel

Essen und Trinken
4 Bordiehn's Restaurant
5 Chez Micky
6 Chez Pascal
7 Portofino
8 Café Cheers

Saison zu Saison fortentwickelt hat, allerhand zu bieten. Die meisten wichtigen Tempel der Nacht, die besten Restaurants, die nicht zu Hotels gehören, alles liegt im Zentrum Hurghadas.

Wie eine andere Welt, aufgeräumter und sauberer, wirkt der so genannte ›Hotel strip‹ an der Corniche, der Küstenstraße mit den großen und von Pauschaltouristen bevorzugten Hotels.

Orientierung in Hurghada

Sich in Hurghada zurechtzufinden, ist denkbar einfach. Es gibt Straßennamen, die zwar häufiger geändert werden, aber das ist egal – keiner benutzt sie. Hurghada ist im Zentrum so überschaubar, dass man Restaurant oder Bar oder Hotel nennt – und jeder Taxifahrer weiß, wohin es geht.

Die Strände südlich des unübersehbaren Rundbaus des Le Meridien (dessen Abriss so gut wie beschlossen ist) sind mit Hotelanlagen belegt. Nördlich davon liegen, **Sigala** heißt der Ortsteil, weitere Hotels und Restaurants. Anschließend beginnt der lebendige Ortsteil **Dahar**, meist »downtown« genannt. Für Touristen ist dieser Bezirk mit Boutiquen, Supermärkten, Basar, Restaurants, Bars, Post, Telefonamt, Behörden und Banken interessant. Bis spät in den Abend pulsiert hier das Leben. In der **El Souk Mall,** gegenüber dem Kino **Sea Gull Cinema**, finden sich einige nette kleine Souvenirgeschäfte.

Nightlife ab Mitternacht

Gegen Mitternacht füllen sich Discos und Folkloreshows, tanzt man um die Ecke in Papas Beach Club unter freiem Himmel direkt am Meer zu hämmerndem Techno und Beat. Alle großen Hotels unterhalten mehrmals täglich Shuttle-Busse ins Zentrum. Minibusse und Taxis sind rund um die Uhr leicht zu bekommen; unverbindliche Preislisten gibt es in den Hotels.

An der **Hotel-Corniche,** wo es vor einigen Jahren kaum etwas gab, außer den üblichen Hotelboutiquen für Zeitungen, Tabak, Krimskrams und Klamotten, da entstanden und entstehen Shopping Malls. Die mehrspurige, früher fast unüberquerbare (Renn-)Strecke direkt vor den Hotels wurde auf weiten Abschnitten zur Einbahnstraße Richtung Norden, da und dort zur Fußgängerzone mit wirklich mediterranem Flair umgebaut. Da findet man nun Mega-Shops für Souvenirs, mitten in der Fußgängerzone am Siva-Hotel einen bayerischen Biergarten – auf der Karte u. a. Currywurst, Bratwurst, Frikadellen, Zigeunerschnitzel. Ein paar Schritte südlich findet sich der nächste Biergarten – der von ›Fritz‹.

Weiter südlich liegt gegenüber dem Grand Hotel die **Grand Mall** mit Apotheke, Boutiquen, Billard- und Internet-Café, etlichen Restaurants (von Steaks, Koreanisch-chinesisch über Pizza bis Ägyptisch). Am Abend präsentieren im **Atriumcafé** der Mall, unterhalb der **Jungle Disco** (ab 23 Uhr), Entertainer und Animateure des Grand Resorts Mitsing- und Mittanzsongs, führen frei nach Disney & Co Mini-Musicals auf.

Besichtigung

In Hurghada gibt es wenig wirklich Sehenswertes. Das **Museum of Marine Biology** [1] (Karte Dahar), 5 km nördlich Hurghadas, tgl. 8–19 Uhr (5 LE), ist recht heruntergekommen, und fördert eher das Mitleid mit den gehaltenen Fischen als die Freude, aus nächster Nähe Korallen und andere Bewohner des Roten Meeres zu sehen. Den beklagenswerten Zustand teilt es mit dem **Red Sea Aquarium** [2] nahe dem Three Corners Village (tgl. 9–20 Uhr, 5 LE).

Unterhaltender, wenn auch nicht mehr so gut besucht wie nach der Öffnung, ist das **Alf layla wa layla** [1] (Karte Sigala; Tel. 3446571) am südlichen Rand von Hurghada – ein orientalisches Klein-Disneyland, sprich Tausendundeine Nacht. Im Stil eines architektonisch verspielten Bagdader Märchensuqs reihen sich Souvenirshops und Kaffeehäuser aneinander; in gefliesten Bassins vegetieren kleine Krokodile. Dahinter öffnet sich die von Arabesken und Säulen bestimmte Einkaufsgasse, in den Flügeln des Suqs laden einige Restaurants, teils im Stil des Maghreb dekoriert, zum Kaffee. Dinieren sollte man hier nicht: das Essen ist zu teuer, alles andere als erstklassig. Davor, in der weiten Arena, spielen Laien allabendlich Szenen aus dem pharaonischen Ägypten, glänzen mit Reiterkunststücken. Tickets an den Hotelrezeptionen.

Tourist Office, nahe Egypt Air, gegenüber dem Sports Club. Tel. 065/344 44 20, Sa–Do 8–20 Uhr, Fr 14–20 Uhr

Es sind fast nur Pauschalurlauber, die sich in Hurghada einbuchen. Wer in der Saison ohne Buchung anreist, wird bei den meisten Hotels kein Zimmer bekommen – oder nur zu hohen Individualpreisen, die nicht mit Buchungen über Reiseveranstalter konkurrieren können.

… nördlich von Dahar (Karte Dahar)
Youth Hostel 3: Cairo Road, 5 km nördlich, Tel. 354 49 89. Abgelegen von Hurghadas Zentrum, eigener Strand, 4-Bett-Zimmer, Familienzimmer mit drei Betten und Bad. Ab 8 US$.

… in Sigala bzw. an der Hotel-Corniche (Karte Sigala)
Marriott Beach Resort 2: Hotel-Corniche, Tel. 344 69 50, Fax 344 69 70, www.marriott.com. Ein rundum gutes Hotel. DZ ab 130 US$
Magawish Village 3: Hotel-Corniche, Tel. 346 46 20, Fax 346 46 33, www.magawish. com. Surfer behaupten, hier und im Jasmine Village gäbe es den besten Wind – entsprechend ausgebucht ist der Club. Am Strand: Tauchschule der Colona Divers, Tel. 346 46 31. DZ ab 90 US$

Sehenswürdigkeiten
1 Alf layla wa layla

Übernachten
2 Marriott Beach Resort
3 Magawish Village
4 The Grand Resort
5 Jasmine Village
6 Giftun Beach Resort
7 Eiffel Hotel
8 The Oberoi Sahl Hasheesh

Essen und Trinken
9 Fish Marketasri
10 Al Masri
11 Felfela
12 Bierkeller

The Grand Resort 4: Hotel-Corniche, Tel. 344 74 85, Fax 344 37 50, www.redseahotels.com. An Farben und Deko reiche orientalische Architektur, stattliche Zimmer – prima für Familien (Kids Club). DZ ab 70 US$
Jasmine Village 5: Hotel-Corniche, Tel. 344 64 43, Fax 344 64 41. Außer Surfen kann man hier prima tauchen. Die Leser der Zeitschrift ›Tauchen‹ wählten das Jasmine Village – 1,5 km eigener Strand! – zum besten Taucherhotel am Roten Meer. Die Tauchschule bietet für Kinder ab 10 Jahren Anfängerkurse (›Junior Open Water‹), Tel./Fax 346 04 75, Mobil-Tel. 012/2 44 78 97, info@jasmin-diving.com. DZ ab 65 US$

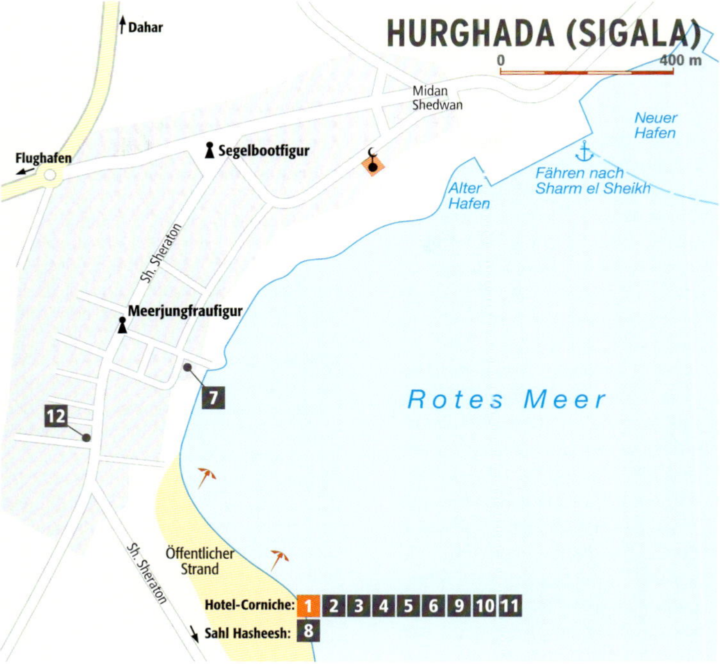

Giftun Beach Resort 6: Hotel-Corniche, Tel. 346 30 46, Fax 346 30 50, www.giftunbeachresort.com. Das Giftung Beach, eines der ersten Hotels Hurghadas wurde 2001/02 renoviert; es eignet sich hervorragend für Windsurfer und Taucher. DZ ab 55 US$

Eiffel Hotel 7: Sigala, nahe Sheraton Road, Tel. 344 45 70, Fax 344 45 72. Von vielen osteuropäischen Gästen bewohnt, kostenloser Zugang zum 2 Gehminuten entfernten Strand. DZ ab 35 US$

... in Sahl Hasheesh (Karte Sigala)

The Oberoi Sahl Hasheesh 8: Tel. 344 07 77, Fax 344 07 88, www.oberoihotels.com. DZ ab 250 US$; s. Tipp S. 80

Halb- oder Vollpension – und vermehrt *all inclusive* – sind die Regel beim Gros der Hurghada-Urlauber. Das schont die Urlaubskasse, so hält man die Extraausgaben unter Kontrolle. Wer der Hotelküche dennoch entfliehen will, hat die Wahl von Fastfood à la McDonalds und Kentucky Fried Chicken bis zum exzellenten Fischrestaurant, dem Italiener oder Griechen wie daheim ›um die Ecke‹.

... in Dahar (Downtown; Karte Dahar)

Bordiehn's Restaurant & Villa Kunterbunt 4: Arabia Beach Resort, Tel. 354 87 90, Fax 354 48 88; www.bordiehn.com. tgl. 12–24 Uhr. Barbara und Thomas Bor-

The Oberoi Sahl Hasheesh Hotel

Ganz im Süden Hurghadas, weit südlich der Hotel-Corniche, ebenso abgelegen wie wundervoll, liegt eines der besten Hotels Ägyptens. Die etwa 220 Gäste der geräumigen 90-qm-Suiten (die 150-qm-Deluxe-Ausführung haben zusätzlich einen Privatpool) genießen einen 840 m langen, abgeschiedenen Sandstand, auf den man von dem darüber liegenden Drei-Terrassen-Pool blickt. Von einem Steg aus taucht und schnorchelt man. Die islamische Architektur des Hotels und der Anlage ist ein Augenschmaus. Die Spa ist ein weiteres Juwel des Hotels. Ausschließlich in der Banyan-Akademie im thailändischen Phuket ausgebildete Mitarbeiter kümmern sich um Wellness und Massagen (Rezepturen aus Bali, Indonesien, Hawaii, Schweden und vieles mehr – traumhaft!).
The Oberoi Sahl Hasheesh 8, Tel. 344 07 77, Fax 344 07 88, www.oberoihotels.com. DZ ab 250 US$

diehn servieren Crossover-Küche, die den Namen verdient: u. a. kann man Kamel-Steak mit Spätzle essen. Ab 90 LE
Chez Micky 5: neben Empire Inn Hotel, Tel. 065/344 37 15, sehr gute Fischküche, tgl. 12–15, 19–23 Uhr. Ab 40 LE
Chez Pascal 6: tgl. 12–15, 17–24 Uhr. Nettes Restaurant, Garten, gute Küche (französisch/ägyptisch; Pizza. Ab 40 LE
Portofino 7: Dr. Sayed Qaraiem St., Tel. 354 62 50, tgl. 12–15, 18–24 Uhr. Fischgerichte, ägyptisch oder italienisch zubereitet. Ab 40 LE
Café Cheers 8: Shedwan Hotel Shopping Center. Rund um die Uhr einfache Snacks, Billard und – damit wird groß geworben – Eduscho-Filterkaffee. Ab 15 LE

... in Sigala bzw. an der Hotel-Corniche (Karte Sigala)
Fish Market 9: InterContinental Hotel, Tel. 344 69 11, tgl. 19–24 Uhr. Für den besten Fisch weit und breit muss man ins Hotel gehen, wählt vom Buffet selbst den fangfrischen Fisch aus, sagt dem Chef, wie er zubereitet wird. Ab 100 LE
Al Masri 10: Midan Sigala, Tel. 344 33 98, tgl. 17–24 Uhr. Das Mutter-Restaurant in Luxor ist für seine gegrillten Kebabs und Kufta in ganz Ägypten berühmt. Fast so gut ist auch diese Filiale. Ab 30 LE
Felfela 11: Sheraton Road, Tel. 344 24 10, tgl. 12–15, 17–24 Uhr. Im ganzen Land serviert die Restaurantkette die ägyptischen Klassiker in vielen Variationen: Ful, Tehina, Hummus, Kebab, Kufta. Ab 25 LE
Bierkeller 12: Iberotel Arabella, Tel. 354 50 86, tgl. 17–1 Uhr. Bar und deutsches Restaurant. Ab 20 LE

Die Preise in Hurghada sind wieder einigermaßen erträglich, seit der Wechselkurs des Ägyptischen Pfundes vom Dollar losgelöst wurde, sich in der Folge die Kaufkraft gegenüber dem Euro und anderen harten Währungen fast verdoppelt hat. Das Angebot selbst ist Massenware, was die **Souvenirs** angeht: viel pharaonischer Nippes, bedruckte Kunstpapyri, Gold und Schmuck mit Hieroglyphen und Skarabäen und allerlei arabischen und altägyptischen Ornamenten. Figuren von Tutanchamun und Kleopatra, Pyramiden als Briefbeschwerer, Lederkamele, Backgammonspiele oder Parfümessenzen (die übrigens zum Großteil aus deutschen Labors kommen, nicht von fiktiven Farmen oder Rosenplantagen, wie Händler glauben machen wollen).

Lohnender kann es sein, **Kleidung** – vom Minirock bis zum Hemd – zu erwerben. Die Geschäfte von Mobaco, New Man, Sahara, Safari, Naf Naf, Daniel Hechter verkaufen Ware, die in Ägypten für den Export produziert wird, hier aber billiger ist. Reichlich vertreten sind auch die Marken Benetton, Joop, Chiemsee.

Im Buhlen um die internationalen Nachtschwärmer ist Hurghada spät, aber immerhin dann doch noch aus seinem Schlaf erwacht. Weniger an der Hotel-Corniche als im Zentrum kann man bis zum Morgen ausgehen, trinken, tanzen, flirten. Was in und out ist, wechselt manchmal schnell. Tauch- und Surflehrer wissen meist, was angesagt ist.

... zwischen Dahar und Sigala

Calypso: Hadaba St., Tel 012/246 20 77, tgl. 0–24 Uhr. Nachts sieht das beleuchtete Calypso aus wie ein Raumschiff, das auf einem der Hügel Hurghadas eine Crash-Landung hingelegt hat. Innen hat man es mit verschiedenen Lokalen auf drei Ebenen zu tun: auf dem Dach ein Biergarten mit herrlichem Ausblick über Hurghada, in der ersten Etage ein netter Pub mit Blick – durch dicke Glasscheiben – auf die darunter liegende Disco, die den Ruf des Calypso begründet hat: Nirgends in Hurghada tanzen ab Mitternacht schönere, flirt- und kontaktfreudigere ›Russian ladies‹ als hier.

... in Sigala

Hard Rock Café: Südl. Hotel-Corniche, Tel. 346 51 79, tgl. ab 18 Uhr. Vor der Tür eine Mega-Gitarre, eine Oldie-Limousine, drinnen US-Küchenklassiker (Burger, Steaks, French fries) und natürlich Drinks (Cocktails) zu lauter Musik, und ab 23 Uhr wird hier bis zum Morgen getanzt.

Black Out: Ali Baba Palace, Tel. 012/221 7734, tgl. ab 23 Uhr. Sehr populäre Disco, die einzige weit und breit, die auch Schaumpartys, wilde Abtanznächte veranstaltet. Bewertung auf einer Internetseite: »einfach krass!«.

Papa's Bar: Sheraton Road, Tel. 010/ 512 90 51, tgl. ab 17 Uhr. Im Lokalverbund mit Rossis Pizza, beliebt bei in Hurghada lebenden Ausländern, für fast jeden Abend ein guter Tipp.

Papa's Beach Club/Ministry of Sound: Strand nahe Eiffel Hotel, Tel. 344 47 46, tgl. ab 22 Uhr bis zum Morgen. Seit Ewigkeiten *der* In-Platz Hurghadas. Tanzen, trinken am Strand, mit DJs aus Europa und manchmal wilden Gogos. Nix für Techno-Hasser!

Strände: Die schönsten Strände sind selbstredend im Besitz der großen Hotels; gegen eine Gebühr, meist Verzehrbons zwischen 5 und 80 LE, können diese oft auch von Nicht-Gästen benutzt werden. An der Hotel-Corniche werden die wenigen öffentlichen Zugänge zum Meer gerne als Baustellenhalden genutzt; die Ausnahme **Old Vic Beach** (10 LE) südlich des Marriott Hotels. Sauber und nett ist der **Public Beach in Sigala** nahe dem Eiffel Hotel, wo man an einem Kiosk Getränke und Snacks bekommt. Gleich daneben zahlt man 10 LE Eintritt für **Papas Beach Club.**

Go-Kart: Airport Road nahe Magawish Club, Tel. 012/217 74 18, www.gokart.com.eg, tgl. 12–24 Uhr. Bis zu 80 km/h rasen die aus England importierten Flitzer über den Asphalt. Für Kinder (ab 8 Jahren) können die Gokarts per Funk gedrosselt werden.

Reiten: Pferde haben die Hotels Inter Continental, Albatros Beach Resort und Sofitel.

Surfen: Große Surf-Center haben die Hotels Sofitel, Arabia Beach, Giftun Tourist Village, Jasmine Village, Three Corners Village. Die Preisunterschiede sind minimal. Ein Surfkurs für drei Tage, jeweils drei Stunden, kostet rund 100 €; sechs Tage, jeweils drei Stunden, etwa 180 €. Die einwöchige Miete für ein Surfbrett kommt auf ca. 160 €.
Pro Center Tommy Friedl: Jasmine Village, Tel./Fax 344 64 50, www.tommy-friedl.de/spot.htm.
Magawish Hotel: Tel. 346 46 20, Fax 346 46 33. Es hat den Ruf an einem der besten Surfreviere Hurghadas zu liegen.
Dive Point Red Sea: Coral Beach Hotel, Tel./Fax 344 20 19, hurghada@divepoint.com. Ein schönes Hausriff mit einem guten Standort für Exkursionen.

Tauchen & Schnorcheln: In Hurghada hat man bei rund 60 Tauchschulen die Qual der Wahl. Beinahe alle Hotels bieten Kurse an. Schnorcheln kann vor strandnahen Hausriffen, auch bei Bootsausflügen, z. B. nach **Giftun Island**. Tagestrips zu dieser Naturschutz-Insel werden von zahlreichen Veranstaltern angeboten.
Tauchkurse: Eine der besten und erfolgreichsten Tauchbasen ist die von **James & Mac** Giftun Beach Resort, Mobil-Tel. 012/311 89 23, Tel. 065/346 30 03, Fax 065/346 21 41, www.james-mac.com.

Unterwasserwelt beobachten: Per Glasbodenboot erkundet man die Korallen- und Fischwelt des Roten Meeres aus dem sicheren Trockenen eines Spezialschiffes; es gibt etliche Anbieter in Hurghada (günstiger direkt buchen, nicht über Reiseagent). Zwei bewährte Adressen:
Three Corners Village: Tel. 354 78 16, info@threecorners.com. Maximal 25 Personen passen in das Boot, das tgl. 9–16 oder –17 Uhr eine schöne Runde auf dem Roten Meer dreht. 1 Std. kostet 20 LE.
Shedwan Golden Beach: Tel. 354 86 11. Im kleinen Glasbodenboot (höchstens sechs Passagiere) kann man einen wunderbaren Familienausflug unternehmen. Der Kapitän fährt so weit aufs Meer hinaus, bis die Korallenbänke klar im Wasser zu erkennen sind. Das Boot legt 9–17 Uhr jede Stunde ab. 1 Std. kostet 25 LE.
Das **Sindbad Submarine**, ein U-Boot (Sindbad Resort, Tel. 344 46 88) bringt 50 Passagiere in 20 m Tiefe.

Wasserspaß: Darum dreht sich alles. Wasserski, Parasailing, Banana Riding, Jet-Ski, Kitesurfen: es wird direkt an den Centern am Strand bezahlt und kurz danach geht's meist schon los.

Flüge: Tgl. Flüge der Egypt Air nach Kairo; mehrmals wöchentlich nach Sharm el Sheikh, Alexandria; Flugauskunft Egypt Air, Tel. 344 75 03, 344 35 98. Alle großen Chartergesellschaften fliegen Hurghada direkt an. Die Taxifahrt vom/zum Flughafen kostet 30–60 LE.
Fähre: Ein Schnellkatamaran verbindet Hurghada mehrmals wöchentlich in ca. 90 Min. mit Sharm el Sheikh, Infos Eid Travel, Tel. 354 51 47; s. S. 113.
Busse: Mehrmals tgl. in alle Richtungen; bequeme Super-Jet-Busse von der Super Jet Bus Station über Suez nach Kairo und Alexandria, Infos Tel. 354 47 22. Mehrmals tgl. von der Upper Egypt Bus Station nach Luxor und Assuan; Infos Tel. 354 75 82. Tickets 1–2 Tage im Voraus kaufen!
Sammeltaxis: Tgl. mehrmals von der Nasr St. in alle Richtungen
Mietwagen: Avis, Sheraton Road, Aqua Village, Tel. 347 74 00

Polizei Tel. 065/354 63 03
Ambulanz Tel. 065/354 64 90
As Salam Hospital Tel. 065/354 87 85
Dekompressionskammer Tel. 065/358 00 11

Hurghada – Makadi Bay

Vorwahl: 065; **Reiseatlas:** S. 237, D 2
»In einer gottverlassenen Wüstenlandschaft taucht plötzlich eine Oase auf, mit Palmen und mit Gebäuden wie aus 1001 Nacht, gelegen an einer Meeresbucht mit leuchtend blauem Wasser und Korallen vor der Haustür.« Derart fasziniert beschreibt ein Urlauber auf dem Internet seine ersten Eindrücke bei der Ankunft in Makadi Bay, das rund 30 km südlich von Hurghadas südlicher Stadtgrenze liegt. Die Bucht liegt in der Tat, sobald man die Hauptstraße verlassen hat, am Ende einer unwirtlichen Steinwüste, durchzogen von Schotterwegen für Baustellen-Lkws. Ein Dutzend Hotels hat bereits eröffnet; weitere werden folgen. Viel sportbegeistertes Publikum macht in Makadi Bay Urlaub.

Le Meridien Makadi: Tel. 359 05 90, Fax 359 05 95, www.lemeridien.com. Weitläufige Ferienanlage mit Haupthaus und Nebengebäuden im nubischen Stil. Feiner gepflegter Sandstrand, meist kristallklares Wasser, vier schöne Schnorchelriffe in Strandnähe, einst tot getrampelt von Leuten, die auf Korallen spazieren gehen. Nervig: die Animateure mit Trillerpfeifen und ihre laute Musikbeschallung am Pool. DZ ab 95 US$
Grand Makadi: Tel. 359 01 59, Fax 359 01 69, www.redseahotels.com. Große Zimmer, ruhige Anlage in orientalischer, aber nicht schwülstiger 1001-Nacht-Architektur. Das Foyer erinnert an einen Kalifenpalast; schön die Taubentürme rund um den riesigen Pool. Das nächste Hotel (Fort Arabesque) liegt 10 Gehminuten am Strand entfernt. Dort Bademöglichkeit im Meer, Schnorcheln. Am hoteleigenen Strand ist Baden nicht möglich (Steine, Korallenriffe). Ein Steg am Strand fehlt leider. Nur das italienische Restaurant des Hotels ist zu empfehlen. DZ ab 85 US$
Iberotel Makadi Beach: Tel. 359 00 00, Fax 359 00 20, www.iberotel-eg.com/main1.htm. Viel gelobtes Hotel, kinderfreundlich, großzügige Anlage mit großem Pool. Vom Strand aus kann man im Meer schnorcheln. DZ ab 80 US$
Club Makadi: Tel. 359 00 25, Fax 359 00 35, www.iberotel-eg.com/clubmakadi.htm. Empfehlenswertes Familienhotel, eigene Tauchbasis am Strand, für Kinder gut geeigneter, flach ins Wasser abfallender Strand. Allerdings: Beschwerden von Pauschaltouristen über schon fast planmäßige Überbuchungen in Spitzenzeiten. DZ ab 75 US$

Halbmarathon

Für den Laufbegeisterten: Das Le Meridien Makadi Hotel hat beschlossen, den 2004 erstmals veranstalteten **Halbmarathon** zur jährichen Einrichtung zu machen; Infos www.halfhm.com (Startgebühr 35 €).

Die einzige Einkaufsmöglichkeit ist das **Makadi Center**. Vorsicht! Die Verkäufer sind oft aufdringlich, wechseln Geld zu Fantasiekursen. Teuer ist alles, was Urlauber so gerne zu Hause vergessen. Sonnencreme zum Beispiel.

Keine öffentlichen Verkehrsmittel. Die Hotels bieten zu bestimmten Zeiten Bus-Shuttle nach Hurghada; ansonsten ist man auf teure Taxis und Minibusse angewiesen, die gerufen werden.

AN DER ROTMEERKÜSTE NÖRDLICH UND SÜDLICH VON HURGHADA

An der Küste des Roten Meeres liegt die Hoffnung für die Zukunft. Wo einst pharaonische Handelsflotten in See stachen, wo christliche Eremiten die Einsamkeit der Arabischen Wüste und deren Berge suchten, da tummeln sich heute jedes Jahr Millionen Touristen, um die wunderbaren Strände, die herrlichen Tauch- und Surfreviere des Roten Meeres zu genießen.

Auf dem ›Red Sea Highway‹ zwischen Hurghada und Suez verlaufen jeweils zweispurige Fahrbahnen auf getrennten Trassen – eine Maßnahme, um auf der gefahrenträchtigen Route wenigstens die Unfälle durch Gegenverkehr zu unterbinden.

Mons Porphyrites

Reiseatlas: S. 236, C 3
15 km nördlich Hurghadas zweigt eine nur mit Allradantrieb befahrbare Piste nach Westen zum Mons Porphyrites ab, arabisch Gebel Abu Dukhan, der Rauchende Berg. Nach weiteren 75 km hat man auf über 1300 m Höhe den wichtigsten Steinbruch während der römischen Herrschaft über Ägypten (30 v. Chr.–395 n. Chr.) erreicht.

Den Granitstein Porphyr, ein Ergussgestein, bei dem Hornblende und Kalifeldspat die Einsprenglinge bilden, benutzten die Römer für Statuen, Säulen und Sarkophage in rosafarbenem Ton. Von den ehemaligen Arbeiterunterkünften, einem Tempel Kaiser Hadrians und einem anderen, der der Göttin Isis geweiht war, ist fast nichts übrig.

Auf dem heutigen Ruinenfeld lag zu römischer Zeit eine komplette Siedlung, in der Tausende Zwangsarbeiter – Verbrecher ebenso wie Kriegsgefangene und wegen ihrer Religion verfolgte Christen – Steine aus dem Berg brechen mussten. Im Gegensatz zu pharaonischen Steinbrüchen, wo die Elite der ägyptischen Steinmetze beschäftigt war, wurden hier nur große monolithische Blöcke produziert, die man erst am Bestimmungsort weiterbearbeitete.

Brunnen und eine Zisterne, alle nur in Überresten erhalten, lieferten das Wasser, das an diesem trockenen und heißen Platz das Überleben der Arbeiter überhaupt ermöglichte. Es bedarf einiger Fantasie, um sich angesichts des Trümmerfeldes, auf dem man steht, das Leben in einem römischen Kastell vorzustellen, um das herum in beachtlichen Entfernungen direkt an vier großen Steinbrüchen wiederum kleinere Siedlungen lagen. Das Kastell hatte also in etwa die Funktion der logistischen Zentrale einer kleinen Sklavensiedlung – an einem der unwirtlichsten Plätze, die man sich vorstellen kann.

Unsicher ist, ob es am Mons Porphyrites schon während der Römerzeit eine Kirche gab oder ob das Gotteshaus, von dem nur Grundrisse erhalten sind, erst nach Abzug der Römer von Christen erbaut wurde. Der schlüssige Beweis steht aus, was auch daran liegt, dass sich bisher nur wenige Archäologen für die Erforschung des Steinbruches interessieren.

Antoniuskloster

Reiseatlas: S. 234, A 2
Gut zweieinhalb bis drei Autostunden nördlich Hurghadas liegen das Antonius- und das Pauluskloster. Auf dem letzten Wegabschnitt dorthin kann man sich gut vorstellen, dass die Araber das Antoniuskloster schlichtweg übersahen, als sie unter ihrem Feldherrn Amr Ibn el As im Jahr 641 Ägypten einzunehmen begannen. Man erkennt erst ziemlich spät, dass sich inmitten eines wilden, ungastlichen Geländes eine riesige Klosteranlage (6 ha) auftut, umgeben von einer 1180 m langen und 12 m hohen Mauer. Noch heute leben Mönche und ein Abt dort.

Das Kloster, arabisch Deir el Qaddis Antwan, ist eine Gründung des Antonius aus dem mittelägyptischen Qoma, dort geboren im Jahr 250. Er wird heute als Antonius der Heilige oder auch der Große verehrt; er gilt als Schutzherr der Verfolgten und der Haustiere. In der Person des Antwan aus Qoma vermischt sich seine eigene Lebensgeschichte mit der Entstehung der christlichen Kirche Ägyptens.

268 starben die Eltern von Antonius. Der 18-jährige verkaufte seinen Besitz und gab das Geld an Arme weiter. Später ließ er sich im nahen Deir el Meimun nieder, brach dort nach einem Streit mit einem Mönch seine Zelte ab und zog sich in die Berge am Roten Meer zurück. Antonius wird die Gründung der ersten Einsiedlergemeinde Ägyptens zugeschrieben. Pilger von nah und fern kamen zu Lebzeiten Antonius' in die Abgeschiedenheit, um ihn predigen zu hören. Nach seinem Tod begannen Verehrer Anfang des 4. Jh. mit dem Bau des ihm geweihten Klosters.

Ausschlaggebend für den Standort des neuen Klosters am Fuß des steilen El Galala el Qiblia war die Quelle (1 Std. Fußmarsch entfernt) unterhalb der Felswand, in der Antonius' Eremitengrotte gelegen haben soll.

Das Haupttor des Klosters gab es in seiner heutigen Form nicht von Anfang an, stattdessen eine Art Flaschenzug für Besucher und Lasten. Dennoch war der Komplex keine uneinnehmbare Festung, Überfälle durch Beduinen sind überliefert. Im 11. Jh. wurde es von Arabern teilweise zerstört, Ende des 15. Jh. brannten Teile des Klosters nieder. Raubschatzende Araber, die das Kloster eingenommen hatten, hausten zeitweise sogar in der Antoniuskirche; die Lagerfeuer schwärzten bis heute sichtbar die Decke. Im 16. Jh. bauten die Mönche das Kloster wieder auf.

1997 wurde eine neue Mauer errichtet – der Schutz fürs 21. Jh., wie die Mönche mit sanfter Ironie sagen. Gemeint ist die gewünschte Abschottung gegen den zunehmenden Strom von Touristen, von denen viele gern im Kloster übernachten würden. Doch die wenigen Plätze sind Pilgern vorbehalten, die vorab beim koptischen Patriarchat in Kairo eine schriftliche Genehmigung einholen müssen. Allen Klosterbesuchern wird neuerdings ein Flugblatt in die Hand gedrückt, in dem der Abt in deutlichen Worten zu zurückhaltendem Benehmen und dezenter Kleidung mahnt und Besucher auf das generelle Rauchverbot im Kloster hinweist – Regeln, deren Beachtung leider immer noch keine Selbstverständlichkeit ist.

Prunkvolle Antoniuskirche

Um sich einen Überblick über das Kloster zu verschaffen, geht man am besten die Hauptgasse nach oben. Prunkstück der Anlage mit ihren Lehmhäuschen, Gärten, Gassen und einer neuen Kirche (Antonius und Paulus ge-

weiht) vom Anfang des 20. Jh. ist die dreischiffige alte St.-Antoniuskirche aus dem 6. Jh. Das Gotteshaus ist, wie in der koptischen Kirche üblich, zwischen Eingang und Altarbereich dreigeteilt. Dem Portal folgt der Bereich für die nicht Getauften, gefolgt vom Raum der getauften Sünder und dem Bereich für die Gläubigen; daran schließt sich der Altarbereich mit drei Altären an. Sie sind von links nach rechts den Heiligen Markus, Antonius und Athanasios (327–373 Papst von Alexandrien) geweiht.

Das Antoniuskloster

Die **Apsis** zeigt zum Teil gut erhaltene ikonenhafte Fresken, die Christus darstellen, umringt von Maria, Engeln, Eremiten und Propheten. Einige der dargestellten Heiligen lassen sich nicht mit Sicherheit historischen Personen zuordnen. Die Fresken wurden Mitte 1990 vom Byzantinischen Institut Kairo restauriert. Die Apsis beginnt linker Hand mit Fresken von Bischof Anba Moses, zwei von Jesus gesegneten Mönchen; rechter Hand ist möglicherweise einer der beiden Mönche neben Isaak der hl. Antonius.

Weitere Kirchen und Gebäude im Antoniuskloster

Aus dem 18. Jh. stammt die kleinere **Apostelkirche** neben der Antoniuskirche. Sehenswert sind hier die Ikonen, welche die Gottesmutter, Peter und Paul, die Erzengel Michael und Gabriel sowie den hl. Georg hoch zu Ross zeigen. Östlich der Apostelkirche liegt die 1766 erbaute, an den zwölf Kuppeln leicht zu identifizierende **Markuskirche** mit lateinischem Kreuz über dem Eingang. Dort wird Markus der Asket, im 16. Jh. ein Mönch des Klosters, wegen seiner hilfreichen Wunder verehrt.

In dem Gebäude, das das **Refektorium** beherbergt, befindet sich neben der **Kirche der Jungfrau Maria** auch eine **Bibliothek** mit 2500 Handschriften und Büchern.

Fünf weitere Kirchen finden sich auf dem Gelände. Von der **Michaelskapelle** im Wehrturm hat man einen wunderbaren Ausblick.

Eingangstür der Antoniuskirche

Die Grotte des Antonius

Die etwa 2 km vom Kloster entfernte **Grotte des Antonius** ist vom Kloster aus zwar nicht zu sehen, aber über einen steilen Weg zugänglich (ausreichend Wasser mitnehmen!). An den Wänden finden sich mittelalterliche Inschriften von Pilgern und Verehrern des Heiligen. Der Ausblick von dort ist grandios.

Pauluskloster

Reiseatlas: S. 234, A 2
Vom Antonius- zum Pauluskloster führt ein schwieriger, mehrere Stunden dauernder Fußweg. Diesen Pfad darf man alleine nicht gehen, sondern nur mit einem erfahrenen Führer aus den Reihen der Mönche (Frauen dürfen Ostern nicht in das Kloster).

Hoch auf einem Felsen, mit wunderbarem Blick (auch hier von der Michaelskapelle im Zufluchtsturm), über die Arabische Wüste bis zum Roten Meer, befindet sich das Kloster Deir Anba Bula, in dem der hl. Paulus von Theben begraben liegt. Die Klosteranlage ähnelt dem Antoniuskloster, wenn auch weniger großzügig angelegt. Die Mönche sind noch freundlicher und Besuchern gegenüber aufgeschlossener als die des Antoniusklosters. Mit Abschluss der Renovierungs- und Restaurierungsarbeiten werden sukzessive bisher nicht zugängliche Bereiche für die Allgemeinheit geöffnet. Für männliche Gäste gibt es einfache Übernachtungsmöglichkeiten, die man zurzeit aber leider erst vor Ort erbitten kann. Innerhalb der hohen Mauern führt das kleine koptische Kloster ein von der Außenwelt weitgehend unabhängiges Leben – samt eigener Landwirtschaft und Tierzucht.

Der hl. Paulus von Theben (ca. 228–341) wurde in Alexandria geboren und musste mit 16 Jahren wegen der Christenverfolgung durch Kaiser Decius von dort fliehen. Er soll sich 80 Jahre lang in einer Felshöhle versteckt haben, wo ihn Antonius regelmäßig besuchte. Als Paulus im Alter von 113 Jahren starb, soll ihn der 90-jährige Antonius beerdigt haben. Über der Grotte, in der Paulus gelebt hatte, erbaute man im 4. Jh. eine bescheidene Kapelle, die im 13. und 18. Jh. zur heutigen **St.-Paulus-Kirche** erweitert wurde. Das Kloster wurde Haus für Haus ab dem 5. oder 6. Jh. um die Grotte herum errichtet. Die die Anlage umgebende Mauer entstand in mittelalterlicher Zeit.

In der Krypta der Kirche steht der weiße Sarkophag aus Marmor mit den Gebeinen des Heiligen. Schon im Treppenabgang zur Krypta sind die Wandfresken sehenswert, eine bunt zusammengewürfelte Kollektion christlicher Motive von der Apokalypse bis zur Apostelgeschichte, dazu Bilder von Heiligen (u. a. Raphael) und dem Engel vom brennenden Dornbusch. In den Felsen rund um das Kloster existieren noch mehrere Gräber von Einsiedlern.

Dem Engel **Michael** ist die größte **Kirche** innerhalb des Klosters geweiht. Sie hat zwei Altarräume, einen für Michael und einen für Johannes den Täufer.

Nur während der koptischen Fastenzeiten wird die **Markoriuskirche** mit der Kapelle der Gottesmutter geöffnet.

Zafarana

Vorwahl 062
Reiseatlas: S. 234, B 2
Aus dem Meer ragen Bohrtürme, befestigt im nur etwa 100 m tiefen Seeboden. Der Ort mit Öllagern und Quartieren der Ölsucher hat Barackencharakter und

lädt allenfalls zum Proviant auffrischen ein. Auf der Höhe des Übergangs des Golfs von Suez ins Rote Meer, nördlich von Ras Zeit und Ras Ush, liegen tote Korallenbänke vor der Küste, viele Strände sind ölverschmutzt. An Baden ist hier nicht einmal zu denken.

Ain Sukhna

Vorwahl: 062;
Reiseatlas: S. 231/232, F 4/A 4
Der Name des Ortes heißt übersetzt: heiße Quelle. Gemeint ist in diesem Fall eine Schwefelquelle, die keinen Abstecher lohnt. Beliebt ist der Ort bei Tagesausflüglern aus Kairo. Den Strand muss man bis Sonnenuntergang verlassen haben; Campieren ist verboten. Ain Sukhna steht in Zukunft als Name für eine ganze Region von rund 50 km Küstenausdehnung. Außer dem Kairoer Naherholungstourismus entstehen private Resorts, wie das über der gut ausgebauten Küstenstraße thronende La Siesta Mountain Resort. Das Prinzip: Villa mit fantastischem Blick am Berg, Privatstrand und Yachthafen, erreichbar über Fußgängerbrücke, jenseits der viel befahrenen Straße. Aber auch für Touristen mit schmalerem Geldbeutel sollen hier neue Ferienanlagen entstehen. Wo die Tourismus- in die Wirtschaftszone übergeht, erstreckt sich westlich der Straße eine mit dänischer Hilfe errichtete Windfarm, Ägyptens bisher größte, eine von noch viel größeren, die helfen sollen den Strom zu erzeugen, den der Tourismus am Roten Meer braucht.

Ramada El Sokhna Hotel: Tel. 329 05 00,Fax 329 05 17, www.ramadainternational.com. Unter neuer Führung scheint das ehemalige Hilton wieder an Standard zu gewinnen. DZ ab 105 US$
Hotels Ain Sukhna
Palmera Beach Resort: Tel. 062/341 08 16-24, Fax 341 08 25, info@palmerabeachresort.com. Luxushotel für Durchreisende, klimatisierte Zimmer mit Meerblick. Ab 72 US$

Mons Claudianus

Reiseatlas: S. 236, C 3
In dieser Region (100 km südlich von Hurghada) liegen Granitsteinbrüche, die die römischen Kaiser wegen des schwarz marmorierten Diorits schätzten. Dieser wurde u. a. für die dekorative Ausstattung der Engelsburg und des Forums in Rom verwendet. Reste von begonnenen Säulen oder zerbrochene Arbeitsstücke liegen vereinzelt auf dem Ruinengelände, auch ein fast fertiger 18 m langer Rundpfeiler.

Insgesamt gab es im Gebiet des Mons Claudianus rund 150 Steinbrüche. An einigen Stellen lassen sich die Löcher erkennen, die man zur Sprengung des Felsens hineingehauen hatte. In die Löcher trieb man Holzkeile, die, mit Wasser getränkt, aufquollen, und dann die Blöcke oder Säulen aus dem Fels sprengten.

Ob diese steinzeitlich anmutende, aber effektive Methode die hier tatsächlich verwendete Technik war, darüber sind sich Archäologen und Steinbaufachleute allerdings nicht uneingeschränkt einig.

DAS GEBIET UM SAFAGA

Die Region um Safaga unterscheidet sich wesentlich von Hurghada: Hier ist es ein gutes Stück ruhiger, ein Nachtleben praktisch nicht vorhanden. Wer also eher Erholung und Stille als den Discobeat sucht, der ist hier gut aufgehoben.

Safaga und Soma Bay

Vorwahl 065; **Reiseatlas:** S. 237, D 3
Safaga ist trotz des Tourismus eine typische ägyptische Kleinstadt geblieben, die auf schicke Restaurants und laute Discos außerhalb der Hotels keinen Wert legt. Langweilig kann man den Ort nennen. Oder auch beschaulich. Jedenfalls gewinnt der Besucher hier, anders als in Hurghada, einen Eindruck vom normalen Alltag in Ägypten, kann in Kaffeehäusern Einheimische treffen, die dort bei Wasserpfeife Backgammon spielen. Wirtschaftlich ist Safaga von Bedeutung. Es ist der größte Hafen an der Küste, über den Handel und Warenverkehr mit Ostafrika abgewickelt werden. Aus den Fehlern Hurghadas lernend bemüht man sich um einen sanften Tauchtourismus, damit Korallenriffe nicht das leichte Spiel rücksichtsloser Taucher werden.

Zu Safaga gehört verwaltungstechnisch das nördlich gelegene **Ras Abu Soma**, kurz Soma Bay genannt. Spekulationen ranken sich um den Namen Soma, der im Arabischen keine Bedeutung hat. Auf dem indischen Subkontinent gibt es allerdings einen Pilz mit halluzinogener Wirkung, und in Hurghadas Süden eine Bay namens Sahl Hasheesh (Haschisch) – woraus sich viele die Erklärung stricken, dass hier einst Schmuggler Waren umschlugen.

... Safaga

Lotus Bay Resort: Tel. 345 10 40, Fax 345 10 42, Reservierung auch über Kairo Tel. 02/748 26 39, Fax 02/761 66 49, www.lotusbay.com. Bei Tauchern beliebtes, nicht mehr ganz neues Hotel unter deutscher Leitung. DZ ab 85 US$

Sol y Mar Paradise Beach: Tel. 325 16 35, Fax 325 16 38, www.solymar-hotels.com. Älteres Mittelklassehotel mit gepflegtem Strand, sauberen Zimmern. Der Solino-Club bietet optimale Kinderbetreuung. Manko: Schon morgens um 6 reservieren Gäste ihre Liegen mit Handtüchern. DZ ab 65 US$ (all inclusive)

Shams Safaga Village: Tel. 325 17 81, Fax 325 17 80; www.shams-dive.com. Teilweise abgewohnte Zimmer, schöne Gartenanlage, Strand an Naturbucht, eigene, gute Tauchbasis. Die Küche ist mäßig. DZ ab 50 US$

Holiday Inn Resort Safaga Palace: Tel. 326 01 00, Fax 326 01 05, www.ichotels group.com. Moderne Zimmer, grüne Strandanlage mit Pool, häufig Beschwerden über das Essen. DZ ab 45 US$

Amira Hotel: Tel. 325 38 21, Fax 325 38 25, amirahotel@hotmail.com. 300 m bis zum eigenen Strand, Pool am Hotel, brauchbare Mittelklasse. DZ ab 15 US$

... Soma Bay

La Résidence des Cascades: Tel. 354 23 33, Fax 354 29 33, www.residencedescascades.com. Luxuriöser geht's nicht an der Soma Bay. Großzügige, topmoderne Zimmer und Suiten. DZ ab 190 €

Club Robinson Soma Bay: Tel. 354 98 54, Fax 354 98 78, SomaBay@robinson.de. Mit Korallenstückchen durchsetzter, flach abfallender Strand. Viele Sportmöglichkeiten. Einer der besten Ferienclubs Ägyptens, Paradies für größere Kinder, für die Kleinsten nicht geeignet. DZ ab 130 US$

Sheraton Soma Bay: Tel. 354 58 45, Fax 354 58 85, www.sheraton-somabay.com. Eine moderne Version des Karnak-Tempels in Luxor, türkisblaues Meer, Sandstrand und schöne Schnorchelriffe. In Ferienzeiten viele Familien. Schade: Schon im Morgengrauen werden am Pool Liegen mit Handtüchern reserviert. DZ ab 95 US$

Sharm el Naga: Sharm el Naga Bay (45 km südlich Hurghadas), Tel. 010/123 45 40, Fax 010/111 29 58, www.sharmelnaga.com. Bungalows mit Klimaanlage, Lage an schöner Bucht zum Tauchen und Schnorcheln (auch Tagesausflug), gute Tauchschule. DZ ab 40 US$

Golf: The Cascades Championship Golf and Country Club, Tel. 354 98 96, Fax 354 49 01, Mobil-Tel. 012/213 52 21, www.thecascades.com. Golflegende Gary Player hat den 18-Loch-Platz (Par 72) und den Academy Course (9 Loch, Par 3) entworfen. Blick aufs Meer, immer ein kühles Lüftchen. The Cascades rangiert bei Umfragen von Golfzeitschriften meist unter den 20 besten Plätzen der Welt. Wer nicht Gast in den Soma-Bay-Hotels ist, sollte am besten bereits vor dem Urlaub reservieren.

Klimatherapien: Neurodermitis und Schuppenflechte, Arthritis und Gelenkleiden kann man hier mit schwarzem Sand, der Goldsalze und Spuren radioaktiver Substanzen enthält, lindern. Je nach Therapie kostet die Behandlungswoche 85–130 €. Infos: Stern Tours, Augusta Allee 89, 10589 Berlin, Tel. 030/ 68 80 98 84, Fax 68 80 98 95, www.stern-tours.de

Surfen: Safagas Bucht ist ideal für Anfänger und Profis, weil Wind- und Wellenverhältnisse je nach Tageszeit wechseln. Von Oktober bis Dezember weht der Wind gewöhnlich morgens schräg ablandig und erreicht eine mittlere Stärke von 5–6 Beaufort.

Vasco Renna: am Sol y Mar Paradise Beach Hotel, Buchung Deutschland Tel. 089/ 33 88 33, Fax 34 66 44, www.vascorenna.com. Basis-Gruppenkurs 5 Tage/15 Std. 258 €, Fortgeschrittene 5 Tage/15 Std. 155 €. Die Kurse finden auf Tobia Island statt. Boardmiete: 1 Woche 175 €, 2 Wochen 295 €.

Tauchen:

Mena Dive, Safaga, Menaville Hotel, Tel. & Fax 326 00 60, Mobil-Tel. 012/241 97 95, www.menadive.com. Sehr empfehlenswerte Tauchschule, seit 1992 von Laurenz und Christa geführt. PADI Open-Water-Tauchkurs 300 €; 5 Tauchtage 175 €

Flug: Flughafen Hurghada; s. S. 82

Bus: Tgl. mehrere Busse Richtung Quseir, Marsa Alam und Suez, Kairo, Alexandria

Service Taxi: nach Quseir, Marsa Alam, Suez, Kairo

Von **Soma Bay** nur Hotel-Shuttle und Taxis; Weiterfahrt mit öffentlichen Verkehrsmitteln von Safaga und Hurghada

DIE TAUCHERKÜSTE – REGION QUSEIR, MARSA ALAM, BERENICE

Dieser Teil des Roten Meeres, schon nahe am Sudan, wird mit Eile erschlossen. Das hat nichts mit Rückständigkeit zu tun, sondern mit dem Konzept, hier als Kontrapunkt zu anderen Regionen vorrangig einen naturverbundenen Tourismus zu fördern.

Quseir

Vorwahl 065; **Reiseatlas:** S. 237, E 4
Im Bereich des kleinen Ortes Quseir (85 km südlich von Safaga), der sich zu einem nicht unbeachtlichen Touristenzentrum am Roten Meer entwickeln soll, ist der Bau von 90 Hotel- und Clubprojekten genehmigt. Quseir wird, so die Konzeption, vor allem umweltbewusste Urlauber anlocken, die auf Angeln ebenso verzichten können wie auf Jetski. Beides ist hier verboten, so wie alles, was Meer und Riffen schaden könnte (mit dem QadBike die Wüste umpflügen, das darf man aber). Die Zahl der Taucher, die täglich mit Booten auslaufen dürfen, ist (noch) reglementiert.

In pharaonischer Zeit hieß der Ort Ta'au und war ein bedeutender Hafen, über den die am Nil ansässigen Pharaonen Handel mit Arabien, Ostafrika und Südwestasien trieben. Die Ptolemäer errichteten hier ihren Hafen Leukos Limen (Weißer Hafen), und noch Reisende und Abenteurer des frühen Mittelalters machten sich vom Niltal auf den Weg zu dem Hafenort. Mekka-Pilger machten sich ebenfalls von Quseir aus auf die Reise zur heiligsten Wallfahrtsstätte des Islam jenseits des Roten Meeres.

Tourist Police Tel. 335 00 24

Utopia Beach [1]: 20 km südlich Quseirs, Tel. 333 45 30, Fax 333 45 32, utp2000@access.com.eg. Geheizter Pool, dezente Animation. Die Tauchbasis ›Red Sea‹ ist durchaus empfehlenswert. Bei voller Belegung des Hotels wird es allerdings eng im Utopia. DZ ab 120 US$
Mövenpick Quseir Sirena Hotel [2]: 5 km nördlich Quseirs, El Ouadim Bay, Tel. 333 21 00 und 333 21 01, Fax 333 21 29, www.moevenpick-hotels.com. Eins von Ägyptens Top-Hotels, Luxusidyll für Ruhesuchende (ohne Disco-Nachtleben). Schutz der Umwelt, bes. der Korallen und des Meeres haben hier Priorität. DZ ab 90 US$
Flamenco Beach Resort [3]: 6 km nördlich Quseirs, Tel. 335 02 00, Fax 335 02 10, www. flamenco.com.eg/quseir. Oase für Liebhaber komfortabler Einsamkeit, dazu ein Schnorchelparadies: 120 m über den Steg gehen, und man ist am Korallenriff, dort oft zu sehen Schildkröten, ab und an Delfine. DZ HP für 7 Nächte, inkl. 5 Tage Tauchen à 2 Tauchgänge ab 614 €/Pers.
Mangrove Bay Resort [4]: 30 km südlich Quseirs, Tel. über Kairo 02/748 67 49, Fax

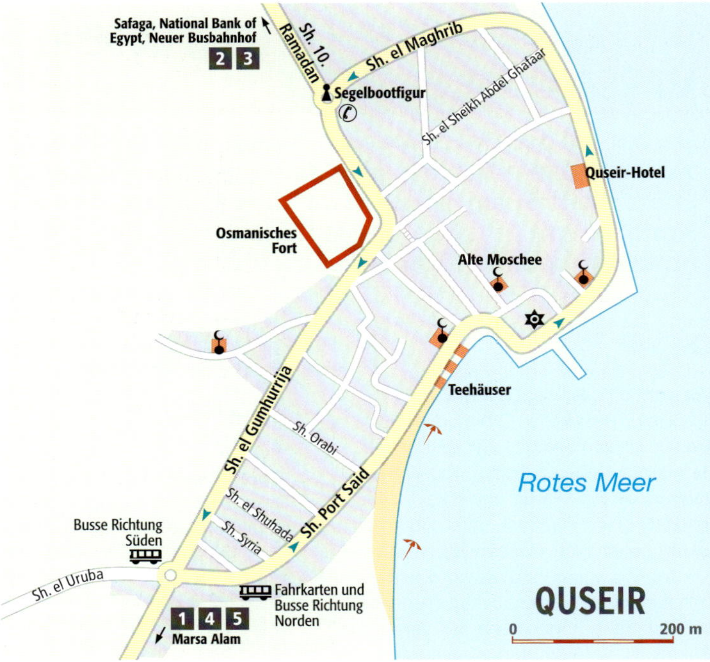

Übernachten
1 Utopia Beach
2 Mövenpick Quseir Sirena Hotel
3 Flamenco Beach Resort
4 Mangrove Bay Resort
5 Fanadir Beach

760 54 58. Traumhaft einsame Lage an einer Mangrovenbucht – mitten im Naturschutzgebiet. Das Mittelklassehotel hat eine viel gelobte Tauchbasis. DZ ab 55 US$

Fanadir Beach 5: 2 km südlich Quseirs, Tel. 333 08 61, Fax 333 14 15. Das Hausriff taugt gut zu Nachttauchgängen. Ab spätestens 22 Uhr herrscht Ruhe im Hotel. DZ ab 30 US$

Bus: Tgl. mehrere Busse nach Marsa Alam, Suez, Kairo
Sammeltaxis: Mehrm. tgl. alle Richtungen

Marsa Alam

Vorwahl 065; **Reiseatlas:** S. 238, B 3
Bei Marsa Alam (138 km südlich von Quseir), einem kleinen, unscheinbaren

Fischer- und Hafenort, wird Pottasche (Kaliumcarbonat) abgebaut. In der Antike lag der Ort an einer wichtigen Handelsroute zwischen Rotem Meer und Niltal. Die Pharaonen ließen in Minen nach Gold und Smaragden schürfen.

Der Ende 2001 eröffnete kleine internationale Flughafen fördert den Ausbau weiterer Küstenabschnitte, bringt Tauchtouristen aus Europa schneller zu abgelegenen Revieren. Marsa Alam steht im Ruf sehr guter Tauchreviere. Noch gibt es wenige luxuriöse Hotels, dafür aber etliche gute Tauchcamps und so genannte ›Ecolodges‹, die mit der Pflege eines einfachen, naturverbundenen Lebensstils (einfache Hütten, keine Discos) auf ein Publikum zielen, das sich im Urlaub ganz dem Tauchen, dem Meer widmet. Der Ort selbst hat einfache Geschäfte, Bäcker, Schlachter, einfache Cafés und Restaurants.

Tourist Police: Quaraya Hotel, Tel. 375 00 00

Ecolodges Marsa Shagra (Shagra Village & Nakari Village): 18 km nördlich Marsa Alams, Tel. 0195/10 02 62, Reservierung Kairo-Tel. 02/337 18 33, Mobil-Tel. 012/246 16 56 (Hesham M. Kamel), www.redsea-divingsafari.com. Reines Tauchercamp, Zelte mit Beduinenbetten direkt am Wasser, dahinter Bungalows mit Meerblick am Rande eines Wadis sowie Kuppeldach-Chalets. Alles ist einfachst: 30 l Wasser für's abendliche Duschen werden morgens zum Erwärmen vor die Hütte gestellt. Essen unter Palmwedelpergolas. Den knappen Strom (für's Tauchequipment) gibt's aus dem Generator; Gäste bringen Taschenlampen etc. mit. GSM-Handys haben Empfang. DZ ab 95 €, Zelt (2 Pers.) ab 30 €

Kahramana Blondie Beach Resort: 5 km nördlich Marsa Alams, mit Tauchbasis, Tel. 0195/10 02 61, Fax 0195/10 02 59, www.kahramanaresort.com. Sehr gepflegtes Hotel, grüne Anlage zw. Meer und den so genannten ›Blondie‹-Bergen. 30 km nördlich wie 30 km südlich liegen 17 Buchten mit sehr guten Hausriffen. DZ ab 90 US$
Iberotel Coraya Beach: 5 km nördlich Marsa Alams, Ghorayfat Bay, Tel. 375 00 00, Fax 375 00 09, www.iberotel-eg.com. Luxuriöses Resort, Sandstrand, im Winter geheizter Pool, viele Sportmöglichkeiten, auch Flutlicht-Tennis, Fitnesscenter, Hausriff mit guten Schnorchelmöglichkeiten. DZ ab 80 €
Shams Alam Hotel: 40 km südlich Marsa Alams, Tel. 012/244 49 31, shamsalam@yahoo.com. Urlaub weitab vom Massentourismus, gemütliche Zimmer, gute Hausriff. DZ ab 65 US$

Tauchen: Pioneer Divers, Tel./Fax 0195/10 02 63, Mobil-Tel. 012/246 16 56. Sie decken Tauchplätze entlang ca. 100 km Küstenlinie ab. Im Paket: tgl. 2 Tauchgänge außerhalb des Resorts, tgl. mit dem Truck zu zwei verschiedenen Tauchplätzen. Alle Exkursionen mit Erste-Hilfe-Sets, Sauerstoff für Notfälle.

Wüstensafaris: Red Sea Desert Adventures, Shagra Village, Tel. 012/246 78 26, www.redseadesertadventures.com. U. a. Sonnenuntergang in der Wüste (35 €), mit Kamel oder Esel in die Wüste (45 €), auf Astro-Tour den Sternenhimmel der Wüste erkunden (25 €), alte Smaragdminen erkunden (130 € mit Übernachtung).

Flug: Egypt Air, Tel. 370 00 35, mehrmals wöchentlich nach Kairo.
Bus: Keine Bushaltestelle: Mehrmals tgl. Busse von/nach Hurghada und Quseir, sie stoppen an der Straße auf Handzeichen, Einheimische kennen die Zeiten.

Flugrettung Mobil-Tel. 010/154 19 78.

Berenice und Hamata

Richtung sudanesische Grenze (dort ist kein Übergang möglich) fährt man entlang weitgehend unberührter Küste mit sehr schönen Buchten, Mangrovenwäldern und nur allmählich dokumentierten Tauchrevieren. Nichts für den, der Einsamkeit nicht erträgt.

Berenice

Vorwahl: 065; **Reiseatlas:** S. 239, E 2
Berenice ist mit seinem wunderschönen Kap **Ras Banas** der letzte ägyptische Ort vor der sudanesischen Grenze, der Touristen zugänglich ist. Mangrovensümpfe säumen die Küste; es gibt zahlreiche unberührte Buchten, zum Schwimmen und Schnorcheln.

Die antike Stadt Berenice erhielt ihren Namen von Ptolemäus II. und wurde 275 v. Chr. zum wichtigen Handelshafen. Hier finden sich die Ruinen eines Semiramis-Tempels sowie die Edelsteinbrüche von Wadi Sakait, die von pharaonischer bis zur römischen Zeit ausgebeutet wurden.

Hamata

Vorwahl: 065; **Reiseatlas:** S. 239, E 1
Die Region um Hamata gilt vielen als der beste Tauchplatz am Roten Meer. Das Revier **Sha'ab Malahi** – wild zerklüftete Riffe, Canyons, Rifftürme, Höhlen – ist per Boot in eineinhalb Stunden zu erreichen. Am senkrecht abfallenden Riff **Sha'ab Maksur** sieht man gelegentlich Mantas, Hammer-, Riff- und Walhaie. Bei den Inseln **Zabargad** und **Rocky Island**, wo 2003 das Wrack der SS Maiden (s. S. 66) entdeckt wurde ist die Begegnung mit Haien fast sicher.

... in Berenice
Lahami Bay Hotel: Wadi Lahami (Ras Banas), Tel. 01 95/10 03 54, buchbar über Neckermann, Tauchen und Meer, Sub-Aqua (Deutschland), Manta-Reisen (Schweiz). Die bislang südlichste Hotelanlage Ägyptens, sehr komfortabel, viel gelobt, keine Disco, fernab von Handy-Empfang. Ideal für Schnorchler. Hervorragende Tauchbasis Ocean Pro Diving Center (s. u.). DZ ab 75 US$
Ecolodge Wadi Lahami Village: Wadi Lahami (Ras Banas), Satelliten-Tel. 008 73/761 609 145, Fax 00 873/761 609 146. Das einfache Taucherleben, prima organisiertes Camp für Frühaufsteher (Weckmusik gegen halb sieben), Küste ideal für Nachttauchgänge. Vollpension ab 105 €

... in Hamata
Zabargad Resort: Tel. 010/528 92 31, Satelliten-Tel. 0088/216 33 33 01 30. Schönes Bungalow-Resort mit Orca-Tauchbasis (www.orca.de). Taucher machen Bootsausflüge oder erkunden vom Strand aus das sehenswerte Hausriff. DZ ab 100 US$

Tauchen: Ocean Pro Diving Center, im Lahami Bay Hotel, Wadi Lahami (Ras Banas), Tel. 0195/10 03 56, www.oceanpro-diveteam.com. Über 5 km langes, bunt bewachsenes Hausriff des Lahami Bay Hotels in Strandnähe, außerdem über 40 verschiedene Tauchgründe in unmittelbarer Umgebung.

Bus: Mehrmals tgl. von/nach Hurghada, Safaga, Kairo und Niltal

EL GOUNA

Der Ort heißt El Gouna, zu Deutsch ›Die Lagune‹ – und er entzweit die Geister. Die einen sehen in El Gouna den orientalischen Ferientraum, die anderen den Albtraum eines Feriendorfes in Micky-Maus-Architektur. Wie auch immer, der inmitten von Wüstensand geschaffene Lagunenort erweist sich mehr und mehr als touristischer Erfolg.

Vorwahl 065; **Reiseatlas:** S. 237, D 1 (Die mit ›ext.‹ oder ›extension‹ bezeichneten Kurzwahlnummern gelten bei Telefonaten innerhalb von El Gouna.)

Geschichte

Gounas ›Schöpfer‹ ist der ägyptische Bau-Tycoon Samih Sawiris. Er stampfte 30 km nördlich von Hurghada dieses Feriendorf mit künstlich angelegten Lagunen aus dem Sand. Die Architekten Alfredo Freda und Michael Graves, Meister des ironischen Klassizismus, auch schon bei Disney in Orlando tätig, haben dem Ort einen Touch von Disneyland, Venedig und Toskana verliehen. Mittlerweile werden ihr leichter Stil, die leuchtenden Farben, bis dahin in Ägyptens Hotelarchitektur nicht zu finden, vor allem in Hurghada und auf dem Sinai immer wieder kopiert, und zwar aus dem einfachen Grund: der Urlauber fühlt sich wohl und kommt wieder (zum Ansehen: www.elgouna.com).

El Gouna also ist ein Gesamtkunstwerk aus Architektentraum und abgeschlossener Touristensiedlung, samt Krankenhaus, Schule, deutsch-ägyptischer Hotelfachschule und kleinem Flughafen. **Kafr el Gouna**, das ›alte‹ Ortszentrum, ist gemütlich. Fußgängerzonen-Atmosphäre, Kopfsteinpflaster, kleiner Basar, Künstlerviertel, Restaurants und Bars – alles sehr mediterran.

Im malerischen Yachthafen **Abu Tig Marina** (125 Anlegeplätze) liegen Segelboote, Motorboote, Yachten aus den USA, Gibraltar und Norwegen. Unter den Arkaden rund um die Marina ist eher teures Shopping angesagt.

Besichtigung

Sightseeing ist ein kurzer Zeitvertreib. Das **Gouna Museum**, Kafr El Gouna, tgl. 18–22 Uhr zeigt Kopien von ägyptischen Altertümern aus dem Alten, Mittleren und Neuen Reich. Das **Aquarium**, Kafr El Gouna, tgl. 12–23 Uhr, präsentiert die Fischwelt des Roten Meeres: Napoleonfisch, Muränen, Hummer, Papageienfische, Rochen, dazu Babykrokodile (vom Nil). Nett ist eine Gouna-Rundfahrt mit dem Boot.

Downtown El Gouna

Der Gast erfährt mehr über die Geschichte, den Gründer und die Architektur des Ortes. Infos: Hotelrezeption, LE 30

Tourist Information: Downtown, ext. 2100, tgl. 9–13 Uhr, 15–23 Uhr

In El Gouna gibt es derzeit 14 Hotels, von der Luxuskategorie bis zum gemütlichen Gästehaus. Weitere Hotels sind in Bau. Nicht alle Hotels haben einen eigenen Sandstrand, Gäste können jedoch andere Hotelstrände benutzen.
Moevenpick Resort & Spa: Tel. 065/354 45 01, Fax 3 54 51 60,www.moevenpick-hotels.com. Sehr gutes Hotels; empfehlenswert. DZ ab 190 US$
Steigenberger Golf Resort: Tel. 358 01 40, Fax 358 01 49, www.el-gouna.steigenberger.de. Luxus pur, Stararchitekt Michael Graves entwarf Gounas bestes Hotel, ein nubisches Dorfes, von Lagunen umgeben, samt 18-Loch-Golf Platz (s. S. 51, 101). DZ ab 135 US$
Dawar El Omda Swiss Inn: Tel. 354 50 60/2/3, Fax 354 50 61, www.swissinn.net. Omda bedeutet Bürgermeister und wie ein Amtshaus wirkt es: schwere drapierte Vorhänge, Mosaik-Böden. DZ ab 60 US$
Captain's Inn: Tel./Fax 358 01 70/171, captain_turtle@orascom.net, Gästehaus mit Ausblick auf den Yachthafen, Abu Tig Marina. Auch das nahe gelegene **Turtle's Inn**, gleiches Management, bietet einen wunderbaren Blick über die ganze Marina, stilvoll und modern. DZ ab 50 US$

Die Auswahl an Speisen und Restaurants ist vielfältig: Von Mezze, den arabischen Vorspeisen, bis hin zu Steak au poivre, Lobster und Nürnberger Würstchen gibt's alles. Hotelgäste könne am ›Dine Around El Gouna‹-Programm teilnehmen, d. h. die Küche der anderen

Hotels versuchen; Indisch, Thailändisch, Italienisch u.v.m.

Mamounia: Abu Tig Marina, ext. 77855, tgl. 12–15, 17–1 Uhr. Mit marokkanischen Spezialitäten (Couscous, Harisa, Tajines) warten der marokkanische Chef und sein Koch in liebevollem Ambiente auf hungrige Gäste. Ab 70 LE

La Deauville: Abu Tig Marina, tgl. 12–15, 17 Uhr bis nach Mitternacht. Elegantes Bistro-Restaurant, Eigentümer ist Tarek Sherif, Sohn von Omar Sherif (Sharif). Menü: rein französisch, Chef ist Stéphane. Es gibt französichen Wein und aus Frankreich importierten Käse. Ab LE 40

Bleu Bleu: Abu Tig Marina, ext. 779 28, tgl. 12–15, 17 Uhr bis nach Mitternacht. Chef Mustafa grillt exzellenten Fisch, dazu gibt es ägyptischen Salat mit Gurken und Tomaten in einer Zitronen-Öl Marinade, das Lieblingsessen des Gouverneurs von El Gouna, der hier gerne zu Abend isst. Ab 25 LE

Kiki's, downtown, ext. 2407, tgl. 12–15, 17 Uhr bis nach Mitternacht. Raffinierte italienische Küche: Pasta, Carpaccio vom Rind- oder Strauß, hauchdünn geschnitten mit Rucola serviert, zum Nachtisch: Affogato – Espresso mit Eiscreme. Ab 20 LE

El Zaim: downtown, ext. 2088, tgl. 12–15, 17 Uhr bis nach Mitternacht. Authentische ägyptische Küche, Ful, Taameya und Koshari, unbedingt probieren. Ab 15 LE

Café Vienna: Im Mövenpick, ext. 36. Wen es am Rande der Wüste nach Linzertorte und Donauwellen gelüstet, hat gute Chancen, hier fündig zu werden (falls alle Zutaten in der Backstube verfügbar sind).

Wüsten BBQs: Peak Safari, Mobil-Tel. 010/141 31 36, tamer_surf@yahoo.com, bietet Trips in die Wüste mit Barbeque und Beduinen-Show, ab 50 €

Pro Tours organisiert Wüstensafaris mit Kamelkarawanen und einem Beduinen-Dinner, Tel. 358 00 85/6, Fax 358 00 84, protours@ohh.com.eg, info@elgouna.com.

El Gouna hat drei Shoppingzentren. Im kleinen Basar **Kafr El Gouna** kann man Gold und Silber kaufen, Lederwaren, orientalische Schals, Kerzenständer, esoterische Amulette, Galabeyas und kleine Parfümflaschen aus Glas.

In **Tamr Henna**, wenige Gehminuten entfernt, gibt es das Reader's House, das Reisemagazine, Postkarten und Landkarten anbietet, Klamottenläden und einen Supermarkt. N&B Concept hat schöne Baumwollstoffe in matten Farben, Handtücher, Bastkörbe und elegante Glasflaschen.

In **Abu Tig Marina** shoppt man exklusive Marken, u. a. Calvin Klein und Georgio Armani.

Oasis Night

Die El Gouna-Oase ist etwa 10 Min. vom Ort entfernt. Dort wohnt Hag Ahmed Sheikh vom ›Abada‹-Stamm, umgeben von Dattelpalmen, einem Brunnen, Strohhütten, Beduinenzelten, einem Taubenhaus und einem Garten, in dem Tomaten, Zitrusfrüchte und Melonen wachsen. Im Zelt werden Tee, Kaffee und Wasserpfeife angeboten. Wer will kann auch auf einem Kamel reiten. Jeden Mittwoch und Freitag, Oasis Night, ab 19 Uhr, dazu ein ägyptisches Abendessen, gefolgt von einer Folklore-Show, Info: Hotel oder Infozentrum Ext. 2100.

Kino: Renaissance Cinema Complex, ext. 2257 und 2258. Drei Säle. Jeden Abend um 18, 21 und 24 Uhr Blockbuster-Filme.

Den Abend am Aussichtsturm des **Golf Towers** mit einem Sundowner beginnen, später in El Gounas Nachtleben eintauchen. Tanz, Karaoke, Bar Hopping. Man kann aber auch im **Aladin Casino**, downtown, ext. 2400, an Spielautomaten und Jackpot-Maschinen, bei Roulette und Blackjack seine Urlaubskasse aufbessern – oder sich ruinieren. Das Casino holt und bringt seine Gäste vom/zum Hotel.

Art Village – Shisha & Tea: downtown, ext. 2336, gemütlich im orientalischen Stil unter dem Sternenhimmel Shisha rauchen und Tee trinken. Nirgendwo sonst gibt es österreichischen oder belgischen Kaffee, Cappucino mit frischem Zimt oder Irish Coffee.

Sandbar: downtown, ext. 2123. Amerikanisches Management, Holzpaneele, handgemachte Möbel, antike Lampen, Drinks vom kalten Bier bis zum gekühlten Cocktail. Wer Hunger bekommt, kann sich auf die Vorspeisen stürzen, Nachos mit viel Salsa, Jalapeños, Taquitos und Fajitas. Hamburger gibt's auch.

Le Tabasco – Bar/Bistro: Kafr el Gouna, ext. 5515, relaxte Atmosphäre, gute Musik und leckeres Essen, auf zwei Ebenen mit drei Terrassen, Filet in Pfeffersauce, Hühnchen mit Rosmarin, Salate.

Palma Karaoke Café: Kafr el Gouna, ext. 2125, das erste Karaoke Café Ägyptens mit über 300 000 Songs, Snacks, Drinks, Shisha mit Honig gesüßtem Tabak. Billard und Bildschirm für DVD Videos, es ist sogar mit einer Umkleidekabine ausgestattet.

Barten: Abu Tig Marina. Vom Design die flippigste Bar im Ort, einfache und klare Formen, alles ist knallrot, an der Theke stehen Hochstühle, dahinter die Glasvitrine mit Flaschen und Gläser. Einfach cool!

Mérange Disco: Kafr el Gouna, ext. 2306. Open-Air-Disco, Tanzen zu Hits aus den internationalen Charts bis in die frühen Morgenstunden. Donnerstags ist Ladies' Night, freitags gibt's Songs aus den 1970er und 1980er-Jahren.

Beach Partys: Mangroovy Beach: ext. 2260, 5 Min. von Kafr el Gouna mit dem Shuttle Bus, schöner Sandstrand mit Volleyballfeld, Schnorcheln und Windsurfen möglich, Beach Partys mit BBQ, Lagerfeuer und toller Musik.

Zeytuna Beach: ext. 5317, auf einer Insel, zugänglich über El Kafr und Sultan Bey Hotel. Im Sommer Beach Partys mit DJ.

Die Angsana-Spas

Man muss es sich einfach gönnen: Der Healthclub **Angsana Spa Golf,** ext. 78018, neben dem Golfclub, besteht aus einem Fitnessraum, Massagebereichen, Sauna, Dampfbad und einem Pool in orientalischem Design. Angeboten werden thailändische und Shiatsu-Massagen sowie Aromatherapie-Behandlungen.

Das **Angsana Spa El Gouna,** im Mövenpick Hotel, ext. 78100, ist der Wellness-Himmel. Der Gast wird verwöhnt mit Massagetechniken aus Schweden, Thailand und Bali. Fachleute kümmern sich um das ›Body Polish‹ – tiefenreinigende Peelings mit Joghurt, Limone, Mineralsalzen, gemischt mit Jasmin, Mandeln oder Zimt.

Ausflüge: Von El Gouna aus sind Trips nach Luxor, Assuan, und Kairo möglich. Infos: **ProTours,** Tel. 358 00 85/6, Fax 358 00 84, protours@ohh. com.eg, info@elgouna.com.
Weitere Ausflüge: s. S. 84ff.

Für Abenteurer gibt es die Go-Kart-Rennbahn ›**Sun Cart**‹ (012/254 21 23 oder ext. 2188) oder **Wüstensafaris**, die von allen Hotels organisiert werden.

Golf: Golf im **Golf & Fitness Club**, Tel. 358 00 09, golf@elgouna.com. Der amerikanische Architekt Gene Bates entwarf den 18-Loch-Platz. Der Platz besitzt ein gültiges Course Rating des Deutschen Golfverbandes und auch der USPGA (Par 72). Zum Gelände gehören zwei Putting-Greens und ein Übungsareal für Pitch-, Chip- und Bunkerschläge. Ausgebildete PGA-Golfer bieten qualifizierten Golfunterricht auf Deutsch oder Englisch an.

Reiten: Wüsten-, Strand-, und Sonnenuntergangsausritte im **Reitstall Yalla**, Tel. 012/228 62 47 oder ext. 2344, oder im **Mövenpick Resort**, Tel. 010/182 34 72 oder ext. 35, die beide Pferde, Kamele und Ponys anbieten.

Tennis- und Squashplätze: stehen in allen großen Hotels zur Verfügung.

Wassersport: Hier gibt es alles: Wasserski, Windsurfen, Katamaran, Bananenboot, Tiefsee-Fischen.
Kiteboarding Club: Mangroovy Beach. Der Basiskurs (10 Std.) kostet ca. 250 US$, Brett- und Kiteverleih pro Tag rund 70 US$. Refresh-Kurse, Fortgeschrittenen-Kurse etc., mit VDWS Lizenz, die Trainer haben eine sportwissenschaftliche Ausbildung, mehr Info erhält man unter: www.kite boarding-club.de, oder Thomas Beckmann, thomas@kiteboarding-club.de.
Tauchen und Schnorcheln: Es gibt Tauchangebote für Anfänger, aber auch professionelle Tauchgänger. Die Tauchplätze rund um El Gouna sind artenreich und schön. Interessante Tauchplätze sind das **Dolphin House**, wo Delfine manchmal mit den Tauchern spielen. Bei **Umm Gamar** gibt es bis zu 10 m hohe Korallentürme und Höhlen. Tauchkurse und Schnorchelausflüge werden von allen Hotels angeboten:
Red Sea Diving & Snorkeling mit TGI Diving, Gratis-Schnuppertauchen im Schwimmbecken, mit Discover-Scuba-Kurs, komplette Tauchausbildung vom Anfänger bis hin zum Profi, tägliche Schnorchelausflüge und Ausrüstungsverleih.
Die Center befinden sich im **Sheraton Miramar,** Hotel-Durchwahl Tel. 358 01 40-19 und downtown im Club House, ext. 2413, 2414, gouna@tgdiving.com, www.tgdiving.com.
Weitere Zentren: The Dive Tribe, www.divetribe.com, **Blue Brothers Diving**, www.bluebrothersdiving.de, **Easy Divers**, www.easydivers-redsea.com, **Colona**, www.colona.com.

Busse: Es gibt offene Busse, Taf-Taf genannt, die mindestens stündlich auf vier Linien Gouna befahren; die Tageskarte kostet nur 5 LE. Weniger oft verkehren Bootstaxis.
Tuk Tuk: Die aus Asien bekannten Dreirad-Motorroller mit Passagierkabine sind in Gouna beliebtestes Verkehrsmittel, fahren Tag und Nacht – meist so rasant, dass Sie die Fahrer in ihrem Fortbewegungsdrang bremsen müssen.
Taxis: werden in El Gouna eher für weiter entfernte Fahrten benutzt, Taxiservice/ Limousine: Mobil-Tel. 012/734 01 71 und 012/734 01 66.

Im Süden des Sinai

Sharm el Sheikh
vor den Bergen des Sinai

Reiseatlas S. 235, E 3–4

SHARM EL SHEIKH UND NABQ BAY

Sharm el Sheikh ist die große Boomregion des internationalen Badetourismus in Ägypten. In unglaublichem Tempo kommen jede Saison neue Hotels dazu, werden neue Buchten für Hotels erschlossen – wie die Nabq Bay. Die Mehrzahl der Gäste sind Pauschaltouristen

Sharm el Sheikh

Vorwahl 069; **Reiseatlas:** S. 235, E 4
Nahost-Konferenzen und internationale Gipfeltreffen, die hier stattfanden, haben den Namen Sharm el Sheikh weltweit bekannt gemacht. Mit kaum vorstellbaren Folgen: Die kleine Siedlung ist heute eine rasant wachsende Stadt. Sah man früher vom Flughafen kommend einige Straßenlaternen leuchten, erwartet einen heute ein Lichtermeer.

Zu den früher zahlenmäßig dominierenden Touristen aus Italien, Deutschland, Österreich, der Schweiz und Israel haben sich inzwischen Urlauber aus dem übrigen Arabien und der Levante gesellt, außerdem kommen immer mehr Besucher aus Skandinavien, den baltischen und osteuropäischen Ländern, allen voran Ukrainer und Russen. Diese Mischung erklärt die zahlreichen libanesischen und arabischen Restaurants, die neuerdings so vielen Schilder und Plakate in kyrillischer Schrift – und auch das abwechslungsreiche Nachtleben, rege Prostitution inklusive.

Für internationales Entertainment sorgen im Nightlife von Sharm seit einiger Zeit Tanztruppen, die das dankbare Publikum auch mit Bauchtanz unterhalten. Am Abend, undenkbar im übrigen, nicht badetouristischen Ägypten, flanieren Frauen in Miniröcken und trägerlosen Tops, Männer in kurzen Hosen auf der Promenade, durch die quirlige Fußgängermeile. Fast bis Mitternacht drängen sich hier in der Hochsaison Nachtschwärmer und Bummler.

Sharms Stadtväter haben dem Basar an der **Naama Bay** eine grundlegende Schönheitskur verpasst, die durchaus gelungen ist. An einer kurzen mediterranen Fußgängermeile, an deren Beginn sich McDonald's niedergelassen hat, liegen Restaurants, Läden und ein neuer, etwas überdimensionierter Rundbau von Shopping Mall, das Naama Center. In den Straßen-Cafés kann man bis nach Mitternacht Wasserpfeife rauchen, Bier, Wein und Tee trinken, an Imbissen Shawerma aus der Hand essen, vor dem Pacha, dem ehemaligen Bus Stop, Drinks einnehmen – ein herrlicher Platz für den Abend und den Aufbruch in die Disco-Nacht, die für die letzten Nachtschwärmer erst mit dem Sonnenaufgang endet.

Die Tage aber gehören dem Strand, dem Meer. Die Kioske der perfekt organisierten örtlichen Wassersportindustrie locken die Strandurlauber mit Videos und großflächigen Fotos zu Trips mit dem Glasbodenboot, zum Wasser- und Jetski, zum wilden Gruppenritt auf der Wasserbanane, zum Kitesurfen und zu einem Flug mit dem von einem Motorboot gezogenen Gleitschirm.

Geschichte

Jahrhunderte lang war Sharm el Sheikh lediglich ein Beduinen- und Fischerdorf. Die moderne Geschichte beginnt 1967. Mit der Besetzung des Sinai in Folge des Sechs-Tage-Krieges wurde auch Sharm, wie es kurz genannt wird, israelisch. Erst waren es Armeepioniere, dann Sporttaucher und Zelturlauber, die den Reiz dieses Fleckens an der Südspitze des Sinai erkannten. Der Aufstieg Sharms zu dem, was es heute ist, begann aber erst mit der Rückgabe des Sinai an Ägypten 1982. In den ersten Jahren danach schlugen fast nur Camper ihre Zelte neben frei laufenden Kamelen auf – dort, wo heute Fünf-Sterne-Hotels mit Pool, mit importiertem Rasen und Palmen die ovale Naama-Bucht säumen.

30 000 Touristenbetten zählte der Ort 2007. Bis zum Jahr 2010 sollen es über 60 000 sein. Um alleine die Masse der An- und Abreisenden bewältigen zu können, wurde ein neuer internationaler Flughafen vollendet, der das Hauptärgernis aller Sharm-Urlauber, die bisher qualvolle Abfertigung, das unzumutbare Warten in sengender Hitze beseitigen soll.

Dem Urlauber fällt kaum auf, dass die natürliche Infrastruktur Sharm el Sheikhs eigentlich einem abgelegenen Bergdorf gleicht, das weder Landwirtschaft noch Wasserquellen hat. Lkws karren von der Milch bis zur Seife alles heran; Tanker und eine Pipeline versorgen Sharm mit Wasser von der Sinai-Westküste und dem Niltal. Einen größer werdenden Anteil Wasser produzieren Meerwasser-Entsalzungsanlagen, wie sie schon die Mehrzahl der Hotels besitzt. Pro Kubikmeter Trinkwasser zahlen die Hotels rund 5 €. Wie viel Geld mag hier alleine in jedem Quadratmeter (aus dem Nildelta herangekarrten) Rasen stecken, den Gärtner in Blaumännern morgens und abends pflegen und wässern? Wie viel mehr Wasser wird man erst brauchen, wenn an der gesamten Küste die 2,5 Mrd. US$ internationalen Investments verbaut sein werden, von denen die Rede ist – wenn es also auf dem Sinai viele neue Sharms geben wird?

Orientierung

Der Ort Sharm el Sheikh beginnt südlich mit dem **Dorf Sharm el Sheikh** an der **Sharm el Sheikh Bay** und der **Sharm el Moya Bay**, die rundum nur noch von den Hotels aus zugänglich ist. Das große Tourismuszentrum, mit dem man den Ortsnamen in erster Linie verbindet, befindet sich weiter nördlich an der kleinen **Naama Bay**. Nach Abschluss der geplanten und teils schon begonnenen Hotelprojekte wird sich der Ort bis ca. 2015 über die **Tiger Bay** und **Shark Bay** weiter in den Norden ausdehnen. Von den entfernten Hotels bringen Hotel-Shuttle-Busse die Gäste mehrmals täglich zur Naama Bay.

Straßennamen sind hier nicht üblich, auch wenn es das eine oder andere Straßenschild geben mag. Als Adressangabe genügt normalerweise der (Hotel-) Name, dazu eventuell noch die Bucht. Wenn Sie das alte Sharm suchen – es ist, als sei's ein Reservat, der als **Old Market** ausgeschilderte Teil. Vom Flughafen kommend erreicht man Sharm über die Peace Road, der Name erinnert zusammen mit einem Großmosaik am Ortseingang an die große Nahost-Konferenz 1996 (Clinton, Arafat, Rabin, Mubarak u. a.).

Sharm hat kein Fremdenverkehrsbüro. Begründung: Der Großteil der Urlauber komme pauschal, habe eine eigene Reiseleitung, die diese Funktion mit erfülle. Einfache Auskünfte gibt's dennoch: im **Government-Building**, Tel. 376 27 04, Sa–Do 8–13 Uhr

Tourist Police: Tel. 636 03 11 (Naama Bay), Tel. 366 06 75 (Marina Sharm)

Sharm el Sheikh ist mit Abstand der teuerste Badeort in Ägypten. Empfehlenswerte günstige Hotels gibt es vergleichsweise wenige; in jedem Fall muss man rechtzeitig buchen. Ist man bereits in Ägypten, dann nicht direkt beim Hotel, sondern lieber über ein Reisebüro Zimmer organisieren.

Four Seasons [1]: Tel. 360 35 55, Fax 360 30 50, www.fourseasons.com/sharmelsheikh. Eins der Top-5-Hotels von Ägypten, von den edel möblierten Zimmern spektakulärer Blick über die Straße von Tiran. DZ ab 220 US$

Hyatt Regency [2]: The Garden's Bay, Tel. 360 12 34, Fax 360 36 00, www.sharm.hyatt.com. Eines der schönsten und

Übernachten

1 Four Seasons
2 Hyatt Regency
3 Domina Prestige
Coral Bay
4 Mövenpick
Jolie Ville Sharm
5 Conrad International
6 Hilton Fayrouz
7 The Ritz Carlton
8 Sonesta Beach Resort
9 Marriott
Beach Resort Sharm
10 Cataract Layalina
11 Camel Hotel
12 Falcon Al Diar Hotel
13 Pigeon's House
14 Shark's Bay
Beduin Home
15 Youth Hostel

Essen und Trinken

16 Sala Thai
17 Beach Restaurant
18 Kokai
19 Byblos
20 Le Tabasco
21 Andrea
22 Tam-Tam Oriental Café
23 Ali Baba
Panorama Restaurant

SHARM EL SHEIKH
0
1000 m
1 2 3
5 14 16
13
8
9
6
17
NAAMA BAY
Naama Bay
Rotes Meer
22
18
4
12
20
11
TAXI
19
21
10
Marina
Tourist Police
23
Peace Road
SHARM EL SHEIKH
7
15
Old Market
Alte Markthalle
Super-Jet-Busse nach Kairo
Sharm el Moya Bay
Fähren nach Hurghada
Yachthafen
Sharm el Sheikh Bay
Ras Mohammed NP, Kairo

modernsten Hotels von Sharm, weitläufige Anlage, große, komfortable Zimmer, Riesenpool mit Strömungsanlage. Einziger Makel: Strand und Meerzugang sind eher klein. DZ ab 170 US$

Domina Prestige Coral Bay [3]: Tel. 360 16 10, Fax 360 08 43, www.dominacoralbay.com. Luxuriöses Hotel mit großem Strand. In der hoteleigenen Beautyfarm ›Elisir‹ verschiedene Wellness-Kuren (u.a. Thalasso). DZ ab 160 €

Mövenpick Jolie Ville Sharm [4], Naama Bay: Tel. 360 01 00, Fax 360 01 11, www.moevenpick-hotels.com. Die schon etwas abgewohnte Anlage ist so weitläufig, dass es Sinn macht, ein Fahrrad für die Strandfahrt zu mieten, falls man in dem Teil der so genannten ›Sports Area‹ wohnt, bei der Zimmerbuchung auf ›Front Area‹ bestehen. Der Strand ist viel zu klein, Ölsardinen-Gefühl. Sehr gut ist das Abendbuffet im Beach Restaurant. DZ ab 160 US$

Conrad International [5]: Ras Nasrani, Tel. 367 05 85, Fax 367 05 80, www.conradhotels.com. Altmodische Zimmer, alle mit Blick aufs Meer, hauseigenes Riff. DZ ab 125 US$

Hilton Fayrouz [6]: Naama Bay, Tel. 360 01 37, Fax 360 10 43, www.hilton.com. Idyllische Gartenanlage; geräumige Bungalows mit Gartenterrasse. DZ ab 125 US$

The Ritz Carlton [7]: Om el Seed, Tel. 366 19 19, Fax 366 19 20, www.ritzcarlton.com/resorts/sharm_el_sheikh. Das erste

Abends am Strand von Sharm el Sheikh

Ritz Carlton Afrikas. Positiv: Im Winter geheizter Swimmingpool, Spa-Kuren mit Ölbädern à la Kleopatra, vor der Tür ein 18-Loch-Golfplatz. Negativ: Vom anfänglichen Glanz des Eröffnungsjahres einiges abgeblättert: der Service nachlässiger, das Essen weniger exquisit. DZ ab 120 US$

Sonesta Beach Resort 8: Naama Bay, Tel. 360 07 25, Fax 360 07 33, www.sonesta.com/egypt_sharmresort. Schöne Pools, aber kleiner Strand. Der Service ist ausgesprochen gut. DZ ab 117 US$

Marriott Beach Resort Sharm 9: Naama Bay, Tel. 360 01 90, Fax 360 01 88, www.marriott.com. Das Hotel hat die besten Zeiten bereits hinter sich, könnte eine Renovierung und entschieden freundlicheres Rezeptionspersonal vertragen. An keinem Strand Sharms bekommt man derart zerschlissene Badetücher wie hier. DZ ab 85 US$

Cataract Layalina 10: Naama Bay, Tel. 360 02 80, Fax 360 02 82. An der Fußgängerzone, nett ausgestattete Zimmer, kleiner Privatstrand und Pool am Hotel. DZ ab 45 US$

Camel Hotel 11: Naama Bay, Tel./Fax 360 07 00, www.cameldive.com. Mit 38 Zimmern fast familiäre Atmosphäre, zentral gelegen, ruhig. Behindertengerechte Zimmer vorhanden, die Tauchlehrer des Camel Dive Centers sind auch trainiert auf Behindertentauchen. DZ ab 38 €

Falcon Al Diar Hotel 12: Naama Bay, Tel. 360 08 27, Fax 360 08 29, www.falcon-hotels. com. Saubere und günstige Zimmer; schöner Pool; im Stadtzentrum. DZ ab 35 US$

Pigeon's House 13: Naama Bay, Tel. 360 09 96, Fax 360 09 55, pigeon@access.com.eg. Einfaches, sehr gemütliches Haus; auch für Jugendgruppen. Die Bar ist ein beliebter Treff der Sharm-Expats. DZ ab 180 LE

Shark's Bay Beduin Home 14: Tel. 360 09 41, Fax 360 09 43, www.sharksbay.com. Hüttendorf-Treff für junge Leute und solche, die eine echte Alternative zu den teuren Fünf-Sterne-Häusern suchen; eigene Tauchschule. DZ ab 90 LE

Youth Hostel 15: auf dem Hügel, nahe Aida Beach Hotel, Tel. 366 03 17. Billiger geht's nicht in Sharm. Ab 45 LE

Sharm el Sheikh hat die höchste Restaurantdichte des Nahen Ostens – es besteht fast nur aus Hotels mit groß angelegter Gastronomie. Auch McDonald's und Kentucky Fried Chicken sind mit Fast-Food-Restaurants vertreten. Selbst bei einem dreiwöchigen Urlaub könnte man kaum alle Lokale besuchen. Aus der Masse einige Empfehlungen (geöffnet tgl. 12–15, 18–24 Uhr):

Sala Thai 16: Hyatt Regency: (s. S. 108): Tel. 360 12 34. Absolut empfehlenswertes Dinner-Restaurant: klassische Thai-Küche im stilvollen Ambiente. Reservierung erforderlich! Ab 220 LE

Beach Restaurant 17: Hilton Fayrouz (s. o.), Naama Bay. Man sucht den frischen Fisch selbst aus und bestimmt die Art der Zubereitung, der Maître hilft mit kompetentem Ratschlag; Reservierung empfohlen. Ab 190 LE

Kokai 18: im Ghazala Hotel, Tel. 360 01 50. An der Promenade der Naama Bay liegt das japanisch-polynesische Restaurant mit köstlichen Fleisch- und Fischgerichten, Fisch nach japanischer Art wird am Tisch zubereitet; Reservierung empfohlen. Ab 170 LE

Seien Sie Hummerkünstler!

Der Hummer (Lobster) ist von den Speisekarten verschwunden – er ist nämlich so gut wie ausgerottet. Die Gewässer am Sinai sind hoffnungslos überfischt. Sogar Baby-Hummer wurden für den Appetit der Touristen aus dem Gewässern geholt. Dem Hummer werden demnächst etliche Fischarten folgen. Zwar ist der Hummerfang inzwischen verboten, doch immer wieder bieten Chefs die Tiere für Gäste als teure Spezialität an. Verzichten Sie darauf. Das ist das Mindeste, was Sie für das Meer tun können, an dem Sie Ihren Urlaub verbringen.

Byblos 19: Tel. 360 08 20, gegenüber Hard Rock Café. Die Vorspeisen (*mezze*) sind gut und reichlich, die Hauptgerichte ordentlich. Leider hat das Restaurant keinen einzigen libanesischen Wein anzubieten. Ab 150 LE

Le Tabasco 20: Naama Bay, über dem Hard Rock Café. Passable Küche mit wechselnder Speisekarte. Ab 120 LE

Andrea 21: Tel. 360 09 72, Naama Bay, gegenüber Hard Rock Café. Filiale eines Kairoer Ausflugsrestaurants, spezialisiert auf Grillgerichte, ägyptische Vorspeisen. Ab 120 LE

Tam-Tam Oriental Café 22: Ghazala Hotel, Tel. 360 01 50. An der Promenade der Naama Bay hat man die seltene Gelegenheit, gute ägyptische Hausmannskost kennen zu lernen, dazu ägyptische Musik. Ab 60 LE

Ali Baba Panorama Restaurant 23: Sharm Mall, Naama Bay, Tel. 366 12 77, 012/ 354 80 89. Zu Lunch und Dinner gegrilltes Fleisch und tagesfrischer Fisch, das alles nicht zu teuer und gut – besser Plätze reservieren. Ab 40 LE

Alle wichtigen und schönen Geschäfte findet man rund um die Fußgängerzone der Naama Bay. Im **Naama Center** kauft man auf drei Etagen Souvenirs, Handarbeiten von Beduinen, handgeknüpfte Teppiche, Figuren und Statuen, Schnitzereien, Gewürze, in den Shops rund um die **Fußgängerzone** Markenkleidung, Schmuck, Sportbedarf. Wichtigster Tipp: Folgen Sie besser nie den Neppern und Schleppern, die Sie in eine Fabrik mitnehmen wollen, Ihnen ihre Karte aufdrängen! Und: immer feilschen!

Alf Leila wa Leila (übersetzt: Tausendundeine Nacht): tgl. ab 18.30 Uhr), Tel./Fax 366 31 10, ist ein großer Vergnügungspark, architektonisch einem arabischen Fort nachempfunden, eine Mischung aus Fantasialand und Shopping Mall. Zwei Shows (21.30, 23.30 Uhr) thematisieren das pharaonische Ägypten, bieten Kurzweil mit Pferde- und Kameldressuren, allerlei Folklore. Dazwischen tanzen Sufis und Bauchtänzerinnen. Und ganz am Ende wandelt sich die Show zur großen Disco für alle. LE 90

Am Tag in der Sonne brutzeln, nachts bis zum frühen Morgen unterwegs – für viele Urlauber der Traum von Erholung, den man in Sharm mühelos realisieren kann. Beinahe jedes größere Hotel hat Bar, Disco und/oder Nachtclub. Als Attraktionen locken *Russian Shows*, recht professionelle Tanzgruppen aus dem ehemaligen Ostblock, die den ägyptischen Bauchtänzerinnen Konkurrenz machen. Bei einigen Discos kontrollieren Türsteher. Oder tun zumindest so. Denn abgewiesen soll in Sharm eigentlich niemand werden, außer vielleicht Männer allein unterwegs, die nicht so gerne gesehen sind.

Black House Disco: Tel. 360 18 88, Rosetta Hotel, tgl. ab 23 Uhr. Populärer Tanzladen, meist sehr voll, sehr gute DJs.

Hardrock Café: Naama Bay, Tel. 360 2665, tgl. 16 Uhr bis morgens. Das weltweite Konzept: Zu lauter Discomusik kann man den Lieblingsdrink seines Idols schlürfen, beispielsweise einen Mel-Gibson-Cocktail.

Little Buddha: Naama Bay Hotel, Tel. 360 10 30, www.littlebuddha-sharm.com, tgl. 21–3 Uhr. Was in Paris und Las Vegas ein Publikumsmagnet ist, können nun auch Sharm-Besucher genießen: Lounge und Sushi-Bar, In-Treff – über die Tanzenden wacht in mystischem Licht Buddha. Das ist das stilvolle und schicke Little Buddha, das neue Maßstäbe im Nightlife von Sharm gesetzt hat.

MDM: Naama Bay, macht sich einen Namen als Party-Zone – auch dank MDM; Tanzen bis in den späten Morgen

The Echo Temple – Desert Stage

Das ist ungeschlagen, ein- bis zweimal wöchentlich, die Top-Disco für House Music: ein Techno-Amphitheater mit Lichtgewittern mitten in der Wüste, mehrere Bars, alles unter freiem Himmel, 4 km von Naama Bay entfernt, kein Türsteher, da Platz für 4000 Tänzer.

The Echo Temple – Desert Stage: Info-Hotline (Arabisch und Englisch) 010/569 99 60, www.pachasharm.com.

Pacha: Tel. 3600197, Fax 3600196, Sanafir Hotel, Naama Bay, tgl. ab 21 Uhr, www. pachasharm.com. Sharms Top-Club: Der Name Pacha (früher Bus-Stop) erinnert an eine der ersten Mega-Discos Ibizas, das Disco-Programm orientiert sich an Pool- und Schaumpartys ›Ibiza style‹. Legendär sind donnerstags die ›House Nation Partys‹. Eintritt 125 LE

The Echo Temple – Desert Stage: Info-Hotline (Arabisch & Englisch) 010/5699960. s. Tipp oben.

Camel Rooftop Bar: neben der Naama Shopping Mall. Wahlweise trinkt man klimatisiert in der ersten Etage oder eben auf dem Dach, mit exzellentem Blick über Fußgängerzone und Naama Bay. Zu essen gibt es Snacks.

Mojo Lounge: Iberotel Lido; Tel. 3 60 26 03 16. Ruhige Thai-Lounge mit weißen Sofas, großer Terrasse, gedämpfter Musik – und vorzüglichem Essen.

Pirates Bar: im Hilton Fayrouz (s. o.), Naama Bay. Sehr Beliebte Bar für den ersten Sundowner, bevor die Sonne untergeht.

Doppelnepp am Flughafen

Der doppelte Nepp erwartet den Einreisenden am Flughafen von Sharm el Sheikh, wo man offenbar Hand in Hand arbeitet, um Touristen auszunehmen. Allen voran die **Gepäckmafia**, die sich den Umstand zunutze macht, dass man oft bis zu 30 oder 45 Min. benötigt, ehe man die Visa- und Zollformalitäten erledigt hat. In dieser Zeit ist das Gepäck längst vom Band. Oft werden Sie einen Gepäckträger auf Ihren Taschen sitzend vorfinden, der 10 € dafür haben will, dass er angeblich Ihr Gepäck gehütet hat. Sie müssen diesen Männern nichts geben, wenn Sie dennoch wollen – 50 Cent sind genug.

Falls Sie keinen Transfer gebucht haben, erwarten Sie dann vor der Halle die lokalen **Taxihaie**, die für eine Kurzstrecke nach Sharm 60 US$ und mehr verlangen. 30–70 LE sind genug. Mit ein bisschen Ausdauer kommen Sie günstig ins Hotel. Nehmen Sie nicht den erstbesten Taxifahrer.

Kulturausflüge: Tgl. organisierte Ausflüge nach Kairo (s. S. 193ff.), Luxor oder zum Katharinenkloster (s. S. 142ff.). Ebenfalls gut organisiert: nächtliche BBQs in der Wüste, Gruppenausflüge in die Wüste auf dem Kamel oder mit dem Jeep. Details zu all dem findet man an den Info-Brettern der Hotels.

Wassersport: Die Möglichkeiten sind schier unerschöpflich: Tauchen, Schnorcheln, Surfen und jeder andere Wasserspaß (Banana Riding, Jet-Ski, Kitesurfen etc.) werden überall in Sharm angeboten. Ausrüstung und Kurse organisieren die Hotels und zahlreiche Anbieter an den Stränden. Der Ehrlichkeit halber muss man hier aber sagen: Um die Riffe Sharms sind mittlerweile so viele Schnorchler und Taucher unterwegs, dass man für einen klassischen Tauchurlaub andere Ziele in Erwägung ziehen sollte: die Küste nördlich von Sharm oder die Festlandküste am Roten Meer.

Die Unterwasserwelt trockenen Fußes beobachten – wer das will, stolpert für Fahrten mit dem **Glasbodenboot** geradezu über Anbieter.

Wüstenspaß: Auch für Wüstensafaris mit dem Jeep, Reiterspaß mit Araberpferden und Kamelen werden Prospekte mit allen Details überall in Sharm verteilt; Buchungsmöglichkeiten an den Kiosken der Naama-Bay-Promenade oder im Hotel.

Flüge: Egypt Air fliegt mehrmals tgl. nach Kairo, Sa und Do nach Luxor. Auskunft und Reservierung im Egypt Air Office im Mövenpick Hotel, Tel. 360 03 14, oder im Stadtbüro Sharm el Sheikh, Tel. 360 10 56.

Busse: Vom Ort Sharm el Sheikh fährt tgl. um 23 Uhr ein komfortabler Super-Jet-Bus (Tel. 360 16 22) nach Kairo. Die weniger gemütlichen Busse des National Bus Service (Tel. 360 06 00) fahren Richtung Kairo um 7, 8, 10, 13, 16.30, 23.30, 24 Uhr, Dahab 8, 9, 15, 17 Uhr, Nuweiba 9, 17 Uhr, Katharinenkloster 8 Uhr, Suez 9, 11 Uhr, Taba 9 Uhr, Ismailiya 12, 23.30 Uhr; Anschluss Suez, Port Said, Delta.

Taxis: Taxifahrten auf dem Sinai sind teuer; in Sharm el Sheikh bezahlt man für kurze Strecken selten weniger als 10 LE. Minibusse und Sammeltaxis fahren von Sharm el Sheikh in alle Richtungen.

Mietwagen: Die Mietwagenpreise in Sharm el Sheikh liegen im Schnitt höher als in Europa. Es lohnt sich, vor dem Urlaub die Preise der internationalen Verleihfirmen einzuholen. Anbieter sind u. a. Avis, Morgana Trade Center, Tel. 360 24 00; Sixt, Hilton Fayrouz, Tel. 360 01 36; und Budget, Coral Bay Hotel, Tel. 360 16 10; keine One-Way-Anmietungen (bzw. meist nur gegen Aufpreis von mindestens 150 US$).
Fähre: Zwischen Sharm el Sheikh und Hurghada verkehrt im Fährverkehr ein Schnellkatamaran (s. S. 82). Infos und Tickets bei Travco, Tel. 366 07 64.

Nabq Bay

Vorwahl: 069; **Reiseatlas:** S. 235, E 4
30 km nördlich von Sharm el Sheikh entsteht an der Nabq Bay ein neues Touristenzentrum. Hilton und SAS Radisson sowie ein Laguna Vista residieren hier neben anderen. Der große Vorteil dieser Bucht: anders als in Sharms Naama Bay, wo die Luft gerne knüppeldick steht, kühlt hier regelmäßiger Wind auf höchst angenehme Weise.

Calimera Moderna Beach: Nabq Bay, Tel. 069-371 04 07, www.calimera.com. Modernes Aktiv- und Familienhotel mit Haupthaus und Nebengebäuden, hoteleigenem Sandstrand (zum Schwimmen sind Badeschuhe nötig); ein Steg führt über die Riffkante ins Meer. DZ ab 130 US-$.
Magic Life Imperial: Nabq Bay, Tel. 069/371 00 50, Fax 069/371 00 55, www.magiclife.com. Von allen Clubs dieser Kette ist dies einer der besten und bei den Magic-Life-Gästen auch einer der beliebtesten. Die Animateure des All-inclusive-Clubs sind freundlich, nicht aufdringlich. Das Sportangebot ist hervorragend. Leidig nur: das Management tut nichts gegen Gäste, die schon morgens um 7 Uhr oder früher per Handtuch die knappen Liegen am Pool blockieren. Ein Steg bringt Schnorchler, Taucher, Schwimmer über die Kante des Hausriffs sicher ins Meer; vom Strand aus kann man nicht ins Meer. Die Tauchbasis ist zu empfehlen. Zum Entertainment gehören Shows, Disco, Pool-Partys. Buchung nur wochenweise über große Veranstalter möglich.

Nabq Bay ist nur per Taxi oder Leihwagen zu erreichen. Entsprechende Anbieter findet man in den Hotellobbys.

Ausflüge von Sharm el Sheikh

Die folgenden Ausflüge gehören zum gängigen Programm der diversen Tour-Anbieter, die die Touren in den Hotels anbieten. Bei Ein- und Mehrtagestouren ist die Verpflegung inklusive. Die Preise der verschiedenen Agenturen unterscheiden sich nur wenig, als Anhaltspunkt seien Preise für Ras Mohammed genannt: Halbtagesausflug ca. 30 €, Tagesausflug ca. 45–60 €, Mehrtagesausflüge ab 70 €.

Nationalpark Ras Mohammed

Reiseatlas: S. 235, E 4
Das Meer an der Südspitze des Sinai ist sauber und klar, der Korallenwuchs ist angeblich gesund, auf jeden Fall dicht. Ein monumentales Einfahrtstor, dessen ungewöhnliche Architektur an-

DIE KORALLENÄRZTE

Taucher in Scharen, Schiffsunfälle, Fischen mit Dynamit, Ankern an Korallenbänken statt an Bojen – das sind die größten Riffkiller im Roten Meer. Doch man kann Riffe heilen, naturnahe Riffstrukturen aufbauen, ganze Riffe verpflanzen, wie ein von Veba Oil & Gas und RWE DEA AG finanziertes Projekt von Hydrobiologen der Universität Essen und des Ras-Mohammed-Nationalparks zeigt. Als der Containerfrachter Lovilla auf das Gordon Reef auflief und es über hunderte Quadratmeter zermalmte und einebnete, begannen die Essener Hydrobiologen um Dr. Peter van Treeck ihr Experiment, duch ein ausgeklügeltes Elektrolyseverfahren natürlichen Korallenwuchs zu initiieren.

In der nahen Bareika Bay errichteten die Forscher unter Wasser ein Titan-Draht-Gitternetz, das Gerüst für den Neuwuchs. Bei Anlegen von Gleichstrom, gewonnen aus Solarenergie, bildeten die im Meerwasser reichlich gelösten Kalzium- und Magnesiumionen harte Krusten. In diese transplantierten die Forscher nun den vom zerstörten Gordon Reef eingesammelten Korallenschotter. Diese Korallenstecklinge wurden an ihrer Basis fixiert und wuchsen an den Enden weiter. Der Verbundstoff entstand durch die stete Elektrolyse gänzlich aus dem Meer. Schon nach wenigen Wochen leuchteten Korallen auf dem Gerüstriff in kräftigen Farben. Sogar Fische begannen sich in dem neuen Riff anzusiedeln, offenbar ohne sich vom Vorgang der Elekrolyse beeinträchtig zu fühlen. Die Meeresbiologen sagen über ihre Korallentransplantation: »Riffe sind im biologischen Sinne charakterisiert als selbst wachsende Strukturen. Die bislang einzigartige Verknüpfung von künstlicher Riffbildung und Steinkorallenansiedlung ermöglicht es, in kurzer Zeit die wichtigsten Karbonatbildner und Riffbaumeister, Korallen, zu etablieren und so aus einer künstlichen Struktur ein echtes Riff zu machen.« Als Matrix, als Gerüst für die elektrolytische Kalkabscheidung können nach der Beschichtung mit naturidentischem Karbonat sogar Altmaterialien, z. B. Stahlschrott, recycled werden.

Ihre Technik wollen die Forscher aber nicht nur als Rehabilitation für kranke oder fast tote Riffe sehen, schon gar nicht als Heilmethode für von vornherein absehbare Schäden, die der Tauchtourismus anrichet. Vielmehr stellen sie sich für die Zukunft vor, dass überall Küstenschutzbauten errichtet werden, neue Habitate für Fische und Krebse. Ferner wird man für die Taucher Elektrolyse-Riffe in allen erdenkbaren Formen und Ausdehnungen, in allen möglichen Schwierigkeitsgraden anlegen können. Sie sind von echten Riffen nicht zu unterscheiden. Korallenbänke vom Great Barier Reef ließen sich vor Sharm el Sheikh fast identisch und beliebig oft im gesamten Roten Meer nachbilden, ohne Verwendung milieufremder Rohstoffe. Schäden an einem Riff werden durch erneutes Anlegen von Strom repariert. Durch Umpolung des Stromes kann ein Riff jederzeit auch wieder aufgelöst werden. Die echten, die natürlich gewachsenen Riffe aber, sie werden zu Schutzzonen im Meer. Denn nichts bräuchten sie mehr, als Schutz vor dem Menschen.

Das Team von Peter van Treeck überprüft die künstliche Riffstruktur

einander lehnender Steinkolosse sich wohl am britischen Stonehenge orientiert, markiert den Beginn des Parks.

Plätze mit einem derart reichen Unterwasserleben wie Ras Mohammed gibt es nicht viele auf der Erde. Ein Besuch ist ein Muss für jeden Sinaibesucher, egal ob Taucher, Schnorchler oder einfach Naturfreund. Die kleine, nur etwas über 3 km lange Halbinsel Ras Mohammed (insgesamt hat der Park 400 km^2) wurde am Tag der Umwelt am 5. Juni 1983 als Kernstück des ›Ras Mohammed Marine National Park Project‹ am südlichsten Zipfel der Sinaihalbinsel eröffnet. Die Europäische Gemeinschaft förderte das Projekt mit etwa 770 000 Mio. €; umgerechnet etwa 1,3 Mio. € zahlte Ägypten in den Anfangsetat. Jährlich besuchen rund 150 000 Urlauber den Park.

Eine markante Bucht teilt das ›Kap‹ Ras Mohammed in zwei Teile. Zwei tiefe Risse formen die westliche Hälfte; der südöstlichen Hälfte ist eine kleine Sandinsel vorgelagert. Ras Mohammed ist kein Kap, sondern ein teils von Geröll überschüttetes Riff, das von vulkanischen Kräften über die Wasseroberfläche hinausgehoben wurde. Dementsprechend steil, meist fast senkrecht, fallen die Ränder bis in 80 m Tiefe ab.

Rund um das Ras existieren ca. 150 Korallenarten, die zwischen 75 000 und 20 Mio. Jahre alt sind. In den Gewässern um die Landzunge leben Tausende Fischarten, die sowohl von der Suezschifffahrt als auch von den Tauchern bedroht sind. Tanker verklappen Öl und entledigen sich des Mülls, Matrosen der Taucherschiffe warfen lange Zeit Anker, die jedes Mal ein Stück Riff zerstörten. Kurzum: Das Ökosystem ist schwer belastet. Der Park versucht zu retten und zu erhalten, was noch erhalten werden kann.

Herzstück des Nationalparks ist ein nicht übermäßig gepflegtes **Informationszentrum**, in dem Filme vorgeführt und Diavorträge gehalten werden. Gut markierte Pfade zeigen dem Besucher an Land das Zusammenwirken eines Ökosystems aus Wüste, Küste, Korallen und Seetiere, das erst durch den Menschen empfindlich gestört wurde, heute gar in seiner Existenz bedroht ist.

Neben der Erhaltung des Riffs hat der Naturschutzpark noch eine andere Funktion: er dient Meeresbiologen zur Forschung, und den Beduinen wird gelehrt, wie sie umweltgerecht ihr ureigenes Gebiet bewohnen können, das teilweise von äußeren Einflüssen zerstört wurde, für die sie selbst nicht verantwortlich sind.

Die Betreiber des Projekts erreichten im Lauf der Jahre, dass das Gelände des Parks von 97 auf 400 km^2 ausgedehnt wurde. Ein Regierungserlass erteilt den Parkaufsehern, den Rangers, die Vollmacht, Umweltsünder zu verhaften. Ein weiterer Nationalpark entstand 40 km nördlich von Ras Mohammed im Mangrovengebiet von Nabq (Nationalpark Wadi Nabq; s. S. 117).

Der Park (geöffnet 8–17 Uhr, 34 LE Eintritt) ist an Wochenenden alles andere als ein Platz der Einsamkeit; emp-

Mangroven im Wadi Nabq

fehlenswerter ist ein Besuch montags bis donnerstags. Es dürfen, leider nötig zu sagen, weder Fische harpuniert noch irgendwelche Korallen oder Muscheln mitgenommen werden.

Nationalpark Wadi Nabq

Reiseatlas: S. 235, E 3
Dieser Naturschutzpark nördlich von Sharm ist, weil weniger besucht, eine gute Alternative zu Ras Mohammed. An einer Küste mit feinen Sandstränden und Palmen findet man hier den größten Mangrovenwald des Sinai. Vor der Küste liegen in der Straße von Tiran etliche Schiffswracks, darunter einige, die von Umweltschützern wegen ihrer nicht geborgenen Fracht (Phosphat aus Jordanien etwa) als ökologische Zeitbomben eingeschätzt werden.

1992 wurde das wunderschöne 600 km^2 große Wüstenareal an der Küste zum Naturschutzgebiet erklärt und den Rangers des Nationalparks Ras Mohammed unterstellt. Sowohl von Norden als auch von Süden rücken Hotelanlagen immer näher an die Grenzen dieses einmaligen Biotops. Über 4 km erstreckt sich der Mangrovenwald. Mangroven zählen zur amphibischen Vegetation und finden sich nur im flachen Strandbereich tropischer Küsten. So genannte Stelzwurzeln bilden im und über dem Wasser ein hohes und dichtes Geflecht. Die Wurzeln sind imstande, Salzwasser zu filtern und das Salz über die Blätter auszuscheiden. Überdies festigt das Wurzelgeflecht den Küstenboden und wirkt so der Erosion entgegen. Die Mangroven von Nabq sind der nördlichste Mangrovenbestand im Raum des Roten Meeres und des Indischen Ozeans. Nabq, von weit weniger Touristen heimgesucht als Ras Mohammed, ist Lebensraum für eine Vielzahl von Tieren, darunter Störche, Reiher, Wüstenfüchse, Gazellen und Hyänen. Es gibt ein kleines, ziemlich heruntergekommens Visitors Center, dessen Besuch man sich besser erspart.

Wadi Mandar

Reiseatlas: S. 235, E 3
Mit Beduinen, die entlang der Hauptstraße nach Dahab auf Touristen warten, kann jeder einen Kurzausflug von zwei bis drei Stunden auf dem Kamel oder im Jeep unternehmen. Das Wadi Mandar vermittelt einen guten Eindruck von der Schönheit und der Weite des Sinai, ist wegen seiner Nähe zu Sharm aber oft recht überlaufen.

Oase Ain Kid

Reiseatlas: S. 235, E 3
Nach Ain Kid gelangt man über eine gut gespurte Piste, die durch einen immer schmaler werdenden Canyon bis zur Oase verläuft. Man begegnet immer wieder Beduinen, die wegen des relativen Wasserreichtums nahe dieser Quellen leben, die auch Palmen und Akazien gedeihen lassen. Ein nicht sehr schwieriger Pfad führt von der Oase hoch in die bizarr geformten Berge. Da die Oase wenig besucht ist, kann man hier mit Ruhe und Einsamkeit rechnen, die allenfalls vom Gezwitscher der Vögel und dem Wind, der in den Palmen spielt, unterbrochen wird.

Östlicher Sinai und Ausflug nach Eilat

The Fjord südlich von Taba

Reiseatlas S. 235, E 2–3, F 1–4

DAHAB UND UMGEBUNG

Vielen ist Sharm el Sheikh inzwischen zu quirlig, zu laut. Wer dem Trubel entfliehen möchte, der findet in Dahab seine angenehme Ruhe, dazu erstklassige Surfwinde und hervorragende Tauchmöglichkeiten.

Dahab

Vorwahl 069; **Reiseatlas:** S. 235, F 3
Dahab heißt übersetzt Gold, nach der Farbe des Strandes bei bestimmtem Licht. Berühmt ist der Ort für dreierlei: bei Tauchern für das legendäre Blue Hole (s. S. 187), bei Surfern für seine windreichen Reviere und bei Reisenden mit kleinerer Reisekasse aus aller Welt für das freakige Leben, das dem Ort den Ruf einer kleinen Aussteigerenklave eingebracht hat.

Orientierung

Dahab besteht aus mehreren Abschnitten: In **Dahab-City** befinden sich Busstation, Verwaltungs- und Wohngebäude (nicht sehr interessant); **Assalah** wiederum ist u. a. Wohnsitz der Beduinen, hier gibt es kleine Geschäfte und ein paar Restaurants. **Mashraba** und **Masbat** bilden den Teil Dahabs, wo sich das touristische Leben abspielt. Entlang der neu gestalteten Uferpromenade reihen sich Restaurants, Minisupermärkte, Souvenirläden, Camps, Hotels, Internetcafés, Tauchschulen. Weiter südlich liegen die schönen Strände, auch die wenigen Luxushotels wie Hilton und Novotel Coralia.

Freaks und Beduinen

Dahab – das ist vor allem die traumhafte **Assalah Bay**, mit ihren Palmen eine der schönsten Buchten des Sinai, um die herum sich gut drei Dutzend Kaffeehäuser, Billigrestaurants und wenige Discos drängen. Auf Luxus legt man hier keinen so großen Wert. Straßenmaler bieten an der Promenade ihre Werke feil, andere Händler verkaufen Fläschchen mit Motiven aus buntem Sand. In den Schnellküchen Little Buddha und Nirvana essen Hungrige ihre Snacks. Am Strand reiten Beduinen mit ihren Kamelen oder Pferden, im seichten Wasser ziehen Touristen in Tretbooten ihre Runden. In Tota's Bar, in Form eines Schiffs mit zwei Decks, trinkt man als Sundowner Bier und blickt weit über die Bucht. Aufdringlich sind an der Promenade nur die Schlepper von Strandrestaurants wie Al Capone und Aladdin. Viele in Dahab wünschen deshalb, dass diese Lokale möglichst bald abgerissen und durch neue Restaurants ersetzt werden, die modernen hygienischen Standards entsprechen, auch eigene Toiletten haben.

Dahab ist also ein internationaler Hangout, ein Platz, wo man ent-

Übernachten

1 Hilton Dahab Resort
2 Novotel
Coralia Club Dahab
3 Nesima Resort
4 Ganet Sinai Hotel
5 Swiss Inn
Golden Beach
6 Blue Beach Club
7 Neptune Hotel
Red Sea Relax
8 Bamboo House Hotel
9 Ali Baba Hotel

Essen und Trinken

10 Nesima Restaurant
11 Lakhbatita
12 Carm Inn
13 Neptune
14 Shark's Restaurant
15 Tota's Restaurant & Bar
16 Jay's Restaurant

spannten Urlaub macht. Die Zeiten, da man aber hier, sich in Beduinenkissen räkelnd, seinen Joint rauchte, die sind vorbei. Diese Art von freakigem Publikum hat sich eher nach Norden, in die Camps um Nuweiba verzogen, während Dahab heute das Refugium derjenigen Urlauber ist, die das laute, das grelle Sharm el Sheikh nicht mehr ertragen können. Geblieben ist: In vielen Restaurants Dahabs, wie vor dem Pigeon Village, macht man es sich auf handgeknüpften Flickenteppichen und Kissen gemütlich, raucht eine Wasserpfeife, schmökert, tut nichts, spielt Backgammon. Die Dauer-Urlaubshits, die aus zahlreichen Lautsprechern dringen, sind seit Jahren die gleichen, Reggae-Klassiker von Bob Marley und Rasta-Freunden, Neil Young, Beatles. Dahab ist das blanke Grauen für jeden, der den klassischen Katalog-Urlaubsort sucht, der Himmel für alle, die gleichgesinnte Relax-Urlauber aus aller Welt kennen lernen wollen.

Dahab

Lifestyle beduinisch

In den vergangenen Jahren hat sich Dahab unter den Alternativurlaubern ebenso verändert wie viele Reiseziele unter dem Zustrom von Pauschaltouristen. Denn beide Gruppen zelebrieren ihren Lebensstil, ihre westliche Kultur. In den Anfängen des Dahab-Tourismus campten die wenigen Urlauber in Zelten, gingen mit den Beduinen auf Kamelsafari, und die Gäste genossen das ruhige, naturnahe Leben der Beduinen.

Doch die Beduinen in Dahab haben im Umgang mit den Touristen unübersehbar ihre Lebensart gegen eine westlich geprägte eingetauscht, und sie haben entdeckt, dass an Touristen viel Geld zu verdienen ist – nicht nur als Führer durch die Wüste oder als Besitzer eines Kaffeehauses, sondern auch mit Haschisch. Das ist in Ägypten zwar wie alle Drogen verboten, aber auf dem Sinai, dessen verschlungene Pfade und versteckte Täler und Hochebenen niemand so kennt wie die Beduinen selbst, kämpft die Drogenabwehr eine verlorene Schlacht: Wird bei einer Razzia ein Hanffeld niedergebrannt, blühen anderswo zwei neue auf. Zu viele verdienen an dem Geschäft mit, doch Hauptabsatzmarkt ist Dahab nicht mehr.

Cityplan: S. 121

Nesima – Hotel & Restaurant

Für Dahab ist das **Nesima** 3, 10 Glücks- und Ausnahmefall. Die Zimmer im orientalischen Kuppelstil sind liebevoll möbliert. Die Lage ganz nahe an der Bucht ist hervorragend und erstaunlich ruhig. Den kleinen Pool trennt lediglich die Strandpromenade vom Meer. Was das Nesima darüber hinaus auszeichnet, ist sein exzellentes Restaurant. Man isst auf der Terrasse oder drinnen mit Blick aufs Meer wirklich hervorragenden Fisch. Zubereitet wird gern auch nach Wunsch des Gastes. Immer nach dem *catch of the day* fragen!

Nesima, Mashraba, Tel. 364 03 20, Fax 364 03 21, DZ ab 60 €, Rest. ab 75 LE, www.nesima-resort.com

Bleiben wird über die Zeiten wohl das Schild, das die Ortsverwaltung am Strand aufstellen ließ: »Topless forbidden«. In der Missachtung der islamischen Lebensgebote sind sich Pauschal- und Individualurlauber gelegentlich am ähnlichsten.

Dahab braucht keine Tourist Information – es gibt die Website www.dahab.net, betrieben von der Deutschen Julia Lippold, ein sehr gepflegtes Portal mit vielen aktuellen Infos zu allem, was Dahab-Touristen interessiert, dazu einen Newsletter sowie direkte Buchungsmöglichkeiten für Unterkünfte und vieles mehr.
Touristenpolizei, Tel. 364 01 88

Bis auf wenige luxuriöse Hotels sind Dahabs Unterkünfte einfach und preisgünstig. Etliche Camps bieten einfache Matratzenlager. Es gibt dort schlichte Zimmer oder Bambushütten, Gemeinschaftssanitäranlagen und meist auch eine Gemeinschaftsküche.
Hilton Dahab Resort 1: Tel. 364 03 10, Fax 364 04 24, www.hilton.com. Komfortabler Bungalow-Komplex, Blick über die Lagunen, Wassersport-Center, Driving Range, Putting Green. DZ ab 90 US$
Novotel Coralia Club Dahab 2: Tel. 364 03 01, Fax 364 03 05. Sehr gutes Hotel, nette, aber etwas ältere Zimmer, toller Strand, Tauchschule. DZ ab 70 US$
Nesima Resort 3: Mashraba. s. o. Tipp

Lakhbatita

Besitzer Ramez war ein ortsbekannter Freund schöner Frauen und harter Getränke. Dann, so erzählt er, hörte er die Stimme Gottes, die ihn auf den rechten Weg führte. Ramez gab das Hallodri-Leben auf, sammelte quer durch Ägypten Antiquitäten und möblierte mit dem Durcheinander (arabisch: *lakhbatita*) sein Restaurant (selbstredend alkoholfrei): Von der Decke hängen Zwiebeln und Knoblauch, gleich kiloweise. Darüber hinaus hat Ramez' italienische Frau die Regale mit Einmachgläsern gefüllt. Front und Decke des Lokals bestehen aus alten Türen und Portalen. Jenseits der Promenade isst man am Strand im Three Fish Restaurant, Snacks, Fisch.

Lakhbatita 11, Mashraba, Tel. 069/364 13 06, ab 40 LE

Ganet Sinai Hotel 4: Tel. 364 04 40, Fax 364 04 41. Geräumige Zimmer, schöner Strand und Surf-Center. DZ ab 60 US$
Swiss Inn Golden Beach 5: Tel. 364 04 71, Fax 364 04 70, www.swissinn.net. Beliebte Unterkunft in schöner sandiger Bucht. Surf-Center. DZ ab 60 US$
Blue Beach Club 6: Assalah, Tel./Fax 364 04 13. Freundlich, große, helle Zimmer, Sonnenterrasse und eigener Strand. DZ ab 42 US$
Neptune Hotel Red Sea Relax 7: Tel. 364 13 09, Fax 364 13 08, www.red-sea-relax.com. Sehr schönes, sauberes Hotel an der Fußgängerbrücke der Bucht. DZ ab 35 US$
Bamboo House Hotel 8: Masbat, Tel. 364 02 63, Fax 364 04 66. Hübsches kleines Hotel mit 7 Zimmern und Dachterrasse. DZ ab LE 130
Ali Baba Hotel 9: Assalah, Tel. 364 05 04, Fax 364 08 49, www.alibabahotel.net. Gemütliches neues Hotel, geräumige Zimmer. DZ ab 100 LE
Camping: Im Beduinendorf Assalah gibt es jede Menge Platz für Camper; wer Sorge um Hab und Gut hat, sollte eine abschließbare Hütte mieten.

An der Touristenbucht reiht sich Café an Café, Restaurant an Restaurant; angeboten werden meist einfache, billige Gerichte. Bier gibt es fast überall. Gewarnt sei vor Ägyptischem Schnaps! So viel Aspirin kann keiner schlucken, wie man gegen diesen Kater bräuchte! Besonders zu empfehlende Lokale sind (tgl. 12–15, 17–24 Uhr):
Nesima Restaurant 10: s. Tipp S. 123
Lakhbatita 11: Mashraba, Tel. 069/364 13 06, s. Tipp links
Carm Inn 12: Masbat, Tel. 364 13 00. Einer der besten Köche Dahabs kredenzt internationale Gerichte. Ab 35 LE
Neptune 13: Assalah, Tel. 364 02 62, Masbat. Dahabs einziges und ganz gutes chinesisches Restaurant. Nicht irritieren lassen: die beiden als Samurai Verkleideten am Eingang sind nur die Kellner. Ab LE 20
Shark's Restaurant 14: Masbat, Tel. 010/561 00 23, nur Abendessen im Liegen, reichhaltige Karte, auch vegetarische Gerichte, kein Alkohol. Ab 20 LE
Tota's Restaurant & Bar 15: Masbat am Beginn der Fußgängerzone, Tel. 364 00 14. Schiffsattrappe als Disco-Bar-Restaurant, Pizza, Pasta, Burger; ein äußerst beliebter Treff immerhin seit 1983. Zum Bier gibt's eiskalte Gläser aus dem Gefrierschrank. Ab 15 LE
Jay's Restaurant 16: Masbat, Tel. 012/335 33 77. Wöchentlich wechselnde Karte

›MISHMUNKIN‹ – RIMAS GESCHICHTE

Rima ist eine Berühmtheit auf dem Sinai und sogar im restlichen Ägypten. Ihr Bild wurde in vielen Zeitungen und Zeitschriften gedruckt: das klare, zufrieden lächelnde Gesicht mit der schwarzen Kopftracht, die Beduinenfrauen gewöhnlich tragen. Nur ihr Teint ist etwas zu hell; das blonde Haar hat sie pechschwarz gefärbt.

Rima aus Nuweiba ist keine echte Beduinin, keine, die auf dem Sinai geboren und aufgewachsen ist. Sie ist Schweizerin. Als sie mit 16 Jahren erstmals auf den Sinai kam, fühlte sie sofort, dass das Leben der Beduinen etwas in ihr bewegte, sie anzog.

Innerhalb von zwei Jahren gab sie in der Schweiz alles auf, zog zu den Beduinen, heiratete einen von ihnen, nahm die Gebräuche der Nomaden an und lernte ihre Sprache. Und selbst die Beduinen vergaßen, dass Rima eigentlich Europäerin ist. Sie lebte mit den Wüstenbewohnern in den eher einfachen Hütten, pflanzte wie alle Frauen rund um das Haus ein Gewächs namens *shih*, das Giftschlangen fernhalten soll, und wenn sie Husten hatte, lief Rima nicht zur Apotheke im nahen Nuweiba, sondern hielt eine Flamme so nahe wie möglich an den Hals, das bewährte Hausmittel der Beduinen.

Nicht nur Freunde aus der Schweiz, auch viele Bewohner Nuweibas und noch mehr Beduinen betrachteten Rimas Beduinisierung als zum Scheitern verurteiltes Experiment. In der Tat stellte sich die Frage: Wie weit kann man seine eigene Kultur abstreifen, wie viel davon hinter sich lassen und in eine so ganz andere Welt eintauchen? Rima gab sich weitgehend frei von Zweifeln.

»Hier zu leben«, sagte sie, »das verändert deine Sicht der Welt. Hier erfährst du einen Frieden, den kannst du sonst nirgends finden.« Frauen und Männer aus Europa und Amerika, die wie Rima im Leben der Beduinen ihre Erfüllung suchen, gibt und gab es viele auf dem Sinai. Noch häufiger kommt es zu Beziehungen zwischen Touristinnen und ägyptischen Männern. In der Mehrzahl der Fälle, das weiß die Konsularabteilung der Deutschen Bortschaft in Kairo zu bestätigen, scheitern diese Partnerschaften jedoch. Zu groß seien die kulturellen Unterschiede, zu unterschiedlich das Rollenverständnis islamischer Männer und westlicher Frauen.

Bei unserem Nuweiba-Besuch wollten wir Rima sprechen, sie fotografieren, mit ihrem Mann und ihren Kindern, sie fragen ob sie Heimweh habe.

Sie sei nicht mehr hier, sagte uns ein Freund ihres Mannes. Sie hätte immer öfter das Beduinendorf verlassen, um alleine nach Kairo, Europa oder sonst wohin zu reisen. Das sei in der Beduinen-Gesellschaft *mishmunkin*, unmöglich, eine Schande für den Mann, wenn er sie ziehen lasse. Mittlerweile sei sie auch geschieden, sagte der Freund ihres Mannes. »Beduine kann man nur sein, wenn man nichts anderes kennt.«

mit ägyptischen, europäischen, auch asiatischen Speisen, Szenetreff. Ab LE 10

Wegen des quirligen Nachtlebens kommt wohl keiner nach Dahab – ein bisschen was geht aber auch hier:
Nesima Bar: Nesima Resort, Mashraba, freitags ist auf der Dachterrasse immer Party, viel Techno und Trance.
Crazy House: Masbat, neben dem Tota. Billiges Bier, gute Musik, netter Barmann, auch sehr gut, um Fisch zu essen.
Blue Beach Bar: Assalah, Blue Beach Club, Tel. 364 04 13. Gute Musik, locker.

Öko-Safaris: Safaris in die Berge, Wüsten und ans Meer bietet für besonders an Geologie und Natur Interessierte MATE – Man And The Environment, Tel. 364 10 91, Mobil-Tel. 010/138 84 58, www.mate-dahab.com.
Reiten: Der **Blue Beach Club**, Assalah, Tel. 364 04 13, hat einen Reitstall mit einem halben Dutzend Pferden.
Surfen: Die **Masbat Bay** ist wegen des schwierigen Einstieges nur für Könner geeignet. Entlang der Küste ist bei Flut 50–70 cm Wasser auf dem Riffdach; dort kann man gut starten. Weite Sandstrände fehlen bei Dahab allerdings; zum Kiten eignet sich Ras Abu Galum.
Tauchen: Israelische Besatzer machten den Tauchsport in dieser Region populär. Von der Hardcore-Destination für Einzelgänger hat sich Dahab zum professionellen Tauchreiseziel entwickelt. In der Umgebung gibt es an die 40 Tauchbasen. Das kilometerlange Saumriff entlang der Küste vor Dahab bietet mit seinen 30 Tauchplätzen Tauchern aller Erfahrungsstufen entsprechende, interessante Ziele.
Erfahrenstes Tauchzentrum (mit Hotel) ist das **Inmo Divers Home**, Tel. 364 03 70, Fax 364 03 72, www.inmodivers.de.
Yoga: Ashtanga Yoga, eine dynamisch-kraftvolle Yogaform aus Mysore/Südindien, ist für jeden geeignet. Lehrerin ist Jana Czipin. Tel. 010/3 90 90 87.

Busse: Tgl. mehrmals nach Sharm el Sheikh, Katharinenkloster, Nuweiba, Taba, Kairo. Abfahrtszeiten erfragt man in den Hotels. Abfahrt: Hauptstation, außerhalb von Dahab City.
Sammeltaxis: Mehrmals tgl. nach Sharm el Sheikh, Dahab, Taba und Richtung Kairo/Nildelta

Arzt Dr. Sherif Salah, Mobil-Tel. 012/220 84 84
Dahab Hospital, Tel. 364 02 08

Ausflüge von Dahab

Wadi Connection

Reiseatlas: S. 235, E 3
Für einen Kurzabstecher ist diese eher abenteuerliche Tour nicht geeignet, man benötigt einen ganzen Tag oder besser zwei halbe Tage und plant eine Übernachtung in der Wüste ein.

Das Ungewöhnlichste am **Wadi Connection** ist wohl der Umstand, dass man gleich zu Beginn auf ein einfaches Beduinenrestaurant, scheinbar aus dem Nirgendwo auftauchend, stößt: Nach 4 km führt der Weg nach links ins weitere, 3 km entfernte **Wadi Qnai el Atshan,** während man, sich rechts haltend, die Ebene mit den Hütten des Restaurants erreicht.

Von dort verlaufen mehrere Pisten Richtung **Wadi Umm Misma**. Der Weg zu diesem Wadi führt zu einigen Quellen und durch eine grüne Landschaft mit Palmen und Büschen. Fährt man den Weg noch weiter Richtung Dahab, eröffnet sich eine wunderbare Landschaft aus goldgelben Sandsteinformationen und dem Blau des Golfs von Aqaba, der alsbald näher rückt.

Ain Khudra

Reiseatlas: S. 235, E 2
Einige wenige Beduinen leben rund 25 km nördlich Dahabs in der malerischen Oase Ain Khudra, zu der man von der Hauptstraße nach Nuweiba aus wandern kann. Das Farbenspiel des gelben und rötlichen Sandes und der sattgrünen Palmen, kontrastiert von schwarzen Basaltformationen, ist überwältigend. Die Wanderung hinunter zur Oase dauert hin und zurück ca. eineinhalb Stunden; Beduinen zeigen gerne den Weg. Der Lohn aller Mühe: Aus der Tiefe sprudelt klares, kühles Quellwasser, lässt Weintrauben und Melonen reifen.

Ras Abu Galum

Reiseatlas: S. 235, F 2
An der Küste schöne Strände, im türkisfarbenen Meer einige unberührte Korallenriffe und an Land weitgehende (weil von Touristen wenig besucht) Wildnis – seit 1993 gehört das Gebiet um Ras Abu Galum zum Naturschutzprogramm Sinai und untersteht den Rangern von Ras Mohammed bei Sharm el Sheikh. Unter besonderem Schutz stehen hier aber nicht nur Flora und Fauna, sondern vor allem der Lebensraum für die Beduinen, die hier noch weitgehend unbehelligt vom Tourismus leben. Es gibt mehrere Beduinensiedlugen in dieser Region. Viele

Ain Khudra

Hütten wurden nahe an den Sandsteinfels gebaut, umgeben von kleinen Gärten. Während die Frauen sich um Kinder, Vieh und Garten kümmern, gehen die Männer am Meer dem Fischfang nach.

Gebel Sukhn

Reiseatlas: S. 235, F 2
Eine schwierige Piste führt zum **Gebel Sukhn**. Es geht durch tiefe Schluchten, durch die unwirtlichsten und gleichzeitig faszinierendsten Berglandschaften des Sinai. Zum Meer hin öffnet sich das Wadi mit einer langen Geröllzunge, über die man die an der Küste (Dahab – Nuweiba) verlaufende Piste erreicht: Richtung Süden erwartet einen dann nach 5 km eine kleine Bucht, an der man ohne Problem im Schlafsack oder im Zelt übernachten kann. Schlägt den Weg in Richtung Norden ein, der nach Regenfällen im Winter unbefahrbar sein kann, bewegt man sich auf Nuweiba zu.

Lokale Anbieter bieten Touren an, ein Eintagesausflug mit Kamel/Verpflegung kostet ab 40 €.

Ausflug zum Katharinenkloster

s. S. 142ff.

Im Nationalpark Ras Abu Galum

NUWEIBA UND UMGEBUNG

Der Ort selbst ist zwar trostlos, aber seine Strände und Wassersportmöglichkeiten sind wunderschön. Der freakige Dahab-Tourismus hat sich zuletzt in die zahlreichen Camps, so genannten Ecolodges und Hotels verlagert, die sich von Nuweiba aus Richtung Norden aneinander reihen.

Nuweiba

Vorwahl 069; **Reiseatlas:** S. 235, F 2

Geröll und Sand, beides von Regengüssen und den nachfolgenden Fluten durch mehrere Wadis aus den Bergen ins Tal und an die Küste gespült, formten die Ebene, auf der Nuweiba am Meer liegt.

Nuweiba ist eigentlich kein richtiger Ort, hat nicht einmal ein Zentrum. Nuweiba ist der Inbegriff der Trostlosigkeit. Das Leben ist weit davon entfernt zu pulsieren. Der Suq erinnert eher an ein paar Garagen mit Gelegenheitsverkauf. Ein Rätsel der Ortsplaner bleibt es, warum sie Nuweiba mit überbreiten Straßen durchzogen. Diese Teerbahnen unterstreichen die Atmosphäre der Leere und Verlassenheit. Dennoch: zum Urlauben ist Nuweiba sehr erholsam. Das haben auch viele junge Leute entdeckt, die statt Dahab nun die hiesigen Camps ansteuern. Wer die Region von früher kennt, wird erschrecken, wie die einst wundervolle Küste nördlich von Taba inwischen verbaut, mit Rohbauten und Dauer-Hotelruinen zugepflastert und verplant ist.

Orientierung

Nuweiba besteht aus drei Ortsteilen: im Süden **Hafen** und Hilton Coral, 8 km nördlich die **City** mit dem kleinen Basar, Supermärkten, einigen Cafés und Restaurants. Im Norden folgen der Ortsteil **Tarabin** und die Strände der Hüttencamps, die sich über 50 km bis Taba Heights erstrecken.

Keine Touristeninformation.
Tourist Police: Tel. 350 02 31 (nahe Domina Hotel), Tel. 350 04 01 (City)

Nuweibas Norden ist bis Taba Heights dicht bebaut. Die bei weitem nicht vollständige Liste umfasst Richtung Norden folgende Hotels, Clubs, Camps: Bawadi, Blue Wave, Freedom Camp, Steigenberger Resort, Riviera Beach, Ghazala Beach, Yasmaina Camp, Crazy Horse, Basata, Aqua Sun, Miami, Love Beach, Sallyland, Kamanana, Sonesta, Radisson, Taba Paradiso.

Hilton Coral [1]: Tel. 352 03 20, Fax 352 03 27, www.hilton.com. Eine Hotelanlage so grün wie eine Oase, mit exzellentem Strand, hervorragenden Büffets, attraktiven All-inclusive-Angebote. DZ ab 89 US$

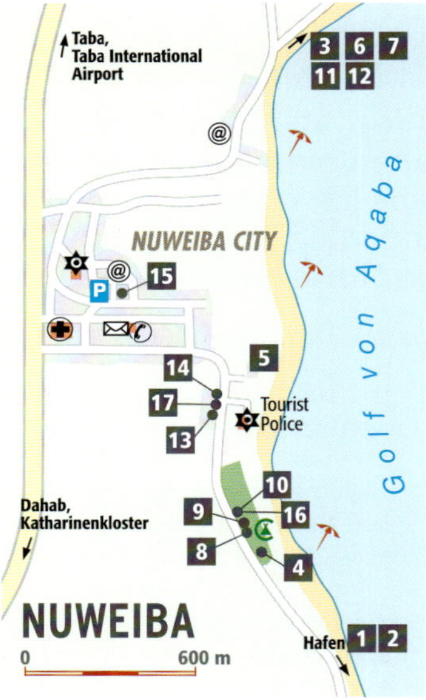

Übernachten
1 Hilton Coral
2 Tropicana
3 Sonesta Beach Resort Taba
4 La Sirène
5 Domina Coral Resort Nuweiba
6 Sallyland Tourist Village
7 Bawaki Beach Hotel
8 Sultana Village
9 El Waha Tourism Village
10 Habiba Camp
11 Club Aquasun und A. Ghazaly
12 Maagana Camp

Essen und Trinken
13 Han Kang
14 Cleopatra
15 Dr. Shishkebab
16 Mataamak
17 El Sohbagia Coffee Shop

Tropicana 2: nahe Hilton Hotel, Tel. 352 10 56/7/8, Fax 352 10 22 www.tropicanahotels.com. Komfortables Hotel, großer Pool, weiter Strand, auch All-inklusive-Angebote. DZ ab 75 US$
Sonesta Beach Resort Taba 3: 14 km nördlich von Nuweiba an der Taba-Nuweiba Road, Tel. 356 02 00, Fax 356 02 22, reservations@sonestataba.com, www.sonestataba. com. Angenehm weitläufiges 4-Sterne-Sporthotel, komfortable Zimmer. DZ ab 75 US$
La Sirène 4: Tel./Fax 350 07 01. Gemütliches Hotel mit Sandstrand; viel gelobtes deutsches Tauchcenter. DZ ab 60 US$
Domina Coral Resort Nuweiba (früher Helnan Hotel) 5: Tel. 352 06 03, Fax 352 06 10, www.dominahotelsresorts.com. Bungalow-Anlage, großzügiger Strand, allerdings heftige Beschwerden, dass unter dem neuen Management im Foyer ab und an lautstarker Disco-Betrieb bis tief in die Nacht abgeht – ohne Rücksicht auf Ruhe suchende Gäste. DZ ab 50 US$
Sallyland Tourist Village 6: 20 km nördlich Nuweibas, auf halbem Weg zwischen Nuweiba und Taba, Tel. 353 03 80, Fax 353 03 81. Ruhiges und weitläufiges Bungalowdorf; sehr angenehm. DZ ab 50 US$
Bawaki Beach Hotel 7: 18 km nördlich Nuweibas, Tel. 350 04 70, Fax 350 04 71. Schöne Anlage am Strand, freundliches Personal, Meerwasser-Pool. DZ ab 45 US$
Sultana Village 8: Tel. 350 04 90, Fax 350 04 91, www.sinai4you.com/sultana. Einfaches Hütten-Camp. Ab 40 US$
El Waha Tourism Village 9: Tel. 350 04 20, Fax 350 04 21, www.elwahavillage.com. Schöner Sandstrand, geräumige Chalets, für Budget-Reisende, aber auch einfachere Bungalows sowie Camping-

möglichkeit nahe dem Meer. DZ ab 40 US$

Habiba Camp 10: Tel. 350 07 00, Fax 350 03 39, www.sinai4you.com/habiba. Kleines Hütten-Hotel, hervorragendes Strandrestaurant, September bis Mai eigene Kamelreitschule. DZ ab 40 US$

Club Aquasun und **Aquasun Ghazaly** 11: 30 km nördlich Nuweibas, Tel. 353 03 92, www.clubaquasun.com. Große, einfache Zimmer. 2 km eigener Strand, organisiert Wüstensafaris. DZ ab 45 US$, im Ghazaly ab 15 US$

Basata Village: s.. Taba und Taba Heights

Maagana Camp 12: 15 km nördlich Nuweibas, Mobil-Tel. 012/795 24 02. einfaches, sehr schönes Hüttencamp. DZ ab 30 LE

Han Kang 13: gegenüber Domina Hotel, Tel. 350 09 70, tgl. 10–1 Uhr. gutes Essen, so gut eben koreanische Küche in der Mitte von Nirgendwo sein kann. Ab 30 LE

Cleopatra 14: gegenüber Domina Hotel, Tel. 350 50 03. Ägyptisch zubereiteter Fisch. Ab 30 LE

Dr. Shishkebab 15: Suq, Tel. 350 02 73, tgl. 9–24 Uhr. Gelungene ägyptische Vorspeisen und Grillgerichte. Ab 25 LE

Mataamak 16: Habiba Camp, Tel. 350 07 00, tgl. 17–ca. 23 Uhr. Frühstück, Mittagessen, Abendessen – und alles gut. Ab 25 LE

El Sohbagia Coffee Shop 17: neben Han Kang, tgl. 17–ca. 23 Uhr. Die Fassade ist witzig: Spielkarten, Zocker, Backgammon, dazu ein Taubentürmchen als Deko.

Kamelreitschule und Safaris: Im **Habiba Camp**, Tel. 350 07 00, Fax 350 03 39, www.sinai4you.com/habiba. Günstigste Kurspreise in Verbindung mit Hotelbuchung.

Schöne **Kamelsafaris** organisiert Ibrahim vom nördlich Nuweibas gelegenen Maagana Camp (s. 12, Mobil-Tel. 012/795 24 02.

Tauchen: Immer wieder empfohlen: die Tauchbasis im La Sirène Hotel, Tel. 350 07 01, Fax 350 07 02.

Flüge: Von Sharm el Sheikh tgl. nationale und internationale Flüge, von Taba Airport mehrmals wöchentlich nationale und internationale Flüge

Busse: Mehrmals tgl. nach Dahab, Sharm el Sheikh, Taba und Richtung Kairo/Nildelta; Auskunft Tel. 352 03 71

Sammeltaxis: Mehrmals tgl. nach Taba, Dahab, Sharm el Sheikh, Kairo/Nildelta.

Leihwagen: Europcar, im Hilton Coral Hotel, Tel. 352 03 20

Fähre: Zwei Fähren von Nuweiba nach Aqaba in Jordanien, tgl. 11 und 18 Uhr. Tickets gibt es am Hafen; die Fähren laufen oft mit bis zu zehnstündigen Verspätungen aus. Verlässlicher, sauberer ist die neue Fährlinie AB Maritime, So–Fr, Tel. 352 04 72, www.abmaritime.com.jo

Ausflüge von Nuweiba

Nuweiba ist ideal für Ein- oder Mehrtagesausflüge in die Berg- und Oasenwelt des Sinai, z. B. nach Ras Abu Galum (s. S. 127), Ain Khudra (s. S. 127), zum Coloured Canyon (s. u.), nach Ain Umm Ahmed (s. S. 133) und nicht zuletzt auch zum Katharinenkloster (s. S. 142ff.). Besonders beliebte Nahziele sind:

Coloured Canyon

Reiseatlas: S. 235, F 1

Der Name erklärt, warum gerade diese Schlucht so berühmt und daher so viel besucht ist: Der Sandstein schimmert hier, und das unterschiedlich zu jeder

Tageszeit, in Weiß und Gelb und vielen, mit Worten gar nicht mehr zu beschreibenden Rottönen. Die Anfahrt führt über die Oase **Ain Furtaga** und das **Wadi Nekheil** (wunderbarer Ausblick vom Bergkamm). Die letzten 2 km muss man zu Fuß zurücklegen, denn das Wadi verjüngt sich und ist an man-

chen Stellen nur 1–2 m breit; die stark erodierten Sandsteinmassive wirken hier mit ihren 60 m Höhe durch die Enge noch viel höher als sie wirklich sind.

Zwischen Nuweiba und Taba

Den Canyon kann man mit Beduinenführer auf verschiedenen, teils schwierigen Wanderwegen erkunden. Ein Leser legte Wert auf die Anmerkung, dass sehr dicke Menschen an mindestens einer Stelle Probleme haben könnten, sich zwischen den Felsen hindurch zu zwängen – Vorsicht also!

Oase Ain Umm Ahmed

Reiseatlas: S. 235, E 2
Die sehr schöne Oase gehört zu den wenigen, die vom Tourismus weitgehend unbehelligt blieben; sie lohnt einen Aufenthalt von zwei Tagen. Die Quelle der Mutter Ahmeds, wie der Name übersetzt heißt, erreicht man über die Straße nach Nakhl (Richtung Ahmed-Hamdi-Runnel; Abzweigung km 20).Von einem Wadi geht es über einen Pass in die Oase, die sich, wie vom Aussichtspunkt gut zu sehen ist, hinter einer in Ocker, Blau und Rot schimmernden Mondlandschaft, mit ihrem Gürtel aus Palmen eng an den Fels schmiegt. Einige Beduinen leben hier und heißen Besucher sehr willkommen. Am Wasser entlang kann man bis zum 3 km entfernten **Wadi el Ain** wandern, wo um eine Quelle Akazien wachsen. Den nahen Berg **Ras el Kelb** (999 m hoch) sollten nur Kletterer unter Führung eines Beduinen besteigen.

Diverse lokale Anbieter bieten in den Hotellobbys organisierte Touren (Jeep/Kamel) zu diesen Zielen an, ab ca. 40 € für einen Tag. Über die Hotels sind auch Mietwagen zu bekommen.

TABA HEIGHTS, TABA UND UMGEBUNG

Mitten im ägyptischen Nirgendwo, an der Grenze zu Israel, beschlossen mutige Investoren, luxuriöse Hotels an der Küste zu errichten – das war der Anfang von Taba Heights. Vom Ort Taba kann man für einen Bade- oder Nightlife-Ausflug mühelos über die Grenze ins israelische Eilat wechseln.

Taba Heights und Taba

Vorwahl 069
Reiseatlas: S. 235, F 1
Entlang der 63 km langen Küstenstraße von Nuweiba nach Taba entstehen eine ganze Reihe neuer Hotel- und Bungalowanlagen. Als größtes Tourismusprojekt existiert seit 2000 an der Küstenstraße Taba Heights, das in seiner Gänze 2006 (oder eher später) vollendet sein wird und schon jetzt ein attraktives und luxuriöses Ziel für erholsamen Urlaub in der Sinai-Abgeschiedenheit ist.

Taba Heights (www.tabaheights.com) ist das Schwester-Projekt zu El Gouna (s. S. 97ff.).

Taba schließlich, der kleine Grenzort zu Israel, besteht im Wesentlichen aus dem Hilton Taba und dem Grenzübergang nach Israel. In den vergangen Jahren wurde der Ort nicht nur konsequent begrünt, sondern hier wurde auch darauf geachtet, dass nicht überall Müll herum liegt. Der Terroranschlag 2004 zerstörte das Hotel, das jedoch wiedereröffnet werden soll.

Geschichte

Taba wurde als letzter Ort 1989, sieben Jahre nach Rückkehr des übrigen Sinai zu ägyptischem Territorium, von Israel an Ägypten zurückgegeben. Die beiden Länder hatten unterschiedliche Auffassungen darüber, ob Taba schon Sinai oder noch Negev sei. Zudem hatten die Israelis mit dem Bau des Sonesta-Hotels begonnen, dem heutigen Hilton Taba. Als die jungen Friedensbeziehungen durch Israels Invasion des Libanon 1982 auf einen Tiefpunkt sanken, gab es bis 1985 nicht einmal Gespräche über die Rückgabe. Danach wurden sogar alte Karten aus osmanischer Zeit herangezogen, um eine Lösung zu finden, die sich dann aber auf politischer Ebene ergab.

Ägypten zahlte knapp 40 Mio. US$ Entschädigung, und im April 1989 wurde die Grenze um 100 m nach Norden verlegt: damit gehörte Taba endgültig zu Ägypten. Weltberühmt ist der Ort als Verhandlungsplatz für die Nahost-Friedensgespräche zwischen Israel und der palästinensischen Regierung.

Hyatt Regency Taba Heights: Tel. 358 02 34, Fax 358 02 35, www.taba.regency.hyatt.com. Das Hyatt ist die spiegelverkehrte Kopie des Sheraton Miramar in El Gouna. Am Schönsten sind die Chalets rund um die künstliche Lagune. Auf dem übergroßen Hotelgelände finden sich mehrere Pools. Das Hotel wird vor allem zu jüdischen Feiertagen von israelischen Reisegruppen vereinnahmt; frühzeitige Reservierung ist immer anzuraten. Service und Zimmer entsprechen dem gehobenen Hyatt-Standard. Die wunderschöne Bar dient gleichzeitig als Dance Floor. Shuttle-Busse verbinden die Taba-Heights-Hotels und das Wassersportzentrum Waterworld (www.redseawater world.com). Im Angebot u. a.: Segeln, Tauchen, Surfen, Parasailing. DZ ab 140 US$

Sofitel Taba Heights: Tel. 358 08 00, Fax 358 08 08, www.sofitel.com. Von allen Zimmern Blick über den Golf von Aqaba, sehr flach abfallender schöner Strand, vielfältiges Sportangebot, auch Kayak oder Hochseefischen. Wunderschön die Sternenkuppel im Hotelfoyer. DZ ab 110 US$

Salah El Din Hotel: Tel. 353 03 40, 353 03 42, Fax 353 03 43, gegenüber Pharaoneninsel. Zimmer und Küche können mit dem fantastischen Blick nicht mithalten. DZ ab 55 US$

Basata Village: 55 km nördlich von Nuweiba, Tel. 350 04 80, Fax 350 04 81, www.basata.com. Urlaub alternativ – Neudeutsch: eine Ecolodge: Keine Disco, gemeinsames Essen, schlafen in Strohhütten oder unter freiem Himmel – das ist das Erfolgskonzept des Deutsch sprechenden, vom ökologisch sanften Tourismus beseelten Sherif Ghamrawy – und seine Gäste den Müll trennen lässt. Gute Bucht zum Schnorcheln, Tauchen ist allerdings verboten. Frühzeitig reservieren. DZ ab 80 LE

Casa Taba: am Strand des Taba Hilton liegt dieser Italiener, der in Ägypten seinesgleichen sucht, egal ob Vorspeise, Fisch oder Fleisch – alles ist wirklich gut; beachtlich die Auswahl der nicht ganz billigen, aber sehr guten importierten Weine; tgl. ab 18 Uhr; Reservierung nötig, Tel. 353 03 00.

Golf: Ein 18-Loch-Championship-Golfplatz steht den Gästen von Taba Heights zur Verfügung. Der zwischen Meer und Bergen situierte Platz liegt zwischen 4 und 70 m über dem Meeresspiegel. Kontakt/Reservierung: Tel. 358 00 73, Fax 358 00 74, golf@tabaheights.com.

Ausflüge und Safaris: Ausflüge nach Kairo und zum Katharinenkloster, nach Eilat (Israel) und in die Felsenstadt Petra (Jordanien), dazu Jeepsafairs zum Coloured Canyon, Blue Hole und Ras Mohammed organisiert Pro Tours, Tel. 358 00 76, Fax 358 00 75, www.protourstravel.com.

Quad-Bike-Safaris: Mit dem Quad offroad durch Wüsten und Canyons, das

The Fjord

Reiseatlas: S. 235, F 1
Stünde diese Bucht an der Straße zwischen Taba Heights und Taba nicht unter Naturschutz, würde hier längst ein Megahotel residieren. So aber kann man in einem unberührten Fjord schwimmen, den Blick auf Meer und nahe Berge genießen – oder vom hoch gelegenen Rasthaus an der Straße (Billardtisch im Freien) auf diese einmalig geformte Bucht hinab sehen. Die Bucht ist nur mit dem Auto zu erreichen.

bietet Alasdair Clarke Mobil-Tel. 012/398 90 56, www.tabaquads.com. Der 4-Stunden-Trip kostet pro Person 120 US$.
Wassersport: Shuttlebusse verbinden die Taba-Heights-Hotels und das Wassersportzentrum Waterworld (www.redseawaterworld.com). Im Angebot u. a.: Segeln, Tauchen, Surfen, Parasailing.

Flüge: Taba International Airport: mehrmals wöchentlich Inlandsflüge, Charterflüge aus Deutschland, Österreich und der Schweiz. Von Sharm el Sheikh tgl. Inlands- und internationale Flüge. Egypt Air im Taba Hilton Tel. 353 00 11, Fax 353 00 10, Büro im Taba Airport Tel. 353 03 67. Von Eilat/Israel mehrmals tgl. Flüge nach Tel Aviv/Jerusalem.

Castle Zaman

35 m über dem Meer hat sich Architekt Hani Rushdie seinen Traum von einem festungsähnlichen Ecolodge-Hotel erfüllt, das – angepasst an die Landschaft des Sinai – ganz aus Basalt und Granit besteht. Wer dabei an eine Kreuzritterburg oder eine Saladinfestung denkt, liegt nicht ganz falsch. Es gibt einen natürlichen Pool, unter der Festung einen merkwürdig-faszinierenden *treasure room* (Schatzraum), in den man nur durch eine Luke im Boden gelangt. Derzeit nur für Tagesgäste (Mindestverzehr 50 LE p. P.).

Castle Zaman, Taba-Nuweiba Road, 18 km nördl. Taba Heights, Al-Borqa Mountain, Tel. 012/214 05 91, www.castlezaman.com

Busse: Mehrmals tgl. nach Nuweiba, Dahab, Sharm el Sheikh und Richtung Kairo/Nildelta; Auskunft Tel. 353 02 50. Von Eilat/Israel fahren Busse mehrmals tgl. in alle größeren Städte Israels (u. a. Tel Aviv, Jerusalem, Haifa).
Sammeltaxis: Mehrmals tgl. Richtung Nuweiba, Dahab, Sharm el Sheikh, Kairo/Nildelta
Mietwagen: Orascom Limousine, Hyatt Regency Hotel, Lobby, Tel. 012/297 72 26

Ausflug Pharaoneninsel

Reiseatlas: S. 235, F 1
Die kleine, felsige Insel trägt den Namen Gezira el Fara'un, übersetzt Pharaoneninsel, aber mit einem Pharao hat sie nichts zu tun. Geschichtsträchtig ist die Insel mit der blauen Lagune, zu der man übersetzen kann, dennoch. Die pharaonischen Expeditionen, die in Jahresabständen zu den Schürfgebieten im Zentralsinai kamen, legten hier an. Außerdem soll sie Teil des biblischen Hafens Ezion-Geber des Salomo gewesen sein. Gesichert ist, dass der islamische Feldherr Salah el Din (Saladin) 1170 den Kreuzrittern diese Insel abnahm, darauf die heute von Grund auf renovierte Festung erbaute und Mekka-Pilgern als Rastplatz überließ. Im Jahr 1900 soll ein englischer Forscher auf der Insel stark verwitterte und ausgewaschene Wandinschriften in Arabisch gefunden haben, die er aber nicht lesen konnte. Als Jahre später eine Expedition den Fund auswerten wollte, waren die Felsen angeblich endgültig von Wind und Wetter und Wasser ins Meer gerissen worden.

Die Pharaoneninsel

Die Pharaoneninsel erreicht man nur per Auto.

Ausflug nach Eilat (Israel)

Vorwahl: 00 97 28
Reiseatlas: S. 235, F 1
Der Nachtclub im Hilton Taba heißt World's End, und damit ist, was den Unterhaltungswert Tabas angeht, alles gesagt. Urlauber können aber ohne Mühe, meist auch ohne großen Zeitaufwand (außer am Beginn und Ende israelischer Feiertage) für einen Tag oder Abend nach Eilat gehen. Die Grenze liegt in Gehweite direkt hinter dem Hilton.

Von Taba kommend liegt vor dem Ort Eilat das Naturreservat **Coral Beach** (Coral Beach Nature Reserve), in dem man ohne Taucherbrille und Atemgerät in die Tiefen des Roten Meeres abtaucht – so wohl organisiert, lehrreich und durchdacht wie leider nirgends in Ägypten. Das 1975 gegründete und seither ständig erweiterte Unterwasser-Observatorium, ein Rundbau in Form eines Korallenriffs, umfasst Meerwasserbecken für Haifische und Seeschildkröten, ein Aquarium mit Meeresmuseum sowie das eigentliche Observatorium, das 4,5 m unter dem Meeresspiegel einen beeindruckenden Blick auf das farbenprächtige Leben eines Korallenriffs gestattet.

Ein spezielles Flutungssystem versorgt die Aquarien ständig mit frischem Meerwasser und dem darin enthaltenen Plankton. Durch Glas beobachtet man hier Seepferdchen, Schalentiere, Barrakudas, Clownfische, Trompeten- und Napoleonfische und Hunderte anderer Meerestiere, auch höchst giftige Exemplare wie den Skorpionfisch, der auf dem Meeresgrund in Sand eingegraben auf seine Beute lauert.

Schwimmen mit Delfinen

2 km südlich von Eilat, an der Strecke von/nach Taba, sollte man den Besuch des **Dolphin Reef** keinesfalls verpassen. Es ist mehr als nur ein Delfinbecken, in dem dressierte Tiere Kunststücke vorführen. Internationale Wissenschaftler arbeiten hier an einem Experiment, bei dem Delfine mit bisher großem Erfolg als Therapeuten eingesetzt werden, um schwerst verhaltensgestörte Kinder zu heilen. Das tägliche Schwimmen mit den Meeressäugern lässt die kleinen Patienten wieder Zutrauen auch zur menschlichen Umwelt finden, wobei noch unklar ist, was die Delfine dazu befähigt (tgl. 9–17 Uhr, Tel. 630 01 00, www.dolphinreef.co.il).

Die 32 000-Einwohner-Stadt **Eilat** am Golf von Aqaba, benannt nach der gleichnamigen jordanischen Nachbarstadt Aqaba im Osten, liegt auf einem schmalen Küstenstreifen, wo die Wüste Negev, der Sinai und die Bergketten Jordaniens zusammentreffen. Um künstlich angelegte Hafenlagunen drängen sich große Luxushotels, die man mit wenig Rücksicht auf ein schönes, einheitliches Stadtbild hochgezogen hat. Zu den ebenfalls weniger geglückten Gegebenheiten Eilats zählt der Flughafen: Seine Start- und Landebahn liegt mitten in der Stadt und zerteilt sie.

Die Orientierung in Eilat ist denkbar einfach: Über den Stränden liegt die City mit Geschäften, Bars, Cafés und Discos, östlich davon an der Lagune der Hotelbezirk, und im Süden Richtung ägyptische Grenze findet man auf 5 km das sehr schöne Coral-Beach-Areal, das weniger überlaufen ist als die hotelnahen Strände am North Beach.

Im Alten Testament wird Eilat, dort Elat genannt, mehrmals erwähnt. Bei ihrem Auszug aus Ägypten machten die Israeliten auf dem Weg ins Gelobte Land hier Halt. Als Handels- und Marinehafen, der Eilat auch heute ist, wird die Stadt erstmals unter König Salomo erwähnt: »Und Salomo baute auch Schiffe in Ezion-Geber, das bei Elat liegt am Ufer des Schilfmeers im Land der Edomiter« (1. Könige 9, 26) – vermutlich die Pharaoneninsel südlich von Taba.

Das Gold von Ofir

Das strategisch wichtige Schilfmeer verband Vorderasien mit Arabien, Afrika und Fernost; und Eilat fungierte als Umschlagplatz für Waren aller Art, die dann auf den Karawanenwegen nach Ägypten, Syrien und Mesopotamien (heute Irak) weiter transportiert wurden. Über Eilat soll sich auch die Königin von Saba auf ihrem Weg zu Salomo in Jerusalem eingeschifft haben. Die Schiffe baute man aus dem Holz des Edom-Waldes um Aqaba. Unter Joschafat, König von Juda, brach von Eilat eine Expedition auf, um das Gold der sagenhaften Stadt Ofir zu finden, doch »sie fuhren nicht, denn sie zerschellten bei Ezion-Geber« (1. Könige 22, 49). Damit endete im 9. Jh. v. Chr. die israelitische Schifffahrt. Archäologen fanden zuhauf Relikte aus dieser Zeit – vom Angelhaken bis zu Lagerraumruinen.

Eilat gehörte in den folgenden Jahrhunderten den Edomitern, den Nabatäern, die es Aila nannten, danach den Griechen und Römern sowie den Byzantinern und den Kreuzfahrern, die es befestigten und den Hafen ausbauten. Unter türkischer Herrschaft verlor Eilat jede Bedeutung.

Im März 1949 eroberten israelische Soldaten den jordanischen Ort in einer Blitzaktion, die berühmt wurde. Denn die Soldaten hatten die israelische Flagge vergessen und malten den Davidstern kurzerhand auf ein Betttuch, das dann gehisst wurde.

Tourist Information: 8, Beith Hagesher St., Tel. 630 91 11, So–Do 8–18, Fr 8–14 Uhr

Royal Orchid: Almoq Beach, Tel. 636 03 60, Fax 637 53 23, www.orchidhotel.co.il. Gegenüber dem Underwater Observatory liegt im Stil eines thailändischen Dorfes die bezauberndste Hotelanlage Eilats. DZ ab 130 US$

Familienurlaub: Eilat ist auf Familienurlauber eingestellt. Es gibt Spielplätze, Planschbecken und eine Westernstadt, die ›Texas Ranch‹; ein Miniaturzug, der so genannte ›Eilat-Express‹, verkehrt am Northern Beach.
Glasbodenboot: Mehrmals tgl. starten Glasbodenboote (am North Beach), um Nichttauchern die Unterwasserwelt näherzubringen; Infos in den Hotels.
Vogelbeobachtung: Bird Watching Park, am Arava-Grenzübergang, Tel. 633 53 39. Um die Natur (über Wasser) zu genießen, muss man sich aus Eilat herausbewegen, etwa in die Ausläufer des Wadi Araba. Ornithologisch Interessierte sollten auf keinen Fall die fantastischen Exkursionen des International Birdwatching Center verpassen, in dem man über 400 Vogelarten beobachten kann.

Flüge: Bei Arkia (Red Mall,Tel. 63 84 88 88) bucht man Inlandsflüge, bei El Al (Khan Center, Tel. 637 15 15) internationale Flüge.
Citybusse: sind neben Taxis das gängige Verkehrsmittel in Eilat.
Fernbusse: 8–17 Uhr stdl. Busse nach Tel Aviv und mehrmals tgl. u. a. nach Beer Sheva, Jerusalem und Haifa; die Linie 15 fährt an die ägyptische, die Linie 16 an die jordanische Grenze.
Mietwagen: Avis, Harava Rd., Shalom Plaza Hotel, Tel. 637 31 64, www.avis.co.il; Eldan, 140 Shalom Center, Tel. 637 40 72, www.eldan.co.il; Hertz, Hatmarim Blvd.,Tel. 637 66 50–55, www.hertz.co.il; Sixt, Shalom Plaza Hotel (Store 1018), Tel. 637 35 11, Fax 637 35 12, www.sixt.co.il.

Three Monkeys

Promenade am Royal Beach Hotel,Tel. 636 88 88, tgl. ab 22 Uhr. Seit Jahren Eilats größter und beliebtester Platz zum Trinken und Tanzen. Voll wird's ab Mitternacht. Mit kurzen Hosen und Flip-Flops kommt man hier aber nicht am Türsteher vorbei.

Durch den Zentralsinai

Im Sinai

Reiseatlas S. 235, D 2–3

AM KATHARINENKLOSTER

Im Herzen des Sinai, in einer atemberaubend schönen Bergwelt liegt beim Ort Katrien, auch Migla, St. Katharina, das älteste Kloster der Christenheit. Man bewegt sich auf biblischem Grunde. Nach alttestamentarischer Überlieferung sprach Gott hier zu Moses, gab den Menschen die Zehn Gebote.

Der Ort Katrien (Migla)

Vorwahl 069; **Reiseatlas:** S. 235, D 3
Das Kloster liegt knapp 4 km entfernt vom Ort Migla, auch Katrien bzw. Katreen, Katrin, St. Katherina oder St. Catherine genannt und geschrieben.

Das Katharinenkloster

Reiseatlas: S. 235, D3
Der Pilger sei gewarnt: Er wird im Katharinenkloster nicht gerade überschwänglich willkommen geheißen. Das große Wallfahrtserlebnis muss jeder für sich im Kopf und im Herzen erleben. Die Mönche, die sich hier zuallerletzt oder überhaupt nicht als Seelsorger verstehen, tun für Pilger nichts von all dem, was man von Wallfahrtsorten sonst kennt. Nicht einmal Messen werden regelmäßig zelebriert (andererseits gibt es, zum Glück, auch keinen Devotionalienhandel mit rauschebärtigen Mosesfiguren oder brennenden Dornbüschen aus Plastik).

Der Gedanke, dass ein geschichtsträchtiges Kloster an einem der großen Bibelschauplätze, dessen Besuch für viele Pilger die Verwirklichung eines Lebenstraums war, nicht nur Eigentum weniger Mönche ist, sondern allgemein christliches Kulturgut, stößt hier eher auf Achselzucken.

Vom Parkplatz nahe dem Kloster führt ein sanft ansteigender Schotterweg in knapp zehn Minuten zum Klosterplateau. An einem der Stände nahe der Touristenpolizei verkauft ein Beduine kleine Glasfläschchen, die mit dunklen Extrakten gefüllt sind. Es sind Kräutersäfte, die im Ort Katrien ein Beduine namens Dr. Ahmed zusammenbraut. Die verschiedenen Flüssigkeiten versprechen Linderung bei Husten, Kopfweh, Verstopfung, Bauchweh, Rheuma, Nierenschmerzen und zu niedrigem oder zu hohem Blutdruck. Viele Anhänger homöopathischer Medizin schwören auf die prompte Wirkung dieser Kräutermischungen vom Katharinenkloster.

Geschichte

Namensgeberin des Klosters ist ein Mädchen aus Alexandria, das Anfang des 4. Jh. während der Christenverfolgung den Märtyrertod starb und lange Zeit eine der populärsten Heiligen war. Katharina wird in der Überlieferung als klug, schön und belesen beschrieben, ein Mädchen aus bestem Hause. In ihrer Glaubensfestigkeit versuchte sie sogar, Kaiser Maximanus von der Götzenverehrung und seinem heidnischen Glauben abzubringen – ihr Todesurteil. Bei der öffentlichen Enthauptung floss aber nicht Blut, so wurde erzählt, sondern Milch aus ihrem Körper. Ein Stück der Marmorsäule, an die Katharina gebunden gewesen sein soll, findet sich in der heutigen Kapelle.

Erste Eremiten

Der Legende nach brachten Engel den Leichnam Katharinas auf den Gipfel des Berges, der später ebenfalls nach ihr benannt wurde. Er ist der höchste Berg Ägyptens und liegt südlich des Mosesbergs. Dort fanden Mönche den Leichnam und errichteten eigens für die von ihren Häschern geköpfte junge Frau eine Kapelle. Erst im 10. Jh. jedoch wurde das Kloster, das bis dahin der Gottesmutter geweiht war, offiziell in Katharinenkloster umbenannt.

Die Geschichte der Mönche in den Bergen des Sinai hängt, wie die Geschichte Katharinas, die historisch nicht belegt ist, eng mit der Ausbreitung des Christentums zusammen, das der hl. Markus nach Ägypten getragen hatte. Viele Anhänger der jungen Religion hatten sich – wie Antonius in der Arabischen Wüste – in die Einsamkeit zurückgezogen, um nur für Gott in Askese zu leben. So kamen die ersten Eremiten bereits um 300 hier am Katharinenberg, zusammen.

Der zum Christentum konvertierte Kaiser Konstantin und seine Mutter Helena, die 327 zur Stelle des brennenden Dornbusches gepilgert waren – im Jahr 330 stiftete Kaiser Konstantins Mutter Helena am Fuß des Berges Sinai eine der Gottesmutter geweihte Kapelle –, lösten mit ihrer Reise auf den Sinai eine wahre Pilgerwelle unter der Aristokratie des byzantinischen Reiches aus, und eine Reihe von Geistlichen blieb gar für immer, um auf dem Berg unter härtesten Bedingungen als Eremiten zu leben. Für Räuber und Wegelagerer waren die Pilger ebenso wie die Mönche leichte Opfer; eine Reihe von Reisenden, die entkamen, beschrieben solche Überfälle.

Erst im 6. Jh. wurde eine schützende Befestigung errichtet – auf Anweisung Kaiser Justinians, auch Erbauer der Hagia Sophia, der im Jahr 530

Grandiose Anfahrt

Die Anfahrt zum ältesten Kloster der Christenheit gehört zu den schönsten Strecken des gesamten Sinai. Die Straße schlängelt sich entlang der Bergzüge sanft auf und ab – und plötzlich wird am Ende einer langen Geraden der Blick frei auf den Talkessel, wo in 1570 m Höhe einst Moses und die Israeliten ihr Lager aufgeschlagen haben sollen, nahe den beiden Bergen, die heute Moses- und Katharinenberg heißen.

außerdem den Bau einer großen Basilika befahl (sein Name und der des Architekten sind in den Holzverstrebungen des Hauptschiffes eingeritzt). Heute gleicht die christliche Stätte, die seit jeher wertvolle Sammlungen von Ikonen und Manuskripten beherbergt, mit ihrer 15 m hohen Granitmauer von weitem eher einer Festung denn einem Kloster.

Stiller Konvent

Das Gotteshaus gehört nicht zur koptischen Kirche Ägyptens, sondern zur griechisch-orthodoxen (Griechenlands) und stellt das älteste, ununterbrochen von Mönchen bewohnte Kloster der Christenheit überhaupt dar. Innerhalb der griechisch-orthodoxen Kirche genießt es allein schon aus geografischen Gründen größte Unabhängigkeit, die sich in der Wahl des Erzbischofs von St. Katharina und dem Berg Sinai, des kleinsten Bistums der Welt, manifestiert. Der Bischof, zugleich auch Abt, wird geweiht vom Patriarchen von Jerusalem, einem ökumenischen Patriarchen der griechisch-orthodoxen Kirche Griechenlands und den Bischöfen von Alexandria, Konstantinopel, Rom und Moskau.

Die hier lebenden Mönche, die ursprünglich aus vielen verschiedenen Ländern stammten, sind heute ausschließlich Griechen, Syrer und Armenier. Ihre sprichwörtliche Unfreundlichkeit gegenüber den touristischen Besuchern, denen sie 15 Stunden pro Woche das Kloster zugänglich machen müssen, entspringt, wenn man es sehr positiv deuten will, der Loyalität der Brüder ihrem Konvent gegenüber, den sie nicht zu einer museumsähnlichen Schaustätte degradiert sehen wollen, mit sich selbst als Mönchsdarsteller.

Der gemeinsame Tag der gläubigen Männer beginnt um 4 Uhr früh und endet gegen 5 Uhr nachmittags. Die Arbeiten werden je nach Geschick verteilt, breiten Raum nimmt die Lektüre spiritueller Texte ein. Einige Mönche bewirtschaften den klostereigenen Obst- und Gemüsegarten.

Strenge Mönche

Die Mönche achten auf strenge Öffnungszeiten: tgl. 9–12 Uhr außer Fr, So und an bestimmten Feiertagen, deren Daten unter der Kairoer Nummer Tel. 02/482 85 13, Fax 482 58 06, 47 03 43 erfragt werden können. Anmeldung zur Besichtigung von Bibliothek und Kapelle des brennenden Dornbusches (nur ausgewählte Fachbesucher) ebenfalls unter dieser Nummer.

Der Schutzbrief des Propheten Mohammed

Das 7. Jh. bescherte der Welt die dritte und jüngste Offenbarungsreligion, den Islam. Ägypten wurde 640 auf friedliche Weise islamisiert, und das Kloster war plötzlich so etwas wie ein vorgeschobener Posten der Christenheit. Dennoch konnte es sich, wie eine Überlieferung besagt, sicher fühlen: 15 Jahre bevor sich der Islam über ganz Arabien auszubreiten begann, war der

Das Katharinenkloster

Prophet Mohammed als Reisender im Kloster zu Gast und von den Mönchen höchst zuvorkommend behandelt worden. Da der frühe Islam außerdem ausdrücklich auf Zwangsmissionierung und -bekehrung Andersgläubiger verzichtete, stellte der Prophet einer Abordnung von Brüdern, die ihn in Mekka aufsuchte, ein Schutzschreiben für das Kloster aus. Besiegelt mit seinem Handabdruck sicherte er ausdrücklich den Erhalt der geistlichen Stätte und die Glaubensfreiheit der Mönche zu (eine Kopie dieses Dokuments findet man am Eingang des Klosters rechter Hand der Stufen des Gewölbes).

Während die Mönche noch heute auf die Echtheit des Briefes pochen, spricht die Wissenschaft von einer gekonnten Fälschung aus Mönchshand. Dagegen spricht wiederum Sure 95 des Koran, in welcher der Prophet einleitend »beim Feigenbaum und dem Ölbaum und dem Berg Sinai und diesem sicheren Gebiet« schwört. Wie auch immer – der Brief verfehlte seine Wirkung nicht: ein ägyptischer Herrscher nach dem anderen erneuerte den Schutzbrief für das Kloster, das etwa 100 derartige Dokumente besitzt (1517, als ottomanische Truppen den Sinai besetzten, überbrachten diese das ›Original‹ des Mohammed-Briefes dem Sultan in Istanbul als Geschenk und hinterließen dem Kloster nur die bis heute erhaltene Kopie).

Kloster mit Minarett

Mohammeds Brief sollte noch häufiger seine Wirkung entfalten: den berserkernden Kalifen Al Hakim hielt er Anfang des 11. Jh. davon ab, das Kloster zu zerstören. Um die nach Christenblut dürstenden Soldaten ein wenig zu besänftigen, richteten die pragmatisch denkenden Mönche auf Verlangen sogar eine Moschee in dem Kloster ein – mit weithin sichtbarem Minarett.

Als christliches Kloster in einem islamischen Land verfolgten die Mönche durch die Jahrhunderte seit der Islamisierung eine geschickte und ausgewogene Politik der weitgehenden Nicht-Verbrüderung mit wem auch immer; gleichzeitig verstand sich das Kloster als Begegnungsstätte für Christen aller auch noch so verfeindeten Konfessionen. Balduin I., dem ersten Kreuzfahrerkönig von Jerusalem, redeten die Mönche 1117 den Besuch des Klosters aus, obwohl gerade unter den Kreuzfahrern in Europa der Katharinenkult damals seinen Höhepunkt erlebte.

Der Mönch am Mac

Die Eroberung Ägyptens 1517 durch die Türken stärkte dank der klugen Politik der Mönche, das Gedenken an den Schutzbrief des Propheten hochzuhalten, ebenfalls das Kloster, über dessen Zustand Pilger in den folgenden Jahrhunderten höchst unterschiedliche Berichte gaben. Ein Problem war allerdings auch mit zusätzlichen päpstlichen Schutzbriefen, die es sowohl von der katholischen als auch der orthodoxen Kirche gab, nicht zu lösen, sondern nur mit Befestigung und Verbarrikadierung: die andauernden Überfälle von Beduinen.

Zeitweise sollen bis zu 400 Mönche in dem Kloster gelebt haben, sogar römisch-katholische. Finanzieren konnte sich die Gemeinschaft durch Schenkungen von Ländereien auf Kreta, auf Zypern, in der Türkei, in Rumänien und Russland, die sie jedoch im 19. Jh. allesamt verlor.

Eindeutig belegt ist die Geschichte des Klosters wieder ab 1798, als Napoleon Bonaparte während seines gescheiterten vierjährigen Ägyptenabenteuers den Mönchen Frankreichs Schutz zusicherte. Mehr noch: die Gelehrten, die mit Napoleon reisten, konnten den Kaiser davon überzeugen, das durch ein Erdbeben beschädigte, von nur sechs Mönchen bewohnte Kloster zu befestigen. Durch europäische Reisende lebte das Katharinenkloster in den Herzen frommer Pilger und wissensdurstiger Bibelforscher wieder auf, darunter der Schweizer Forscher Johann Ludwig Burckhardt, der 1812 Petra (im heutigen Jordanien), die rosarote Felsenstadt der versunkenen Nabatäerzivilisation, entdeckt hatte.

Der Fund des Codex Sinaiticus durch den sächsischen Theologen

GEKLAUT ODER VERSCHENKT? DER CODEX SINAITICUS

Gleich am Eingang zum Katharinenkloster, rechts an den Stufen unter dem Bogengewölbe, hängt – so sehen es die Mönche – das Dokument eines Diebstahls: der berühmte Brief des Konstantin von Tischendorf (1815–74). Der sächsische Theologe weilte von 1844 an auf Order Zar Alexanders II., Schutzherr der Christenheit im Orient, mehrmals für Studienzwecke in St. Katherina und war dort auf ein heute berühmtes Manuskript gestoßen, das er schließlich an sich nahm. »Ich verspreche«, schließt der als Faksimile ausgestellte Brief von Tischendorfs, »dieses Manuskript unbeschädigt und in gutem Zustand dem Kloster zurückzugeben«. Doch auf die Rückkehr des Codex Sinaiticus, das älteste Neue Testament, wartete man vergeblich. Seit 1933 liegt er großteils im Londoner British Museum, das 347 Bibelpergamente für 100 000 £ kaufte (laut englischen Presseberichten soll der Codex nun noch im Jahr 2005 für immer auf den Sinai zurückkehren). Weitere 53 Pergamente des Tischendorf-Fundes befinden sich als Codex Friederico Augustinus in Leipzig: von Tischendorfs Geschenk an König Friedrich August I., den Finanzier seiner Forschungsreisen.

Vielleicht ist die Geschichte des Fundes aus dem Papierkorb als Rechtfertigung von Tischendorfs im Nachhinein erfunden worden, denn sie widerspricht allen Schilderungen, wonach die Mönche (und das ist bis heute so) sehr genau wussten, welche Schätze sie besitzen. Angeblich also war es ein Korb mit Pergamenten zum Verheizen, in dem er den Codex entdeckt hatte, ein in griechischer Sprache verfasstes Pergament, dessen Bedeutung für die Bibelforschung er sofort erahnte, da der Sinai-Fund umfangreicher war als etwa der bis dahin bekannte Codex Vaticanus und sowohl Altes (teilweise) als auch Neues Testament (vollständig) umfasste. Von Tischendorf war auf der Suche nach unentdeckten Bibelhandschriften bereits viele Jahre unterwegs gewesen und hoffte mit der ältesten Kopie nun dem Inhalt und dem Wortlaut der »echten« Bibel ein Stück näher zu kommen. Tatsächlich erwies sich bei der Übersetzung, dass die vier Schreiber, denen der Codex diktiert worden war, der Nachwelt die einzig bekannte Kopie des griechischen Neuen Testamentes hinterließen. Unsicher ist, wo der Codex angefertigt wurde, möglicherweise bei Caesarea (Israel), nachdem Konstantin der Große das Christentum als Religion in seinem Reich anerkannt und 331 befohlen hatte, es in Wort und Schrift zu verbreiten. Von Tischendorf revolutionierte mit Übersetzung, Vergleich und Analyse des Codex Sinaiticus die Bibelforschung: seither ist z. B. klar, dass das Evangelium von Markus älter ist als die Evangelien von Matthäus und Lukas.

1975 machten die Mönche nach einem Brand hinter einer Wand eine weitere sensationelle Entdeckung: syrische und slawische Manuskriptrollen und ein Dutzend Pergamente, die Bestandteil des Codex Sinaiticus sind.

Konstantin von Tischendorf (s. S. 147) trug entscheidend zu dem bis heute anhaltenden Interesse an dem Kloster im Sinai bei.

In seiner Computer-Werkstatt hat Father Justin, ein in Texas geborener Mönch, begonnen, den Codex, soweit hier vorhanden, sowie die übrige Bibliothek, illuminierte Handschriften, alte Handschriften, dicke Folianten mit Spezialkamera einzuscannen, digital zu katalogisieren. Demnächst soll alles, auch der weltweit verstreute Codex, wieder zusammengeführt werden – zunächst auf einer Webpage, danach in Bildbänden.

Im 19. Jh. ließ Mohammed Ali, der Vater des modernen Ägypten, den Mönchen sogar Geld für den Erhalt ihrer Gebäude und Kirchen zukommen. Die Brüder konnten sich nun so sicher fühlen, dass sie sogar jene Zugänge wieder öffneten, die seit dem Mittelalter geschlossen waren. Über dem Nordosteingang ist auch noch der hoch über dem eigentlichen Eingang gelegene Zugang, durch den Besucher ebenso wie Waren seit dem Mittelalter hatten mit Hilfe eines Flaschenzugs und eines kleinen Korbes hoch gehievt werden müssen. erhalten.

Die UNESCO erklärte das Katharinenkloster zum Weltkulturerbe, doch die etwa 20 Mönche, die noch hier leben, empfinden die Massen von interessierten Touristen eher als überflüssig. Ohne großen Erfolg begannen sie zur Eindämmung der Besucherflut und zum Schutz des Erhaltenswerten, die Bibliothek und die Kapelle des brennenden Dornbusches zeit- und teilweise zu schließen (Besichtigung allenfalls nach vorheriger Anmeldung; s. Tipp. S. 144).

Father John im Katharinenkloster

Besichtigung

Bei dem für Besucher in der Regel zugänglichen Bereich handelt es sich nur um einen kleinen Teil der gesamten Klosteranlage, die im Inneren aus wenigen Gassen, vielen Treppen und verwinkelten Gebäuden besteht, die sich über zwei Ebenen hinziehen.

Die Grundfläche des umfriedeten Klosters beträgt 85 x 75 m; das gesamte Kloster wurde zur Abwehr vor Regenfluten auf einem kleinen Plateau errichtet. Die 13–15 m hohen rötlichen Granitmauern aus dem 6. Jh. sind in bestem Zustand.

Man betritt das Kloster heute durch die Nordostseite; der zweite ebenerdige Eingang, der aus Sicherheitsgründen Jahrhunderte zugemauert (s. S. 148) war, findet sich an der nordwestlichen Klostermauer.

Ein dunkles Gewölbe, in dem der Brief Konstantin von Tischendorfs und der Schutzbrief des Propheten beachtenswert sind, führt den Besucher vorbei an einem kleinen Buchladen zur äußeren Gasse des Klosters. Sie führt nach links zum brennenden Dornbusch und nach rechts zur Basilika Justinians.

Auf dem Weg zur Basilika befindet sich rechts in der Nische ein stillgelegter Brunnen, dessen Quelle schon Moses benutzt haben soll; das Wasser der **Mosesquelle** gilt als geweiht.

Über der Quelle beherbergen die Mönche ein schon sagenhaftes **Museum** (Eintritt 20 LE). Zu sehen sind einige der 2000 Ikonen des Klosters, eine Sammlung an Kreuzen aus Gold und Silber, wertvolle Handschriften und Bibeln sowie Codex-Blätter.

Bibeln aus aller Welt

Die frühbyzantinische **Basilika Justinians** (Grundfläche 40 x 20 m) betritt man seitlich durch die **Vorhalle,** eine mit Ikonen dekorierte Galerie. Insgesamt beherbergt das Kloster mit über 2000 Ikonen die wichtigste Einzelsammlung der Welt. Die ältesten Ikonen datieren aus dem 6. Jh. Die Kollektion ist deshalb so beeindruckend – auch wenn einige Stücke dringend konservierender Behandlung bedürften – weil das Kloster nie in den Bilderstreit (Ikonoklasmus) des 8. und 9. Jh. involviert war, der mit einem Verbot der Anfertigung und Verehrung von Heiligenbildern endete. Auch eine Zerstörung oder Schwärzung von Heiligenbildern blieb dem Katharinenkloster erspart.

Am Ende der Vorhalle sind in einer Vitrine Kopien einiger wertvoller Bibeln aus Äthiopien, Persien, Georgien und Griechenland ausgestellt. Sehr schöne Arbeiten sind auch die nach außen führenden Holzportale der Vorhalle, vor allem das aus Zypresse gearbeitete, 4 m hohe Hauptor aus dem 6. Jh. Die Darstellungen von Christus und verschiedenen Tieren sind original erhalten.

Das breite **Mittelschiff** der Basilika, getragen von zwei Reihen mit je sechs Säulen und gesäumt von zwei schmalen Seitenschiffen, liegt niedriger als das übrige Kloster, und zwar auf dem Niveau des brennenden Dornbusches. Das Innere der Basilika wirkt mit seinen Ikonen, mit den Kerzenleuchtern und Lüstern reich und sehr überladen und nimmt viel von der Wirkung des Kernstücks des Gottesraumes.

Die Apsis über dem Altar, ein original erhaltenes frühchristliches Mosaik, zeigt die Verklärung Christi auf dem Berg Tabor: »Und er wurde verklärt vor ihnen, und sein Angesicht leuchtete wie die Sonne, und seine Kleider wurden weiß wie das Licht. Und siehe, da erschienen ihnen Moses und Elija; die redeten mit ihm [...]. Als er noch so redete, siehe, da überschattete sie eine lichte Wolke: Und siehe, eine Stimme aus der Wolke sprach: Dies ist mein lieber Sohn, an dem ich Wohlgefallen habe; den sollt ihr hören« (Matthäus 17, 2–5).

Um Jesus im Zentrum gruppieren sich Moses und Elias, zu seinen Füßen liegend Petrus sowie Jakob und Johannes, die beide seitlich knien. 32 Medaillons rahmen wiederum die zentrale Szene ein und zeigen Bilder der zwölf Apostel, 16 Propheten, der beiden Stifter des Mosaiks (links und rechts in den Eckenbildern) sowie König David (im Medaillon unterhalb Jesu) und eine Kreuzdarstellung (im Medaillon über Christi Haupt).

Heiliger Boden

Über dem Doppelfenster, das als durchdachter Bestandteil des Mosaiks den Blick auf den Mosesberg freigibt, ist Moses am brennenden Dornbusch sowie bei der Entgegennahme der Zehn Gebote dargestellt. Interessant ist an diesem Motiv, dass die Zehn Gebote in dieser frühen Darstellung auf Rollen geschrieben stehen, nicht auf Steintafeln, wie es die biblische Überlieferung will.

Der marmorverkleidete Altarraum, dominiert von dem Altarbaldachin, beherbergt links und rechts des Altars zwei Schreine der Katharina, Schenkungen der russischen Zaren Peter der Große (1680) und Alexander II. (1860); der eine Sarkophag enthält den mit einer Goldkrone geschmückten Kopf, der andere die mit Goldringen dekorierte linke Hand der Märtyrerin Katharina. Silberne Öllampen spenden ewiges Licht.

In den nicht zugänglichen Seitenschiffen reiht sich Kapelle an Kapelle. Eine **weitere Besichtigung** der Basilika ist normalerweise **nicht möglich.** Einzelreisende können Glück haben und sich unter Umständen unbemerkt einer privilegierten Reisegruppe anschließen, die durch die Jakobuskapelle bis zur kleinen **Kapelle des brennenden Dornbusches** aus dem 4. Jh. vorgelassen wird (Taschenlampe empfehlenswert). Beachtung verdient dort die Holzdecke mit dem grünen Sternenhimmel. Die Kapelle befindet sich an der Stelle des ursprünglichen Dornbusches, der aber wohl von frühen christlichen Pilgern für Souvenirzwecke Zweig um Zweig zerlegt wurde, bis ihn die Mönche an den heutigen Standort verpflanzten. Stufen führen hinab zu einer Kammer von nur 3 x 5 m, die einen kleinen, von vier Marmorsäulen getragenen Altar birgt und als heiligster Platz des Klosters gilt. Durch das winzige Fenster über dem Altar gelangt nur einmal pro Jahr, am 23. März, ein Sonnenstrahl und fällt dort auf den Boden, wo die Wurzeln des Dornbusches angeblich bis heute liegen. Falls die Kapelle betreten werden darf, dann nur ohne Schuhe, wie der Herr in Exodus 3,5 Moses befiehlt: »Und er sprach: Tritt nicht näher heran! Zieh deine Sandalen von deinen Füßen, denn die Stätte, auf der du stehst, ist heiliger Boden!«

Von hier geht man den Weg durch die Basilika zurück, an der Mosesquelle und am Klostereingang vorbei und stößt am Ende der Gasse auf den von einer Mauer geschützten **brennenden Dornbusch**, eine Art, die auf dem Sinai insgesamt nur zwölfmal von Botanikern geortet wurde (nach Auskunft der Mönche scheiterten auch alle Versuche, selbst von Botanikern, Ableger dieses syrischen Blasenstrauches andernorts als hier zum Gedeihen zu bringen).

Der **Glockenturm,** ein Zarengeschenk aus dem 19. Jh., besitzt zehn Metallglocken sowie eine aus Holz, die allmorgendlich geschlagen wird, während die Metallglocken nur an Fest- und Sonntagen zu hören sind.

Im Mittelschiff der Klosterkirche

DIE IKONENSAMMLUNG DES KATHARINENKLOSTERS

Ikonen (griech. *eikon*, Bild), sind auf Holztafeln gemalte transportable Kultbilder. Sie stellen Christus, Maria, Heilige, Erzväter, Propheten, Evangelisten, Erzengel und lehrbildhafte biblische Szenen dar, wie zum Beispiel die Geburt Jesu, seine Himmelfahrt etc. Die Ikonenmalerei gilt als gleichsam heilige liturgische Handlung. Auf den Malgrund der Ikonen, zumeist mit Gold überzogenes Holz, wurde das Hauptmotiv zumeist mit Eitemperafarben in mehreren Schichten aufgetragen und dann mit einem Schutzfirnis aus Leinöl überzogen.

Die ältesten Ikonen stammen aus dem Katharinenkloster. Typisch für diese frühen Ikonen aus dem 6. Jh. ist die frontale Wiedergabe von Personen. Die Augen werden übergroß dargestellt, und die stark verjüngte Kinnpartie erinnert an ägyptische Totenporträts. Einige der Sinai-Ikonen gelten als Gotteswerk, als ›Acheiropoieta‹ (›nicht von Händen gemacht‹). Die Ikonen, die in der Vorhalle des Klosters zu sehen sind, sie stellen u. a. St. Peter oder St. Nikolaus dar, stammen zum Großteil aus Schenkungen; nur zu einem geringen Teil wurden sie im Auftrag des Klosters oder von dessen Mönchen selbst angefertigt. Allerdings geben die Ikonen trotz der hohen Zahl von Geschenken aus vielen Ländern, so der Princeton-Professor K. Weitzmann, keinen geschlossenen Überblick über die Geschichte oder Motivwahl der Ikonenmalerei; denn die meisten Arbeiten seien, inspiriert durch das Kloster auf dem Sinai, in erster Linie auch für das Kloster angefertigt worden.

Gut nachzuvollziehen sind verschiedene Epochen der Ikonenmalerei: Petrus (6. Jh.) wird mehr als spiritueller Führer denn als einfacher Fischer dargestellt. War vom 8. bis zum 10. Jh. eine volkstümliche, eher grobe Maltechnik vorherrschend, so werden auf den Ikonen ab dem 11. Jh. die Gesichtszüge feiner, sind mehr Details erkennbar. Die Ikonen ab dem 16. Jh., die hier zu sehen sind, stammen fast ausschließlich aus Russlands orthodoxer Ikonenmalerei und waren Schenkungen von diversen Zaren und Aristokraten. In Südosteuropa war die Ikonenmalerei bis ins 17. Jh. sehr verbreitet (moderne Beispiele findet man in beinahe jeder Kirche Ägyptens).

Ein sehr schönes Exemplar stellt im Katharinenkloster die Jakobsleiter (Himmelsleiter) aus dem 12. Jh. dar, das vom Erzvater Jakob auf der Flucht vor Esau im Traum gesehene Symbol einer Gotteserscheinung. Die 31 x 40 cm große Ikone geht hier zurück auf ein Manuskript des Abtes Klimakos, der im 6. Jh. ein Werk über die 30 Stufen auf dem Weg zum Himmel verfasste, welche ebenso viele Tugenden symbolisieren. Viele Mönche, so stellt es die Ikone dar, die ihrem Erzbischof folgen wollen, stolpern jedoch, und diese gefallenen Sünder werden von Teufeln mit je einem Flügel in die Hölle gerissen.

Die Klostermoschee

Neben dem Turm liegt die **Moschee,** die, so schließen Archäologen aus der Grundstruktur, ein umgebautes Gästehaus ist und im 11. Jh. zur Besänftigung des Kalifen und Christenfeindes Al Hakim erbaut worden war. Das 10 m hohe Minarett ist niedriger als der Glockenturm; den Schlüssel für die Moschee haben die Mönche den Beduinen des Mosesbergs anvertraut.

Die Bibliothek

Nur auserwählten Fachbesuchern ist die Bibliothek südlich der Basilika zugänglich. Sie beinhaltet rund 2000 in zwölf Sprachen (u. a. Griechisch, Syrisch, Armenisch, Arabisch, Polnisch) verfasste Bücher und Manuskripte des 3.–19. Jh. Zu dieser größten Handschriftensammlung (3500 Bände) nach der des Vatikans zählen einer der ältesten Bibeltexte, der Codex Syriacus (2. Jh.) und der nicht minder bedeutende **Codex Sinaiticus** (4. Jh.), und letzterer ist wiederum eng verbunden mit der Geschichte des Leipziger Theologen Friedrich Konstantin von Tischendorf (s. S. 147).

Die Bibliothek des Klosters darf man sich nicht vorstellen, wie jenes Labyrinth des versteckten Wissens aus ›Der Name der Rose‹. Das Anfang der 1950er-Jahre erbaute Gebäude an der Südwestmauer, das zudem noch eine Ikonengalerie und das Refektorium der Mönche beherbergt, ist ein feuersicheres, nicht gerade geräumiges, aber funktionales Haus, kaum geeignet für große Besucherströme.

Die Sammlung umfasst Schriftrollen, manche mehrere Meter lang, Pergamente und Bücher aus der Zeit nach der Entstehung der Buchdruckerkunst im 15. Jh., die sich mit unterschiedlichen – religiösen, liturgischen, natur- und geisteswissenschaftlichen sowie mit historischen – Themen befassen. Berühmt wurde schon vor dem Codex Sinaiticus der so genannte **Codex Syriacus**, die erste Bibelübersetzung überhaupt aus dem 5. Jh. Sie wurde aus dem ursprünglichen Pergament entfernt, um es neuerlich zu benutzen. Aus diesem Grund lässt sich der Text teilweise nicht mehr mit dem bloßen Auge erkennen.

Ein anderer Schatz der Bibliothek ist das **Traktat des Abtes Klimakos** aus dem 12. Jh., das sich mit der Himmelsleiter beschäftigt (s. S. 152). Das in 30 Kapitel unterteilte Buch vermittelt einen aufschlussreichen Einblick in das Klosterleben, da sich der Autor nicht nur allgemein mit den 30 Tugenden, die in den Himmel führen, und den Versuchungen, die das verhindern können, beschäftigt, sondern sich sehr explizit zur mönchischen Lebensweise äußert: wie man beispielsweise andächtig beten und Ikonen verehren sollte oder wie ein Mönch sich in der Öffentlichkeit zu benehmen habe (leider keine Pflichtlektüre für die heutigen Mönche).

Den größten Schatz des Katharinenklosters repräsentiert aber die **Ikonengalerie,** die zum allergrößten Teil nicht zugänglich ist und deren unermesslichen Reichtum an wertvollen Unikaten man nur erahnen kann, wenn man die kleine Ikonenauswahl in der Basilika gesehen hat.

Gebeine im Garten

Außerhalb des Klosters liegt der von einer Bergquelle ausreichend mit Wasser versorgte **Garten**. Die Erde, auf der hier Oliven, Aprikosen, Orangen und Gemüse für die Mönche gedeihen, holten schon vor Generationen die Glaubensbrüder selbst aus fruchtbaren Gegenden des Sinai. Ein unterirdischer Tunnel, der blockiert ist, verbindet den Garten mit dem Klosterinneren.

Als zentrales Gebäude lohnt die **Kapelle des Tryphon,** die als Gebeinhaus dient, den Besuch. Da rund um das Kloster felsiger Steinboden das Anlegen von Gräbern unmöglich macht, werden in der Kapelle die Skelette der verstorbenen Mönche aufbewahrt. Allerdings: Die frisch Verstorbenen werden für etwas mehr als ein Jahr auf einem 4 x 2 m großen Durchgangsfriedhof neben der Kapelle bis zu ihrer Skelettierung in der Erde begraben. Danach werden sie umgebettet, wobei das Wort umgebettet eher übertrieben pietätvoll klingt. Wie sich ein jeder mit einem Blick durch die Gittertür vergewissern kann, herrscht in dem Gebeinhaus eine eigene, dem Leben im Kloster entsprechende hierarchische Ordnung für die Ewigkeit: Die Knochen werden auf einen Haufen geschichtet, ein Schädel auf den anderen – soweit es sich um einfache Mönche handelt. Märtyrer und Bischöfe dagegen werden etwas pietätvoller in Holzkästen in bestimmten Nischen der Kapelle zur letzten Ruhe gebettet. Eine ungewöhnliche Prozedur widerfuhr dem Eremiten und Heiligen Stephanos, gestorben 580: Er wurde lange Zeit auf einem Stuhl sitzend, bekleidet und eine violette Kappe auf dem Schädel tragend zur Schau gestellt. Diese makabre Sehenswürdigkeit wurde mittlerweile entfernt.

Um einen Eindruck von der Größe des Klosters zu bekommen, lohnt es sich, nach der Besichtigung gegenüber dem Klostereingang ein wenig den Berg hoch zu klettern und zu verweilen: Schon aus geringer Höhe hat man einen guten Einblick in die Anlage.

Wo Moses die Zehn Gebote empfing – der Gebel Musa

Reiseatlas: S. 235, D 3
Der 2285 m hohe Mosesberg gilt nicht nur Christen als heilig, sondern auch den beiden anderen Offenbarungsreligionen, Islam und Judentum. Was geschah hier nach dem Auszug der Israeliten wirklich? Und: Wo geschah was? Die Bibelforschung versucht, ohne absehbares Ende, zu klären, wo Schlüsselereignisse der Bibel wirklich stattfanden. Auf dem Berg Sinai gab Gott, so die Überlieferung, Moses die Zehn Gebote (s. S. 156).

Vom Berg Horeb spricht das Alte Testament. Ob damit aber der Berg Sinai oder der Gebel Serbal nahe der Oase Feiran gemeint war, ist nicht durch Fakten belegbar. Für den Berg Sinai spricht die frühe Anwesenheit der Einsiedlermönche an diesem Berg, möglicherweise hatten sie genauere Hinweise aus alten Schriften, die inzwischen verloren gegangen sein könnten. Im Arabischen wird der Mosesberg Gebel Musa, oft auch Gebel Iti genannt, der Berg, an dem man sich verliert – wie sich die Israeliten verloren, als sie um das Goldene Kalb tanzten, während Moses den Dekalog empfing.

Kamel-Taxi zum Gipfel

Es ist früher Morgen am Fuß des Berges Sinai, kurz nach zwei Uhr. In dem einfachen Matratzencamp, das Beduinen hier betreiben, erwacht das Leben. Dutzende Touristen und Pilger, die am Vorabend angereist sind, trinken ein Glas starken Tee und versuchen, ihre Müdigkeit abzuschütteln. Sie haben eine anstrengende Tour vor sich.

Ein Schotterweg führt von dem Camp zum Sammelplatz, wo bereits Kameltreiber mit ihren Tieren darauf warten, dass sich aus Richtung des Camps die ersten Kegel von Taschenlampen nähern. Mindestens 50 LE werden sie dafür verlangen, dass all die Leute, die keine Wanderlust verspüren, etwa zwei Drittel des Weges **Sikket el Basha** hoch zum Gipfel auf dem Rücken eines Kamels zurücklegen können. (Der äußerst anstrengende Weg **Sikket Saydna Musa** führt hinter dem Kloster zum Mittelplateau: die Mosesstiege, die sich allenfalls für geübte Berggeher empfiehlt.)

Die Gruppen, die den Berg besteigen wollen, den Moses mit weit über 80 Jahren erklommen haben soll, sind bunt gemischt: junge Leute, Rucksackreisende, Pauschaltouristen, die mit dem Bus kamen, Sinai-Traveller, die mit dem Jeep quer durch die Wüste anfuhren – und viele alte Leute, Gläubige aus allen Ländern, die sich, so betagt sie auch sein mögen, diesen Weg zu gehen, ein Leben lang gewünscht haben – so wie sich andere in Jerusalem auf dem kurzen Kreuzweg Jesu, der Via Dolorosa, mit schweren Kruzifixen selbst geißeln. Wer viele der alten Menschen sieht, vor allem im letzten Drittel des Weges, wie sie sich keuchend die unregelmäßigen Steinstufen – nicht viel mehr als zurechtgelegte Felsblöcke – hoch quälen, wer sieht, wie manche am Ende ihrer Kräfte kurz vor dem Ziel aufgeben müssen, wer das gesehen hat, der fragt sich, ob niemand diese Menschen vor der kolossalen Anstrengung gewarnt hat und wie viele hier oben wohl schon kollabiert sind, ohne dass man je davon erfahren hat. Die Beduinen jedenfalls sagen, sie würden regelmäßig halbtote Pilger vom Berg holen.

Den Mosesberg mit einem grandiosen Blick über den Sinai kann ein guter, zügiger Bergwanderer in rund drei Stunden besteigen. Wer, wie die meisten Besucher, wegen der schon früh am Tag sehr hohen Temperaturen in der Nacht zu dem Marsch aufbricht, verpasst natürlich viel von der wunderbaren Landschaft (November–März kann man die Tour auch bei frühem Tageslicht beginnen, ohne die Mittagshitze fürchten zu müssen).

Das Tor des Glaubens

Nahe dem Kloster führt der Schotterweg in Serpentinen auf den 2285 m hohen Berg. Vor dem letzten, steilen Stück lädt ein Plateau mit einer großen Zypresse zur Rast ein. Hier soll Elias der Herr erschienen sein, und hier sollen sich zwei Höhlen befunden haben. In der einen versteckte sich Elias vor den

DIE BEDEUTSAMSTEN ALLER STEINPLATTEN

Wo sind die Tafeln mit den Zehn Geboten?
Selbst der texanische Abenteurer Cyril Jones, leibhaftige Vorlage für die Indiana-Jones-Filme, machte sich schon mit Schaufel und Spaten auf die Suche nach den Steintafeln, auf denen einst die Zehn Gebote standen. Jones versuchte sein Glück – vergeblich, wie schon viele vor ihm an vielen anderen Orten – bei Jericho im Westjordanland. Für Glücksritter ebenso wie für seriöse Forscher wäre der Fund der verschollenen Tafeln so bedeutend wie das Auftauchen des Heiligen Grals – wenn es sie denn überhaupt gibt. Denn mehr und mehr verdichten sich die Indizien, dass das gesamte Alte Testament reine »Fiktion« ist, wie Rolf Krauss, Archäologe am Ägyptischen Museum in Berlin, nach über 20-jähriger Forschung im Einklang mit anderen angesehenen Forschern resümierte.

In Exodus 20, 1–17, finden sich die zehn Regeln, die, auch vom religiösen Kontext losgelöst, nicht mehr und nicht weniger leisten als allgemeine Regeln für ein zivilisiertes menschliches Zusammenleben aufzustellen.

1. Ich bin der Herr, dein Gott. Du sollst nicht andere Götter haben neben mir. Du sollst dir kein Bildnis noch irgendein Gleichnis machen, weder des, das oben im Himmel, noch des das unten auf Erden, oder des, das im Wasser unter der Erde ist. Bete sie nicht an und diene ihnen nicht. 2. Du sollst den Namen des Herrn, deines Gottes, nicht unnützlich führen; denn der Herr wird den nicht ungestraft lassen, der seinen Namen missbraucht. 3. Du sollst den Feiertag, heilig halten. 4. Du sollst Vater und Mutter ehren. 5. Du sollst nicht töten. 6. Du sollst nicht ehebrechen. 7. Du sollst nicht stehlen. 8. Du sollst nicht falsch Zeugnis reden wider deinen Nächsten. 9. Du sollst nicht begehren deines Nächsten Haus. 10. Du sollst nicht begehren deines Nächsten Weib, Knecht, Magd, Vieh oder alles, was sein ist.

Nach der Überlieferung wurde die Bundeslade mit den Gesetzestafeln in der Stiftshütte aufbewahrt, einem Zelt, das während des Exodus der Israeliten als eine Art mobiler Ersatz-Tempel diente. Davids Sohn König Salomo (965/964–928 v. Chr.) ließ sie im Ersten Tempel von Jerusalem aufbewahren. Die Bundeslade war eine Truhe aus Akazienholz, die die beiden Gesetzestafeln Mose, den Stab Arons sowie das biblische Manna-Brot enthielt, eigentlich eine essbare honigsüße Absonderung der Manna-Schildläuse, die die Israeliten in der Wüste Sinai vor dem Verhungern bewahrte.

Nebukadnezars Babylonier plünderten 586 v. Chr. den Tempel. Der Prophet Jeremias, der in seinen Klageliedern (Lamentationes) die Zerstörung des Tempels beweinte, versteckte die Bundeslade angeblich auf dem Berg Nebo im Ostjordanland. Sie ist bis heute verschwunden – wie der Heilige Gral, der Trinkbecher Jesu vom letzten Abendmahl.

Sonnenaufgang auf dem Mosesberg (Gebel Musa)

Israeliten, die ihn töten wollten; in der zweiten Grotte soll er sich verborgen haben, nachdem er die Priester, die Gott Baal dienten, ermordet hatte. Eine verlassene Kapelle erinnert an den Propheten. Vor der Mosesstiege soll nach einer anderen Überlieferung der heilige Stefan Pilgern die Beichte abgenommen haben, ehe er ihnen Absolution erteilte und sie das Tor des Glaubens passieren ließ: barfuß, so wie auch Moses barfuß vor den Herrn trat.

Vom Mittelplateau führen nun die anstrengenden Stufen zum Gipfel. Kurz unterhalb des Gipfels liegt ein kleines Plateau; ein Stein trägt einen Abdruck, von dem der beduinische Volksglaube sagt, es sei der Fußabdruck eines Kamels des Propheten und stehe in Verbindung mit Mohammeds Nachtreise in den Himmel (nach offizieller Auslegung islamischer Geschichte fand diese wunderbare Reise mit dem Pferd Al Buraq allerdings in Jerusalem statt, nach Mekka und Medina daher auch drittheiligster Ort der Muslime).

Auf dem Gipfel steht anstelle einer von Kaiser Justinian im 4. Jh. errichteten Kapelle ein Neubau aus den 1930er-Jahren. Daneben erinnert eine Moschee daran, dass hier der als Heiliger verehrte Nebi Saleh in den Himmel aufstieg. Wer sich von dem Aufstieg beschauliche Ruhe versprochen haben sollte, wird enttäuscht: Viele andere hatten dasselbe Ziel, und natürlich lassen die Beduinen es sich nicht nehmen, Getränke und Snacks zu verkaufen.

Für den Abstieg hat man erneut die Wahl: die Mosesstiege Sikket Saydna Musa, in die Knie gehend und bei Fehltritten gefahrenträchtig, wird oft zum raschen Abstieg benutzt, ist aber Ungeübten nicht zu empfehlen (die 3700 Granitstufen legte ein Mönch in Erfüllung eines Gelübdes an). Wer nicht sehr trainiert ist, bzw. seine Kniegelenke schonen will, sollte sich für den Pfad entscheiden, auf dem man aufstieg.

Aufstieg zum Gebel Katherina

Reiseatlas: S. 235, D 3

Für sportliche, trainierte Berggeher lohnt es sich, den besten Ausblick über den Sinai vom Gipfel des Katharinenberges (2642 m) westlich des Mosesberges aus zu erleben. Fünf Stunden dauert der Auf-, etwa drei der Abstieg. Engel betteten hier nach der Überlieferung den Leichnam der Märtyrerin Katharina zur Ruhe. Den Pfad legte ein Mönch in Erfüllung eines Gelübdes an.

Die Rebhuhnquelle im ersten Drittel erinnert an pilgernde Mönche, die beim Aufstieg vor Hitze und Durst umzukommen drohten. Da flog ein Rebhuhn hoch und zeigte ihnen die rettende Quelle. Die kleine Kapelle auf dem Gipfel birgt wenig bedeutende Ikonen. Zur Kapelle gehören zwei Kammern, in denen Pilger übernachten können.

Bei gutem Wetter blickt man vom Golf von Suez über den Golf von Aqaba nach Jordanien und Saudi-Arabien.

Catherine Plaza: Tel. 347 02 88, Fax 347 02 92, www.cit-eg.com. Komfortables Hotel mit Pool, Restaurants, Billard, Gelegenheit zum Mountainbiking, Trekking (ein- und mehrtägig). DZ ab 75 US$

St. Catherine Tourist Village: Wadi El Raha, Tel. 069/347 03 24, Fax 347 03 74.

Ordentliches Hotel, beliebt bei Reisegruppen. DZ ab 75 US$

Monastery Guesthouse St. Catherine: Tel. 347 03 53, am Kloster. Modernisiertes, angenehmes Klosterhostel. DZ ab 45 US$

Al Karm Ecolodge Sheikh Awad: Tel. 347 00 32. Von Beduinen betriebenes, abgelegenes Camp. In karger Umgebung ist man auf das absolut Wesentliche reduziert. Man kann im Gebirge wandern und klettern, so Kraft tanken. Andere Gäste sind des Fastens wegen hier. DZ ab 80 LE

Ikhlas: nahe der Bäckerei, Tel. 347 04 55. Einfache Kost, empfehlenswert. Ab 25 LE

Katreen Resthouse: neben Ikhlas. Einfache Speisen. Ab 25 LE

Servicetaxis: mehrmals tgl. von/nach Nuweiba

Ausflug Blue Desert

Reiseatlas: S. 235, D 2

In der Blauen Wüste erwartet einen das verblassende und umstrittene Werk des belgischen Aktionskünstlers Jean Verame. Auf einem Gebiet von 14 km^2 bemalte er Anfang der 1980er-Jahre mit Zustimmung des damaligen Präsidenten Sadat die Felsen mit Blau – Farbe des Friedens und Symbol für den Frieden von Camp David von 1979; *Peace Junction* nannte er sein Kunstwerk.

10 t Farbe verbrauchte der Belgier für seine Naturskulptur, die – Kritiker warten schon darauf – nicht mehr allzu viele Jahre der extremen Witterung auf dem Sinai standhalten wird.

Rast in der Blauen Wüste

Die Sinai-Westküste

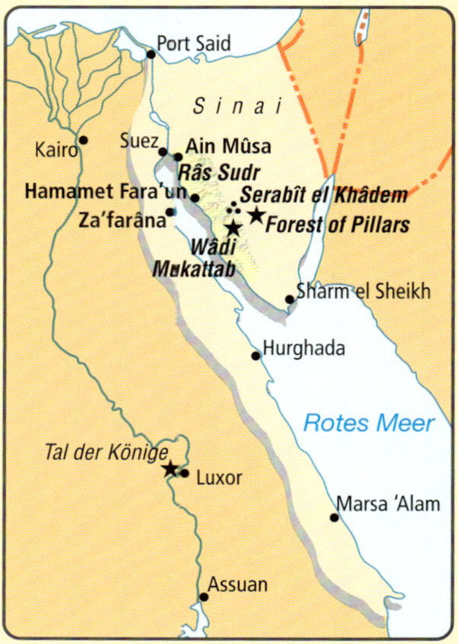

Reiseatlas S. 232 A 4, S. 234 B 1, C 2, S. 235 D 2–3

Das Bad des Pharao

AN DER WESTKÜSTE DES SINAI

Die Westküste ist die Schattenküste des Sinai. Am Golf von Suez liegt zwar das Surferparadies Ras Sudr. Doch die meisten Urlauberbusse fahren hier nur durch. Die Küstenstraße dient als gut ausgebauter Zubringer für alle, die rasch in den Zentralsinai oder nach Sharm el Sheikh gelangen wollen. Mancher Halt oder Ausflug lohnt sich aber durchaus.

Ain Musa

Vorwahl: 069; **Reiseatlas:** S. 232, A 4
Muslimische Pilger, die in früherer Zeit auf ihrer Reise nach Mekka hier vorbei kamen, verehren ebenso wie Christen diesen Ort, an dem in biblischer Zeit die Israeliten nach der Durchquerung des Roten Meeres rasteten.

Als das Volk durstig war, es aber kein Wasser gab, stritt es aufs heftigste mit Moses. Da zeigte sich, so berichtet die Bibel, Gott und sprach zu Moses: »Dann sollst du [mit deinem Stab] auf den Felsen schlagen, und es wird Wasser aus ihm hervorströmen, so dass das Volk zu trinken hat. Und Mose machte es so vor den Augen der Ältesten Israels.« (Exodus 17,6–7), daher heißt der Ort Ain Musa, Mosesquelle.

In der Palmen-Oase gibt es noch heute eine Reihe teils warmer Quellen. Sie stehen im Erdinnern in Verbindung mit Quellen, die bei Ain Sukhna und bei Heluan südlich der Hauptstadt Kairo entspringen. Leider ist das Wasser der hiesigen Quellen meist brackig.

Ras Sudr

Vorwahl: 069; **Reiseatlas:** S. 232, A 4
Ras Sudr erfreut sich wegen seiner grandiosen Windverhältnisse bei Surfern (auch Wind- und Kitesurfing) großer Beliebtheit. Der Ort hat Telefon und verfügt über eine Tankstelle mit Werkstatt sowie einige kleine Supermärkte. Südlich liegen für Schwimmer und Surfer interessante Plätze.

Ramada Ras Sudr: Tel. 010/171 78 44, Fax 010/171 08 17, www.ramadainternational.com. Bungalows, Apartments, Suiten, herrliche Gartenanlage, feinster Sandstrand, Tauchbasis und hervorragendes Surfcenter (Club Mistral). Es gibt, gezeitenabhängig, einen stehtiefen Bereich, der sich am Ramada-Strand 150 m ins Meer erstreckt. Der N- bis NO-Wind baut sich morgens auf und erreicht mittags seinen Höhepunkt. DZ ab 70 US$
La Hacienda Beach Resort: Tel. 010/117 72 00, www.lahaciendarassudr.com, 30 km südlich von Ras Sud. Strandhotel in andalusischem Stil, komforftable Zimmer mit Klimaanlage, 2 Pools am Strand. Bei Maude & Yann, Tel. 012/747 64 00, lernt man (Kite-)Surfen. DZ ab 70 €

Hamamet Fara'un

Vorwahl: 069; **Reiseatlas:** S. 234, B 1
Eine Stichstraße führt zum ca. 50 km südlich gelegenen Hamamet Fara'un, übersetzt: das Bad des Pharaos – ein weiteres Gebiet mit warmen Quellen. Hier treten sie über 70 °C heiß aus dem Boden: Der faulige Geruch verrät es jedem, der sich nähert, schon aus der Ferne: Hier handelt es sich um Schwefelquellen. Beduinen und Reisende kurieren in Hamamet Fara'un bereits seit Menschengedenken ihr Rheuma; eine Grotte im Fels birgt eine natürliche Sauna. Die Legende erzählt, der Pharao, der die Israeliten durch das Rote Meer verfolgte und dabei mit seinem Heer ertrank, soll hier als Gottes Fluch auf ewig spuken müssen. Fast jeder Beduine weiß von einer solchen Begegnung zu erzählen.

Abu Zenima

Vorwahl: 069; **Reiseatlas:** S. 234, C 2
Südlich des alten Dorfes von Abu Zenima, benannt nach einem islamischen Heiligen, liegt heute der moderne Ortsteil, der zum größeren Teil aus Ölindustrie mit ihren Anlagen und Rampen besteht. Moses und die Israeliten sollen hier ebenfalls nach dem Durchschreiten des Roten Meeres ihr Lager aufgeschlagen haben.

Wüstenlandschaft bei Abu Zenima

WER WAR MOSES?

Eine der rätselhaftesten Gestalten der Menschheitsgeschichte ist Moses, im Judentum und im Islam als Prophet verehrt. An Hunderten Orten auf dem Sinai, in Israel und dem heutigen Jordanien soll er mit seinem Stab Wasser aus dem Fels geschlagen haben. Archäologen zweifeln, denn die Bibel ist voll von Übertreibungen und Fehlern. Unwahrscheinlich ist auch, dass der kleine Moses wegen der befohlenen Tötung aller Babys in einem Korb auf dem Nil ausgesetzt, von einer Pharaonentochter gefunden und von ihr aufgezogen wurde. In nahöstlichen Erzählungen, z. B. im babylonischen Gilgamesch-Epos, kommt dieses Motiv häufig vor. Möglicherweise ist Moses ein Sammelname für mehrere Fürsten eines Stammes. Fraglich ist für viele Forscher, ob er überhaupt Israelit war. Seine Frau Zippora hielt ihn anfangs für einen Ägypter; sein Sohn war nicht beschnitten.

Diese Bibelstellen bildeten einen der Ansatzpunkte für Sigmund Freuds Beitrag zur Moses-Geschichte. Moses, sagte der Jude und Vater der Psychoanalyse, sei u. U. kein Hebräer gewesen, sondern ein ägyptischer Prinz oder Hohepriester, der die Juden in Ägypten vom Monotheismus überzeugte – und dafür habe er den Israeliten die Flucht aus der Sklaverei versprochen. Diese früher höchst umstrittene Deutung stünde im Kontext einer Periode von Unruhen, die Ägypten erschütterten.

Die jüngste Forschung geht mit Freud davon aus, dass das Alte Testament reine ›Fiktionsliteratur‹ sei, wie es Rolf Krauss vom Ägyptischen Museum in Berlin nach über 20-jähriger Forschung belegt sieht. Das Buch habe in erster Linie dazu gedient, im Rückblick mit über 500-jährigem Abstand die Vergangenheit zu glorifizieren. Nach Krauss' – in Fachkreisen mit breiter Zustimmung quittiertem – Befund ist Moses der Pharao Amenmesse, der 1203 v. Chr. versuchte, seinen Vater Sethos II. vom Thron zu stürzen. Den »Rohstoff für seine Dichtung«, so Krauss, könnte der Bibelverfasser aus der dreibändigen Geschichte Ägyptens des alexandrinischen Gelehrten Manetho übernommen haben. Amenmesses und Moses's Biographien, soweit sie die Bibel und Quellen wie Josephus Flavius erzählen, ähneln sich bis ins Detail: beide sind ägyptische Prinzen, ihre Eltern sind vom Verwandtschaftsverhältnis her Tante und Neffe, sowohl Moses wie Amenmesse heiraten eine Nubierin und müssen Ägypten wegen eines Totschlags und des heftigen Thronstreites, den sie verlieren, verlassen. Der renommierte Ägyptologe Jan Assmann geht in seinem Buch ›Moses ein Ägypter‹ dann der Frage nach, ob Echnaton der ägyptische Moses war? »Um die Mitte des 14. Jahrhunderts v. Chr. hat König Amenophis sich in ›Echnaton‹ umbenannt, alle traditionellen Kulte geschlossen, … die Hauptstadt Amarna verlegt und dort nur noch den einen Gott Aton (Sonnenscheibe) verehrt: der erste monotheistische Umsturz der Geschichte.« So behält wohl auch der Kopenhagener Alttestamentler Niels Lemche recht, der die Verfasser des Alten Testaments als ›Romanautoren‹ sieht, die geschichtliche Tatsachen bewusst umdeuteten und wo nötig fingierten – so wie den Bibelhelden Moses.

Serabit el Khadem und der Forest of Pillars

Serabit el Khadem

Vorwahl: 069; **Reiseatlas:** S. 234, C 2
Als sehenswerter Abstecher (mit einer Übernachtung) führt 2 km südlich der Tankstelle von Abu Zenima eine 40 km lange, anfangs leicht befahrbare, später für normale Pkws schwierige Straße durch das Wadi Matalla bis auf 3 km zu den antiken Türkisminen und an das berühmteste nicht am Nil gelegene pharaonische Heiligtum heran. Vorbei am Gebel Matalla führt die Route auf einen Pass, von dem aus es in einer scharf verlaufenden Kurve in das Wadi Nasib geht. Von jetzt an werden die Straßenverhältnisse schlechter. Nach einigen Kilometern Pistenfahrt erhebt sich auf einem Hügel ein weißes Gebäude: Siedlung und Haus der Sheikh-Familie Barakat (Übernachtung möglich; als Gastgeschenk Proviant übergeben).

Mit Führer geht man (Dauer ca. drei Stunden) über ein Plateau mit antiken Wandzeichnungen hoch zu dem **Tempel** (850 m), der während der 12. Dynastie (20.–18. Jh. v. Chr.) **der Göttin Hathor** geweiht wurde und auch Inschriften der Pharaonin Hatschepsut aus der 18. Dynastie (16.–11. Jh. v. Chr.) aufweist.

Stelen und Inschriften

Die Göttin Hathor, altägyptische Herrin ferner Länder, des Himmels, der Freude und des Weins, dargestellt oft mit Hörnern und Kuhohren, wurde auch als Herrin des Türkislandes angebetet. Der blaue und blaugrüne Türkis gilt den Ägyptern seit jeher als besonderer Edelstein: im pharaonischen Jenseitsglauben galt er als Sinnbild der Erneuerung; heute ist es im weit verbreiteten Aberglauben die Farbe, die vor allem in der Form des Auges oder einer offenen Hand die bösen Blicke der Neider brechen soll.

Der Tempel wurde in mehreren Stufen erbaut und erweitert. Während der 12. Dynastie entstand die Felskapelle der Hathor, im Lauf der folgenden Jahrhunderte ließen Pharaonen neue Räume hinzufügen; der letzte entstand gegen Ende des Neuen Reichs unter Ramses VI. (20. Dynastie, 12. Jh. v. Chr.).

Bemerkenswert ist die große Anzahl von erhaltenen Stelen, die überzogen sind mit Inschriften: fast buchhalterisch genaue Berichte über diverse Expeditionen zu den Türkis- und Kupferminen (letztere im nahen Wadi Nasib). Der Archäologe Flinders Petrie entzifferte die Texte Anfang des 20. Jh. Darüber hinaus wies Petrie aber ebenfalls nach, dass in dem Tempel die alten Ägypter gemeinsam mit Semiten ihre Religion ausübten. Petrie sah dadurch belegt, belegt , dass die überwiegend aus Beamten und Schreibern bestehenden Expeditionen keine Sklaven mitsichführten, sondern Arbeiter aus der Umgebung anheuerten. Bei letzteren handelte es sich vermutlich um Halbnomaden. Berücksichtigt man die nur saisonale Präsenz der Ägypter wäre die Organisation einer funktionierenden Sklavenhaltung auch zu kostenintensiv gewesen.

Die Ruinen von Serabit el Khadem

Ausflug Forest of Pillars

Reiseatlas: S. 235, D 2
Ein beschwerlicher Ausflug führt von Serabit el Khadem zum Talkessel des Gebel Fuga, bekannt für eine geologische Einmaligkeit des Sinai. Aus dem Boden wachsen in den Ausmaßen eines kleinen Waldes, Stalagmiten nicht unähnlich, Lavasäulen, **Forest of Pillars** genannt, die zum Großteil bereits zerbrochen sind.

Richtung Gebel Fuga liegt die Beduinensiedlung **Bir Nasib**, eine Region ehemaliger Kupferminen, sowie das **Wadi Baba** und das **Wadi Kharig**.

Achtung: Wer von Serabit el Khadem ins Wadi Mukattab und von dort zum Katharinenkloster weiterfahren möchte, benötigt zwingend einen Führer.

El Tur

Vorwahl 069; **Reiseatlas:** S. 235, D 3
Der Ort löste im 11. Jh. Suez als Haupthafen des Sinai ab und gelangte durch Waren und Pilger von und nach Arabien zu Wohlstand. Hier mussten nach Ägypten zurückkehrende Mekkapilger, oft 25 000 Menschen am Tag, unter Quarantäne bleiben und ensprechend versorgt werden.

Heute lebt El Tur, eine unattraktive Siedlung und Sitz der Verwaltung des südlichen Sinai, von der Landwirtschaft. Japan stiftete dem Ort ein modernes Kulturzentrum, das nahe der verfallenen Türkenfestung errichtet wurde. Bei den Aushubarbeiten fand man Keramiken, Ziegel- und Steinbauten aus mameluckischer Zeit. Die örtliche Kirche gehört zum Katharinenkloster. Obwohl der berühmte Schutzbrief des Propheten, der die Mönche des Klosters vor Massakern durch islamische Araber bewahrte, auch für diese Kirche galt, wurden im 15. Jh. von arabischen Stämmen 40 Kirchenleute ermordet, die man heute als Märtyrer verehrt.

Die Oase Feiran

Vorwahl 069; **Reiseatlas:** S. 234, C 2
Grün, soweit das Auge reicht – das Wadi Feiran ist eine außergewöhnlich schöne und große Oase, die leider ein permanentes Problem mit herumliegendem Müll hat. Gärten, große Palmenhaine und Tamarisken säumen hier das Wadi, das bei den Beduinen (wie auch bei den frühen Christen) als das biblische Refidim gilt, als der Ort, an dem Moses mit dem Stab Wasser aus dem Felsen schlug, wo die Israeliten ihr Lager aufschlugen und später gegen Amalek kämpften: »Danach kam Amalek und kämpfte in Refidim gegen Israel. Und Mose sagte zu Josua: Wähle uns Männer aus und zieh aus, kämpfe gegen Amalek! Morgen will ich mich auf den Gipfel des Hügels stellen mit dem Stab Gottes in meiner Hand. Da tat Josua, wie Mose ihm gesagt hatte, um gegen Amalek zu kämpfen. Und Mose, Aaron und Hur stiegen auf den Gipfel des Hügels. Und es geschah, wenn Mose seine Hand erhob, dann hatte Israel die Oberhand, wenn er aber seine Hand sinken ließ, dann hatte Amalek die Oberhand. Da jedoch Moses Hände schwer wurden, nahmen sie einen Stein und legten den unter ihn, und er setzte sich darauf. Dann stützten Aaron und Hur seine Hände, der eine auf dieser, der andere auf jener Seite. So blieben seine Hände fest, bis die Sonne unterging. Und Josua besiegte Amalek und sein Kriegsvolk mit der Schärfe des Schwertes.« (Exodus 17,9–13). Moses betete am heutigen **Gebel Tahuna**; am Fuß des Berges erinnert eine verfallene Kirche an die biblische Schlacht.

Wadi mit Bischofssitz

Ausgrabungen förderten im Wadi Feiran, das in der Vorzeit ein Seebecken gewesen war, zahlreiche Relikte zutage, die eine frühe christliche Besiedlung belegen; in unzähligen Höhlen der Berge wollten Eremiten in Massen-›Einsiedeleien‹ nahe dem Berg Horeb (gemeint war der Gebel Serbal), den sie hier vermuteten, Askese üben. Als Berg Horeb, der Ort der Gesetzgebung, wird heute der Berg Sinai (Gebel Musa) am Katharinenkloster verehrt.

Über byzantinische und römische Zeit hinaus war das Wadi Feiran ein spirituelles Zentrum der Christenheit, sogar einen Bischofssitz gab es zeitweise in der befestigten Siedlung. Der Bischof von Feiran unterstand einerseits dem Patriarchen von Jerusalem, andererseits galt er als Schutzherr des Katharinenklosters. Als das Katharinenkloster sich nach einem Grundsatzstreit lossagte, war der Untergang der Christengemeinschaft Wadi Feirans besiegelt. Kunstvolle und erhaltenswerte Architekturelemente der Kirchen wurden zum Katharinenkloster gebracht und dort in Neubauten integriert.

Erhalten ist bis heute das Nonnenkloster **Deir Sagheyar**, das dem Katharinenkloster untersteht. Es wird von einem Dutzend Ordensfrauen bewohnt, die Besucher willkommen heißen (auch einfache Gästezimmer!), solange diese nicht fotografieren wollen. Ein neues Kloster mit vorerst nur einer Nonne wurde in den letzten Jahren aufgebaut.

Fast unmerklich geht das Wadi Feiran mit dem kleinen lebhaften Beduinenort nach einer natürlichen Verengung in das **Wadi el Sheikh** über, das mit dem gleichen Reichtum an Palmen, Gärten und Tamarisken gesegnet ist. Von hier führt die Straße über den Watia-Pass zum Katharinenkloster (s. S. 142ff.). Zu diesem historischen Höhepunkt des Sinai weisen aus allen anderen Richtungen Schilder den Weg.

Wadi Mukattab

Reiseatlas: S. 234, C 2
Nirgends auf dem Sinai findet man mehr antike Graffiti als in dieser Region, zum Teil sind die Inschriften allerdings sehr verwittert und leider oft ergänzt von närrischen und überflüssigen Gravuren späterer Reisender (bis in allerjüngste Zeit).

6 km ab Feiran entdeckt man am Weg die ersten Inschriften, die sich über gut 2 km an den Felswänden verteilen. Sie stammen zum Großteil aus der Zeit der Nabatäer (2./3. Jh. v. Chr.), die von Petra aus den Handel im Norden Arabiens kontrollierten. Diese Graffiti sind aber nicht die ältesten zu findenden. Aus der 3. Dynastie um 2600 v. Chr. datiert eine von Pharao Semerchet stammende Inschrift, an der Gebel-Magha-

Im Wadi Feiran

ra-Mine, die seinen siegreichen Kampf gegen beduinische Räuber und Wegelagerer dokumentiert. Der Pharao steht neben einem hohen Würdenträger, der als »königlicher Kommandeur« tituliert wird. Bis in die byzantinische Zeit reichen die antiken in Stein geritzten Zeichnungen sowie Kurzkommentare in Hieroglyphen, in Nabatäisch, Hebräisch und Griechisch zurück.

Die Besonderheit der oft inhaltlich belanglosen und nur schlecht zu erkennenden Steindokumente liegt in der Schrift selbst, die erst 1915, ein halbes Jahrhundert nach ihrer Entdeckung, entziffert wurde. Schon der Entdecker, der englische Archäologe Flinders Petrie, der den Sinai im 19. Jh. systematisch bereist hatte, vermutete hinter den Zeichen eine alphabetische Schrift, konnte den Beweis aber nicht schlüssig antreten. Recht hatte Petrie mit seiner Theorie, dass die Schriften den Hieroglyphen, einer phonetischen Bildsprache, zwar ähnelten, aber letztlich wegen ihrer geringen Zahl (23 Zeichen) keine sein konnten, denn eine Bildsprache bedient sich Hunderter Zeichen und Symbole.

Schöne Reliefs

In der protosinaitischen Schrift also, so heißen diese Zeichen, verloren die Hieroglyphen ihre Bedeutung, wurden nach einer Übergangsphase nur mehr als Buchstaben benutzt und führten damit über die semitischen Sprachen, aus denen das Griechische hervorging, zur lateinischen Schrift, die wir heute schreiben. Ein Beispiel: Das hieroglyphische Zeichen für Kuhkopf wurde

Wadi Mukattab – Tal der Inschriften

zum hebräischen Alef, dann zum griechischen Alfa und schließlich zum lateinischen A. Die besterhaltenen Reliefs wurden während des 19. Jh. aus dem Stein geschnitten und sind im Ägyptischen Museum in Kairo untergebracht.

Mit dem Wadi Mukattab lässt sich auch das **Wadi Maghara** erkunden, das sich in Wadi Iqna und Wadi Qanaia teilt, wo sich **alte Türkisminen** befinden. Dazu fährt man vom Wadi Mukattab Richtung Wadi Sidri, von wo es linker Hand Richtung Nordwesten zum **Grab Sheikh Solimans** geht, und von hier führt die Piste rechter Hand ins Wadi Maghara. Nach etwa 1 km hat man die Anhöhe erklommen: rechts geht es ins Wadi Iqna, links ins **Wadi Qanaia** mit den Türkisminen, wo man den Wagen parkt und nach einem knappen halben Kilometer am links liegenden Hang des Gebel Maghara zu Fuß die Minen erreicht.

HOTEL NATIONAL

Suezkanal und Mittelmeer

Reiseatlas S. 232, A 1–4, C 1, S. 233, D/E 1

In Port Said

SUEZKANAL UND GOLF VON SUEZ

Touristisch spielt die Region um Suez keine sehr große Rolle. Für Ägypten wird sie dennoch immer wichtiger. Ein Großteil des Import- und Exporthandels wird via Suezkanal abgewickelt. Im Großraum Suez siedelt sich zudem immer mehr Industrie an.

Suez

Vorwahl 062; **Reiseatlas:** S. 232, A 3/4
Im Golf von Suez wird, die Bohrtürme sind unübersehbar, Öl gefördert. Eine wichtige Pipeline verbindet Suez mit Kairo. Über 600 000 Menschen leben heute im Raum Suez, der sich in ungewöhnlichem Tempo zu einem bedeutenden Zentrum der ägyptischen Ölindustrie entwickelt hat. Bedeutend ist auch Suez' Rolle als Umschlag- und Verladehafen für Güter vom Schiff auf die Straße.

Nicht leugnen lässt sich, dass die Stadt immer wieder im Zentrum kriegerischer Konflikte stand, die Narben sind bis heute sichtbar. Drei Kriege führte Ägypten mit Israel um den Sinai (s. S. 27f.). Dabei wurde ein Drittel von Suez zerstört.

Geschichte

Suez, arabisch el Suweis, ist die ptolemäische Erweiterung einer pharaonischen Gründung und hieß einst Klysma, dann Qulsum. Eine wirkliche Zukunft erhielt die Stadt aber erst, als im 19. Jh. die Bauarbeiten für den Suezkanal in Angriff genommen wurden. Seit 1869 ziehen durch die Bucht zahlreiche Schiffe, die dank des Kanals nicht mehr das afrikanische Südkap umfahren müssen.

Suez gegenüber liegt **Port Tawfik,** eine künstlich aufgeschüttete Halbinsel, Anlegehafen für Yachten. Eine Eisenbahnlinie sowie eine Straße verbinden über einen Damm Tawfik mit Suez. Die über das Rote Meer aus dem Indischen Ozean kommenden Schiffe werden hier von Lotsen übernommen und, wie auch von Süden her, in Konvois durch den Suezkanal geleitet (s. S. 179ff.).

Tourist Information, Sh. al Marwa, Port Tawfik, Tel. 333 15 43. Sa–Do 8–20, Fr 14–18 Uhr
Tourist Police Tel. 333 35 43

Red Sea Hotel, 13, Sh. Riad, Port Tawfiq, Tel. 333 43 02, 333 43 03, Fax 333 43 01. Beliebtes Hotel an der südlichen Suezkanal-Einfahrt. DZ ab 65 US$
Summer Palace Hotel: Port Tawfik, Tel. 322 44 75, 322 54 34, Fax 332 19 44. Einfache Zimmer mit Blick auf den Golf und Swimmingpools. DZ ab 60 US$
Arafat Hotel: Hafennähe, Sh. Arafat, Tel. 333 83 55. Sauber, viele Rucksackreisende. DZ ab 45 LE

Fish Restaurant, Sh. al Salem, tgl. 12–2 Uhr. Der frische Fisch wird nach Gewicht verkauft und landet auf dem Grill. Ab 80 LE
Seaside Restaurant: Sh. Saad Zaghloul, Tel. 322 32 54, tgl. 12–15, 17–23 Uhr. Auf dem Speiseplan stehen gegrilltes Huhn und Kebab. Ab 55 LE
White House: im White House Hotel, Sh. Salah Salem, tgl. 12–15, 18–23 Uhr. Guter Fisch zu guten Preisen. Ab 45 LE
El Magharbel: 320, Sh. Salah Salem, Sa–Do 12–23, Fr ab 14 Uhr. Gute schmackhafte ägyptische Hausmannskost. Ab 40 LE

Bahn: Mehrmals tgl. nach Isma'iliya; dort Anschluss nach Kairo und ins Delta, nach Port Said
Busse: Fast stdl. fahren Busse tagsüber von der Sh. Faars zum Sinai, nach Port Said und über Isma'iliya nach Kairo und ins Nildelta, ferner Richtung Rotmeerküste. Tel. 356 42 58 (Richtung Kairo, Rotes Meer), 356 48 53 (Deltastädte)
Sammeltaxis: Mehrm. tgl. alle Richtungen.

Fayed und die Bitterseen

Vorwahl Fayed: 064
Reiseatlas: S. 232, A 3
Ein Ausflug zu den Bitterseen lohnt durchaus. Bis zur Eröffnung des Suezkanals lagen hier lediglich zwei ausgetrocknete Salzseen, die erst durch die Flutung des Kanals mit Mittelmeerwasser einen Wasserspiegel von (heute) 17 m erhielten: **Kleiner** und **Großer Bittersee** entstanden. Der Kleine Bittersee wurde durch den Sechstagekrieg 1967 weltweit ein Begriff. Bei Kriegsausbruch am 5. Juli lagen hier 14 Schiffe fest.

Lotsenboot und Frachter auf dem Suezkanal bei Suez

Fayed, ein wenig aufregender, nur im Sommer lebendiger Ort am Großen Bittersee, entwickelte sich in den vergangenen Jahren zu einem kleinen Naherholungszentrum und Ausflugsziel vieler Kairoer. Hotelzimmer bekommt man hier immer problemlos.

Isma'iliya

Vorwahl 064; **Reiseatlas:** S. 232, A 2

Isma'iliya, mit Umland 360 000 Einwohner, gilt als grüne Stadt. Grünflächen mit Bäumen und Bougainvilleen, Alleen und Spazierwege, Villen mit gepflegten Gärten – für Ägypten ist das alte Viertel Isma'iliyas schon einmalig. Der Baustil und das Grün sind in dieser Ecke der Stadt zum Gutteil ein Erbe der Kolonialbriten, die hier ihr militärisches Hauptquartier für den Nahen Osten unterhielten. Isma'iliya, 1863 als Sitz der Suezkanal-Gesellschaft gegründet, heißt nach dem Khediven Ismail Pasha.

Besichtigung

Die **Villa**, in dem der Suezkanal-Erbauer **Ferdinand de Lesseps** (1805–94) lebte, ist zurzeit geschlossen. Gegenüber liegt der **Stelen-Garten.** Die meisten Funde – Sphingen, Sarkophage, ein Sitzbild Ramses' II. – stammen aus Pithon, dem ›Haus des Aton‹, der östlichen Grenzstadt Ägyptens während der Herrschaft Ramses II.

Tourist Information, Governorate Building, Mohamed Ali Quay, Tel. 332 10 78, Sa–Do 8.30–15 Uhr

Tourist Police Tel. 333 29 10

Mercure Forsan Island, Gezirat Forsan, Tel. 391 80 40, Fax 391 80 43, www.accorhotels.com. Am Krokodilsee, guter Blick von der Terrasse mit Pool auf die Suezkanal-Schifffahrt. Ab 90 €

Crocodile Inn Hotel: 179, Sh. Saad Zaghloul, Tel. 391 25 55. In der Stadtmitte, fünfstöckiges modernes Gebäude mit Bar und Kaffeehaus. Ab 190 LE

El Burg: Midan Orabi, Tel. 332 63 27, Fax 332 77 61. Schönes Hotel aus dem 19. Jh., klimatisiert, Satelliten-TV und eigene Badezimmer. Ab 150 LE

Al Salam Hotel: Sh. El Geish, Tel. 391 44 01. Beliebtes Hotel in Kanalnähe, sauber und gemütlich. Im Sommer Reservierung empfohlen. Ab 140 LE

Youth Hostel: Timsah, Tel. 332 28 50. Sehr sauberes Haus, schöne Lage am See. Ab 45 LE

Chez George, 11, Sh. Sultan Hassan, Tel. 391 73 27, tgl. 12–14.30, 17–23 Uhr. Das beste Restaurant vor Ort, bekannt in ganz Ägypten für Fisch *und* Fleisch. Seit einem halben Jahrhundert wählt der Gast den frischen Fisch von der Eistheke, bekommt lokale Spezialiäten wie die landesweit geliebte Molokhaya, hier mit Shrimps serviert. Nicht verpassen. Ab 70 LE

King Edward Restaurant: 171 Sh. at-Tahrir, Tel. 391 54 51, tgl. 12–15, 17–23 Uhr. Der ewige Zweite nach George. Gute Auswahl an Fisch, auch Fleisch, Pizza. Ab 65 LE

Al Gandoul: Sh. Sultan Hassan, Tel. 392 82 51, tgl. 12–23 Uhr. Gute gemischte Grillplatte, Pasta und Fisch. Ab 50 LE

Am Timsah-See gibt es einige nette **Strände**, die aber im Sommer von Tagesausflügern aus Nah und Fern belagert sind. Hotels und Clubs bieten so genannten ›day use‹ an – Tageseintritt für Benutzung des Strandes.

FAKTEN ZUM SUEZKANAL

Dort, wo heute der Suezkanal verläuft, gab es bereits in der Antike einen Isthmus, eine Landbrücke, zwischen Afrika und Asien. Auch mündete einer der sieben (heute nur mehr zwei) Nilarme hier ins Mittelmeer. Für den Suezkanal schloss der Khedive Ismail Pasha 1856 einen Konzessionsvertrag mit der »Compagnie Universelle du Canal Maritime de Sues« Ferdinand de Lesseps' ab. Am 25. April 1859 begannen die Arbeiten. Die heutigen Städte am Suezkanal sind im Wesentlichen aus den Siedlungen der Zwangsbauarbeiter hervorgegangen, die, zu Tausenden angeheuert, unter erbärmlichsten Bedingungen das Kanalbett aushoben.

Nach zehnjähriger Bauzeit eröffnete am 16. November 1869 Frankreichs Kaiserin Eugénie, Gemahlin Napoleons III., den Suezkanal – der schon bei der Eröffnung nicht tief genug war – und *die* Party des 19. Jh., zu der die europäische High Society fast geschlossen anreiste. Österreichs Kaiser Franz Joseph, der türkische Sultan von Konstantinopel, Botschafter und Minister tanzten mit Eugénie die ganze Nacht. 3000 Gäste labten sich bei einem 24-Gänge-Menü u. a. an *poisson à la réunion des deux mers*, rotem Burgunder und Champagner. Mit dem 16. November 1869 war eine der größten Bauleistungen des 19. Jh. vollendet.

In der ersten Zeit nach Inbetriebnahme des Kanals überstiegen die Zinsen für die Baukredite die Einnahmen. Um den Staatsbankrott abzuwenden, musste Ägypten einen 99 Jahre laufenden Konzessionsvertrag seiner Gläubiger akzeptieren (Laufzeit bis 1968); Frankreich und England erhielten damit die Finanzkontrolle über Ägypten. 1888 wurde die Suezkanal-Konvention zwischen Großbritannien, Frankreich, Deutschland, Österreich-Ungarn, Italien, Russland, Spanien, Türkei und den Niederlanden geschlossen, die bis 1968 die freie Durchfahrt für Kriegs- und Handelsschiffe in Kriegs- und Friedenszeiten garantierte (zur Suezkrise s. S. 28).

1870, im ersten Jahr der Suezschifffahrt, passierten lediglich 468 Schiffe mit einer Nettotonnage von 0,437 Mio. t den Kanal. 1987 waren es schon 18 780 Schiffe mit 354 Mio. t. Ölfracht machte 1966 etwa 73 % der Gesamtladung aus. Zehn Jahre später war dieser Wert auf 29 % gesunken, da die Öltanker zunehmend größer konstruiert wurden und der Suezkanal mit 18 m nicht mehr genug Tiefe hatte. In zwei Ausbaustufen wurde er seit 1980 erweitert, aber auch die neue Tiefe von 20 m erlaubt den modernen Tankerriesen keine Durchfahrt. Sie nehmen weiterhin den Weg um das Kap der Guten Hoffnung. In den vergangenen Jahren begann die Kanalverwaltung die Fahrspur mit Hilfe von Absaugbaggern zu vertiefen, um sie für die Supertanker der neuesten Generation befahrbar zu machen.

Wohlstand für die gesamte Suezregion verspricht sich Ägypten von den Industriezonen in und um Port Said und Suez. Doch die Zahl der den Kanal passierenden Schiffe ist rückläufig. Um gegen den zunehmenden Luftfrachtverkehr bestehen zu können, wurden wiederholt die Durchfahrtsgebühren gesenkt – Anlass für Pessimisten, Port Said einen neuen Namen zu geben: Kap der trüben Hoffnung.

Bahn: Alle 60–90 Min. Züge nach Kairo; mehrmals tgl. nach Suez und Port Said
Busse: Alle 30–90 Min. vom Midan Orabi Busse nach Port Said und Suez (Anschluss Sinai), stdl. nach Kairo und ins Delta. Infos Tel. 332 15 13
Sammeltaxis: Fast stdl. in alle Richtungen

Port Said

Vorwahl 066; **Reiseatlas:** S. 232, A 1
Port Said, 460 000 Einwohner, ist die dritte der Suez-Städte, zweitgrößter Hafen nach Alexandria, großer Umschlagplatz für europäische Waren von der Schokolade bis zum Anzug. Die Stadt lebt einzig von der Suezkanal-Wirtschaft und dem Handel mit Umschlagwaren. Die Stadt spiegelt in ihrem schon wuchernden Wachstum eins zu eins wider, wie sehr dieser Sektor boomt. Das Stadtzentrum hat in den letzten Jahren viel von seinem geschäftigen Flair verloren, seit der zollfreie Verkauf von Waren verboten und die Freihandelszone für den Einzelhandel aufgehoben wurde. Das lockte täglich Tausende aus so weit entfernten Städten wie Alexandria an.

Besichtigung

Als erstes spaziert man in Port Said zum Hafen. Hier legen riesige Kreuzfahrtschiffe ebenso an wie die großen Flugzeugträger der Vereinigten Staaten. Die 1995 erbaute **Moschee** 1 auf der Port-Fuad-Seite sollte man unbedingt besichtigen, sie ist ein gutes Beispiel moderner Moscheearchitektur. Architektonisches Glanzstück der Hafenstadt ist das **Suez Canal Building** 2 nahe der Anlegestelle der Fähre mit seinen weiß glänzenden Kolonnaden und drei türkisgrünen Kuppeln.

Sehenswert ist auch – mit aller kritischer Distanz – das **Kriegsmuseum** 3 an der Sh. 23 July (Tel. 322 46 57, Sa–Do, 9–16 Uhr). Es glorifiziert die Sinai-Kriege, deutet auch die großen Niederlagen Ägyptens – auf dem Feld oder am Verhandlungstisch – zu Siegen um. Zum touristischen Muss soll nach der Renovierung das **Nationalmuseum** 4 in der Sh. Palestine (an der Hafeneinfahrt bei den Hotels) werden, mit Funden aus diversen Epochen seit pharaonischer Zeit.

Sehenswürdigkeiten
1 Moschee in Port Fuad
2 Suez Canal Building
3 Kriegsmuseum
4 Nationalmuseum

Übernachten
5 Helnan Port Said
6 Holiday Hotel
7 Sonesta Hotel

Essen und Trinken
8 Nosrat I. Canal Cruiser
9 Maxim
10 Galal Seafood
11 Pizza Pino

Auch wenn man Einheimische hier schwimmen sieht: Der Strand in der Nähe der Kanaleinfahrt eignet sich nur für hartgesottene Wasserratten zum Baden. Obwohl die Strände selbst sauberer sind als noch vor Jahren – die Wasserqualität nahe einer belebten Schiffsstraße ist sicher kritisch.

Tourist Information, 8, Sh. Palestine, Tel. 323 52 89, Sa–Do, 9–16 Uhr
Tourist Police Tel. 322 85 70

Helnan Port Said [5]: Sh. El Corniche, Tel. 332 08 90, Fax 332 37 62, www.helnan.com. An der Einfahrt zum Suezkanal mit wunderbarem Blick aufs Mittelmeer. Ab 175 US$
Holiday Hotel [6]: Sh. El Gumhurrija, Tel. 322 07 11, 322 07 13, Fax 322 07 10. Einfaches, etwas abgewohntes Hotel in der Stadtmitte. Ab 160 LE
Sonesta Hotel [7]: Sh. Palestine, Tel. 332 55 11, 332 64 10, Fax 332 48 25, www.sonesta.com/egypt_portsaid. Durchaus angenehmes Fünf-Sterne-Hotel. DZ ab 135 US$

Nosrat I. Canal Cruiser [8], Sh. Palestine, Tel. 332 68 04. Vor Anker an der Kanalpromenade. Um 15 und 20.30 Uhr legt das kleine Schiff zu Lunch- und Dinnerfahrten in der Kanaleinfahrt ab;

DIE VERSTAATLICHUNG DES SUEZKANALS

Durch List und Kalkül zum panarabischen Vorbild

»Nasser 56« heißt der Kassenschlager, der, kaum in die ägyptischen Kinos gekommen, 1996 nicht nur alle da gewesenen Zuschauerrekorde schlug, sondern bei den Besuchern heftigste Ablehnung und größte Euphorie auslöste, was sich nach den Kinovorstellungen gelegentlich in Handgemengen entlud. Uneins war sich das Publikum darüber, ob Nasser, dessen arabischer Sozialismus zum Teil mitverantwortlich ist für die heutige Misere Ägyptens, postume Glorifizierung verdient oder nicht.

Unbestritten war aber, dass Präsident Gamal Abdel Nasser 1956 eine der größten politischen und patriotischen Taten vollbrachte: die nach internationalem Recht illegale Verstaatlichung des Suezkanals. Zur Deckung der Baufinanzierung hatte Ägypten die Nutzung des Kanals für 99 Jahre (1869–1968) einer mehrheitlich französisch-britischen Kanalgesellschaft übertragen. Nach dem Ende des Zweiten Weltkriegs forderten viele Ägypter, die sich seit Anfang des 20. Jh. in einer wachsenden national ausgerichteten Bewegung sammelten, die Rückgabe des Kanals.

Am 26. Juli 1956, dem dritten Jahrestag des Sturzes der Monarchie, hielt Nasser in Alexandria vom Balkon seiner Residenz eine flammende, über Radio ausgestrahlte Rede, eine Abrechnung mit dem britischen und französischen Imperialismus, der von den Kolonialzeiten noch bis in die Gegenwart reiche. Seine verbalen Attacken konzentrierte Nasser auf die eigentlich eher marginale Person des Kanalerbauers Ferdinand de Lesseps. Immer wieder rief er den Namen Lesseps aus. Was keiner seiner Zuhörer vor Ort und an den Radios wusste: Lesseps war das Stichwort für den Beginn des militärischen Coups am Kanal. Erst am Ende seiner langen Rede sagte Nasser wie beiläufig und wiederholte dies noch zweimal: »Ich gebe hiermit bekannt, dass der Suezkanal verstaatlicht ist und nun zu 100 % dem ägyptischen Volk gehört.«

Nie mehr hat Ägypten seither ein Ereignis derart bejubelt und in Eintracht gefeiert wie diesen Tag, der Nasser zum panarabischen Idol der Stärke, des Mutes und der unbeirrbaren Entschlossenheit werden ließ. Dass Nasser damit einen Krieg mit England und Frankreich riskierte, der auch kommen sollte (Suezkrise 1956, s. S. 28), das lag in seinem Kalkül. Klar war Nasser aber wohl auch, dass Ägypten am Ende nicht der Verlierer sein würde. Und so geschah es: Obwohl militärisch rasch die Oberhand gewinnend, konnten sich England und Frankreich, unterstützt von Israel, aufgrund eines eindeutigen Votums der Vereinten Nationen nicht erlauben, den Suezkanal unter dem Vorwand, den Welthandel sichern zu wollen, zurückzuerobern. Gegen drei mächtige Gegner kämpfte Ägypten und stand nun als strahlender Sieger da, der so seine Kolonialvergangenheit endgültig abgeschüttelt hatte.

sehr gute ägyptische Küche. Das Schiff, zeitweise still gelegt, soll 2007/08 wieder den Betrieb aufnehmen. Ab 130 LE

Maxim 9: Sonesta Einkaufszentrum, Sh. Palestine, 1. Stock, Tel. 323 43 35, tgl. 12–14.30, 18–23 Uhr. Feines Fischrestaurant, nur an der Atmosphäre hapert es. Ab 55 LE

Galal Seafood Restaurant 10: Sh. El Gumhurrija, Tel. 322 96 68, tgl. 12–23 Uhr. Ein lokaler Favorit. Galal serviert Mezze, Calamari und sonstigen Fisch. Ab 30 LE

Pizza Pino 11: Sh. El Gumhurrija, Tel. 323 99 49, tgl. 12–15, 18–23 Uhr. Pizza, Pasta in attraktiver Umgebung. Ab 25 LE

Fähre: Rund um die Uhr regelmäßige Verbindung vom Hafen in Port Said nach Port Fuad auf der anderen Kanalseite

Bahn: Alle 60–90 Min. nach Kairo; mehrmals tgl. nach Isma'iliya und Port Said

Busse: Alle 30–90 Min. nach Isma'iliya, Suez (Anschluss Sinai) und Kairo; stdl. ins Delta und in die Orte am Mittelmeer. Tel. 372 17 79

Sammeltaxis: Fast stdl., alle Richtungen

Eine Passage durch den Suezkanal

Reiseatlas: S. 232, F 1-3

Port Said. 19 Uhr.

Das Mittelmeer vor Port Said ist glatt wie eine gebügelte Tischdecke. Mit Kettenrasseln rauscht der Anker des Containerfrachters Euro in die Tiefe. Käpt'n Werner Tapper holt tief Luft. Die salzige Meerbrise, die Tapper so gerne schmeckt, mischt sich mit der trockenwarmen Landluft des Sinai.

Vor Tapper und seiner 16-Mann-Crew liegt die geschichtsträchtige Passage durch den Suezkanal, seit der Eröffnung 1869 die wichtigste und gefährlichste Wasserstraße der Welt: 195 km lang, sensibler Nerv des Welthandels, der zu 14 % durch dieses Nadelöhr geht. Jährlich passieren 16 000 Tanker und Frachter mit insgesamt 381 Mio. t Ladung den Kanal. Die Pötte bescheren Ägypten jedes Jahr über 2,5 Mrd. US$ an Deviseneinnahmen, wichtiger Haben-Posten im Etat des Entwicklungslandes.

Pünktlichkeit ist Vorschrift

Die Fahrt von Hamburg nach Singapur und zurück ist stundengenau geplant. »Wir sind exakt 61 Tage unterwegs«, sagt Tapper. »Wenn ich von Le Havre auslaufe, dann habe ich für das Löschen der Ladung in Singapur bereits Tag, Uhrzeit und Platz gebucht.« Sieben Tage dauert die Fahrt von Le Havre durch die Straße von Gibraltar zum Suezkanal. »Ein Wettschiffen gegen die Zeit«, so Tapper.

Punkt 19 Uhr müssen die Anker vor Port Said geworfen sein. Zwei Stunden Verspätung tolerieren die Suez Canal Authorities – gegen teure 5 % Zuschlag auf die Passagegebühr von 180 000–210 000 €. Zwei Konvois mit je 15 bis 20 Schiffen sollen um Punkt 1 Uhr und 7 Uhr Richtung Süden starten, Golf von Suez, Weiterfahrt durch's Rote Meer zum Indischen Ozean. Der Gegenkonvoi startet um 6 Uhr in Suez. »Fällt der Anker nur eine Minute nach der Karenzzeit 21 Uhr«, so Tapper, »hänge ich einen Tag fest, und den hole ich nie mehr ein. Normale Fahrt mit 23 Knoten, 43 km/h, ist bei uns schon 90-%ige Mo-

Durchschiffung des Suezkanals

torleistung.« Ein Tag Verspätung schlägt bei der Reederei mit 31 000–41 000 € zu Buche.

Grobe Unpünktlichkeit mag Ägyptens Volkskrankheit sein – die Kanal-Verwaltung arbeitet mit dem Chronometer. Zeit ist der wichtigste Faktor im Welthandel. Der Suezkanal erspart der Schifffahrt die Umfahrung des afrikanischen Kontinents mit dem gefährlichen Kap der Guten Hoffnung, verkürzt die Strecke Rotterdam–Bombay um 66 %, erspart zwischen Genua und Arabischem Golf, dem größten Öllieferanten der Welt, 55 % Fahrzeit.

Ohne diese Abkürzung verteuerten sich Waren aus Fernost in Europa um rund 10 %, wie man zwischen 1967 und 1975 lernte. Im Sechstagekrieg gegen Israel hatte Ägyptens Präsident Gamal Abdel Nasser den Kanal blockiert. Acht Jahre lang mussten Tanker und Frachter wie früher Afrika umfahren. Tapper war damals nach Singapur und zurück 16 Tage länger unterwegs als jetzt.

Kapitän Tapper steht auf der Brücke und bespricht sich über Funk mit dem Agenten seiner Reederei in Port Said. Abchecken der Papiere, Ladung, Anzahl der Container, Paletten, Besatzung. Einstweilen legen längsseits nacheinander neun Lotsenboote an – Wasserflöhe neben der Euro. Männer klettern keuchend die steile Lotsenleiter zum Deck des 120 000-Bruttoregistertonnen-Frachters hoch: Beamte der Suezkanal-Verwaltung.

Bakschisch für die Lotsen

Die Verwaltungsbeamten sind im Schiffsbauch der Euro verschwunden. Ein Amtsarzt fahndet nach Seuchen, ein Zollbeamter nach Schmuggelware. Ein Polizist kontrolliert die Pässe. Der Suezkanal-Elektriker (der Beruf heißt wirklich so) bereitet für die Nachtfahrt den Schiffsscheinwerfer vor. Ein Containerprüfer untersucht die sichere Verankerung der Container und ihren Inhalt. Ein Lagerrauminspektor berechnet mit Zollstock und Taschenrechner, ob das Schiff nicht mehr als deklariert transportiert oder gar überladen ist.

»Wenn einer von den Hafenleuten etwas beanstanden will, dann findet er was«, weiß Tapper. »Eine herumliegende Palette, die da nicht hingehört – schon gibt's saftigste Geldstrafen, weil die Papiere nicht stimmen. Das geht schnell in die Zehntausende.« – ginge. Denn Tapper tut, was alle Kapitäne tun: Wenn die meisten der Beamten das Schiff nach einer Stunde verlassen, bedenkt er jeden der miserabel bezahlten Ägypter, Monatslohn umgerechnet knapp 40 €, mit mindestens zwei Stangen Marlboro. »Das kostet uns zollfrei ca. 550 €, eine gute Investition.« Einzig Marlboro wird als Bakschisch-Währung akzeptiert; ›Marlboro-Graben‹ nennen Seeleute den Kanal. (Das Foto von Tapper mit den Marlboro-Stangen wurde dem Fotografen vom Suez-Militärgeheimdienst, der jedes Profimaterial über den Kanal zensiert, abgenommen.)

Mitternacht.
Port Said, mit Baubeginn des Suezkanals gegründet, ist hellwach. Junge Männer plaudern an der Mole sitzend, Paare flanieren an der Hafenpromenade. Ausflugsbarkassen, auf denen junge Leute zu ägyptischer Musik im Takt klatschen, umschippern die indische Bombay, die seit zwei Monaten vor Anker liegt. (Der Frachter hat 20 000 t Zucker an Bord; doch der ägyptische Händler weigerte sich, die seines Erachtens minderwertige Ware abzunehmen. Seither versucht der Kapitän einen Käufer zu finden, um die Hafengebühren bezahlen zu können.)

Punkt 1 Uhr.
Konvoi eins, 17 Schiffe, setzt sich in Bewegung, fährt in den Hafen ein, Backbord vorbei am Minarett der neuen Moschee, nachts grell angestrahlt – noch ein paar Watt heller als auf der anderen Beckenseite das weiß getünchte Profangebäude der Hafenverwaltung im britischem Kolonialstil. Drei Kuppeln, eine davon auf dem Tower der Hafenmeisterei, verleihen dem Bau palastähnliches Flair.

In festgelegter Reihenfolge ziehen die Schiffe in 900 m Abstand durch den Hafen in den Kanal ein. Hafenmeister Captain Mahmoud el Gazzar hatte am Abend die Liste der Schiffe erhalten. Aus einem Holzkästchen zog Gazzar Karteikarten, verglich Listen und las Karten, versah die Namen auf den Listen mit Ziffern. Blue North 7, Euro 4, Karema 2, Kyremitis 5, Essen Express 1, Aga Sofia 6, Rimba Merba 8, Med Hongkong 3 und und und.

»Über jedes Schiff, das den Suezkanal benutzt, legen wir eine eigene Karteikarte mit den wichtigsten Daten wie Bauart, Alter, Flagge, Zustand und vorherige Unfälle an«, sagt Gazzar. »Der Suezkanal ist mit wechselnder Richtung eine schmale Einbahnstraße, nur 190 m breit.« Da gibt's kein Überholen. Bleibt ein Schiff liegen, ist der Kanal blockiert. Alle dahinter fahrenden würden viel Zeit und Geld verlieren. »Um dieses Risiko zu minimieren«, so Gazzar, »fahren die schwereren und neuesten Schiffe voran. Schwerfällige Öltanker sowie unsichere Billigflaggen, Seelenverkäufer und Rostlauben mit schwarzen Flecken auf der Kartei-Weste fahren am Schluss.«

13 Stunden dauert die Suez-Passage; vier verschiedene Lotsen wird Kapitän Tapper zur Seite haben: jeden für einen Abschnitt des Kanals, den der kennt wie sein Wohnzimmer.

Dicker Nebel packt den Konvoi in Watte, Sicht bis zum Bug. Der Lotse liest die Route von Radarmonitoren. Unterstützt von Satellitennavigation instruiert er den Steuermann. »Der Suezkanal«, sagt Tapper, »ist gefährlicher als der Panamakanal. Die Fahrrinne ist eng, bei Nordwestwind muss man höllisch aufpassen, in der Spur zu bleiben.«

7 Uhr.
Nach sechs Stunden Fahrt erreicht das erste Schiff des Konvois Isma'iliya. Vom Fährhafen Nimra Sitta blickt man weit in die Sinai-Wüste bis zu den bizarr-bunten Granit- und Kalksteingebirgen am Horizont. Am Ufer reiten Beduinen auf Kamelen vorbei.

Von der Straße aus, die zwischen Port Said und Isma'iliya am Kanalbett entlangläuft, wirkt der Konvoi wie eine Schiffskarawane, die auf magische Weise über Wüstensand gleitet.

Am Timsah-See, dem krokodillosen ›Krokodilsee‹, erhebt sich ein achtstöckiges weißes Bürohaus. Auf seinem Dach dreht sich eine riesige Radarantenne, die aus der Ferne einer rotierenden Banane ähnelt. Es ist der Sitz der Suez Canal Authorities, Ägyptens am besten funktionierender Behörde.

Bußgeldkatalog für Dickschiffe

Mag der ägyptische Durchschnittsbeamte statistisch nur 27 Minuten pro Tag arbeiten – hier wird in drei Schichten hart malocht, damit die Maschinerie Suezkanal reibungslos läuft. Man weiß: Ein kleiner Fehler, der hier gemacht wird, pflanzt sich rund um die Weltmeere fort, kostet Firmen und Reeder von Hamburg bis Hongkong viel Geld.

Als Erfinder der Bürokratie entwickelten die Ägypter für die Kanalschifffahrt selbstredend ein mittlerweile 300-seitiges Regelwerk. »Die Sprossen der Lotsenleitern«, bestimmen die Rules of Navigation z. B., »dürfen nicht weniger als 19 inches lang, 4,5 breit und 1 inch dick sein«. Kein Seemannsgarn.

Umfangreich ist der Bußgeldkatalog. Wer gefährliche Ladung, Chemikalien etwa, schmuggelt, erhält zwei Jahre Durchfahrtsverbot und 15 000 US$ Strafe. Kapitäne, die die vorgeschriebene Konvoi-Geschwindigkeit um 1 km/h unterschreiten, zahlen als Aufschlag 10 % der Passagegebühr, bei 5–6 km/h 160 %. Wer Abfall, Öl oder andere Substanzen verklappt – 5000–20 000 US$. »Diese Vorschriften sind teilweise abstrus«, lächelt Tapper, »aber sie garantieren einen Sicherheitsstandard, von dem jeder im Konvoi profitiert.«

Vergleichsweise billig kommt davon, wer gegen das generelle Hup- und Pfeifverbot auf dem Suezkanal verstößt – umgerechnet etwa 51 € Strafe. Noch ›günstiger‹ kommt es die Reederei, wenn sie die beachtlichen Passagegebühren in einer anderen Währung als angekündigt überweist. Zuschlag: 9 LE, umgerechnet 2,35 €. Rabatt gibt's auch – für besonders sichere Schiffe: 2 % für moderne Öltanker mit Doppelhüllen-Wänden, die wahrscheinlich die Exxon-

Valdez-Katastrophe 1989 in Alaska und die Folgen manch anderer Havarie verhindert hätten.

Ein havarierter Öltanker ist der Alptraum des Suezkanal-Chefs Ezzat Adel. Brennendes Öl könnte den Kanal mit den Konvois auf seinen 195 km binnen kurzem in ein Flammenmeer verwandeln – ein ökologisches Inferno. »Etwa 280 Tanker transportieren jeden Monat«, so Adel, »um die 11 Mio. t Öl aus den Golfstaaten durch den Kanal. Wir planen, für diese immer größer werdenden Supertanker den Kanal tiefer und breiter zu machen.« 1 Mrd. US$, die Hälfte der Jahreseinnahmen, dürfte die Erweiterung auffressen. Aber noch wissen Schiffsbauer und Reeder nicht, wie sicher und groß diese Doppelhüllentanker der Zukunft sein werden.

Vielleicht wird Adel das Geld ohnehin sparen können. Bereits heute pumpt die Sumed-Pipeline 73 Mio. t Rohöl von Ägyptens Rotmeerküste an die Mittelmeerküste. Seit dem Frieden zwischen Israel und Jordanien könnte eine zweite Pipeline von den Golfstaaten zum Mittelmeer verlegt werden, an Ägypten vorbei. Kein Tanker müsste mehr durch den Suezkanal fahren. Aber das will Adel lieber nicht weiterdenken. Ihn beruhigt nur, dass man Videorecorder und japanische Autos niemals durch Pipelines wird pumpen können.

Kapitän Tapper und der Konvoi haben Isma'iliya hinter sich gelassen. Backbord: Wüste, Sanddünen, Gebirge; Steuerbord: Wüste, Sanddünen, Gebirge. Gleich einem blauen, sandgelb gesäumten Band zieht sich der Kanal zum Großen und Kleinen Bittersee, beide zusammen 37 km lang.

Der Lotse geht von Bord

Ehe der Kanal 1869 geflutet wurde, waren beide Seen salzverkrustete Pfützen. In den einst vertrockneten Becken vermischen sich, vor 150 Jahren noch undenkbar, die Wasser des Mittel- und des Rotmeeres. Die Seen gleichen die unterschiedlichen Gezeiten der beiden Meere aus.

Mittag.
Es ist höllisch heiß. Noch zwei Stunden, dann wird bei gedrosselter Fahrt schließlich der letzte Lotse von Bord der Euro gehen, in Port Tawfik bei Suez, der Kanalausfahrt ins Rote Meer. Hier steht, arg ramponiert, das Indian War Memorial mit dem britischen Löwen. Gegenüber glänzt – makellos – das monumentale Relief des ägyptischen Löwen Nasser: »Der Präsident schenkt den Suezkanal allen Ägyptern«, Erinnerung an die Verstaatlichung des Suezkanals durch Nasser im Jahr 1956 (s. S. 178). Damit löste er die Suezkrise (s. S. 28) aus und beraubte die Kanaleigner Frankreich und England ihrer ›Schwingtür nach Fernost‹, wie Briten-Premier Anthony Eden gesagt hatte.

Am Horizont erkennt man flimmernd Bohrtürme und Riesentanks von Raffinerien. »Volle Fahrt«, weist Tapper den Steuermann an. Und wie jedesmal, wenn er mit dem Kanal Ägypten hinter sich lässt, denkt Tapper an seinen Wunsch, den er sich auf seiner Tour Hamburg–Singapur niemals erfüllen kann: »In Port Said runter vom Pott, nach Kairo und die Pyramiden besichtigen.«

DIE MITTELMEERKÜSTE

An der Mittelmeerküste, deren östlichster Teil zum Nordsinai gehört, liegen El Arish und das aus weltweiten Schlagzeilen bekannte Rafah, der geschundene Grenzort zu Gaza/Palästina und Israel. Das antike Pelusium besteht nur mehr aus Ruinen.

Pelusium

Reiseatlas: S. 232, A 1
An der Mittelmeerküste liegen die Ruinen von Tel el Farama, dem antiken Pelusium, das nur für den wirklich archäologisch Interessierten einen Besuch lohnt. Pelusium, bekannt, weil Pompejus hier von Lucius Septimius ermordet wurde, war unter den Ptolemäern und den Römern eine wichtige Stadt. Der Geschichtsschreiber Diodorus Siculus (1. Jh. v. Chr.) erwähnt in Zusammenhang mit dem Ort den Aufmarsch der Heere des Ptolemäers Antigonus, der 306 v. Chr. vergeblich versuchte, über Ägypten Asien zu erobern. Später zogen römische Heere und die Armee des islamischen Feldherrn Amr Ibn el As durch.

Sabkhet el Bardawil

Reiseatlas: S. 232, C 1
Etwa 15 % der Sinai-Bewohner ernähren sich vom Fischfang aus dem 38 km langen Bardawil-See. Ideal zum Beobachten fischfressender Vögel (u. a. Kormorane, Fischreiher); auch Zugvögel aus Europa machen hier Rast (tgl. 8 Uhr bis Sonnenuntergang, 30 LE). Für vom Aussterben bedrohte Wasservögel gilt der See als eine der bedeutendsten ökologischen Nischen im Mittelmeerraum. Hin und wieder diskutierte Pläne, den See für die landwirtschaftliche Bewässerung zu nutzen (und damit seine natürliche Funktion als Vogelreservat zu gefährden), wurden bisher nie ernsthaft weiterverfolgt.

El Arish

Vorwahl 068; **Reiseatlas:** S. 233, D 1
Wenn es im Sommer im übrigen Ägypten, auf dem Südsinai und am Roten Meer, unerträglich heiß werden kann, genießt man hier ein mediterranes Klima mit einer angenehmen Brise. El Arish, das bereits auf dem Weg zu einem veritablen Ferienort war, ist mittlerweile der große Verlierer, seit sich aller Tourismus Richtung Rotes Meer orientiert. Die Hotelkette Oberoi hat sich zurückgezogen; der Standard am Ort ist gefallen. Die 30 km langen Palmenküste gehört, ordentlich parzelliert, zum größeren Teil zu Ferienwohnungen

und Villen wohlhabender Ägypter. Haupteinnahmequelle bilden hier noch immer Fischfang, Landwirtschaft, Gasproduktion und Ölförderung.

Orientieren kann man sich mühelos an der Sh. Fuad Zikry, die durch den gesamten Ort verläuft. Die Bewohner von El Arish, von denen viele palästinensischen, jüdischen, türkischen und syrischen Ursprungs sind, gelten als sehr freundlich und aufgeschlossen gegenüber Fremden.

Besichtigung

Die Geschichte des Ortes sowie der beduinischen und palästinensischen Bevölkerung des nördlichen Sinai dokumentiert ein kleines Informationszentrum (**Environmental Tourist Exhibition Center**), für das im Touristenbüro Besichtigungen arrangiert werden können (Sa–Do 10–16 Uhr).

Tourist Information: Sh. Fuad Zikry, Tel. 336 37 43, Sa–Do 9–17 Uhr

Tourist Police: Sh. Fuad Zikry, Tel. 336 10 16

El Arish Resort: Sh. Fuad Zikry, Tel. 335 13 21. Das frühere Oberoi hat den Glanz der Edelhotelkete nicht ganz mit in die Gegenwart retten können, liegt aber sehr schön am Strand. DZ ab 80 US$

Semiramis El Arish Hotel: Sh. Fuad Abu Zikry, Tel./Fax 336 41 67. Das Hotel hat gute Zimmer, leider ist es von Strand und Meer zu weit entfernt. Ab 35 US$

Hotel Sinai Sun: Sh. 23 July, Tel./Fax 336 18 55. Zimmer mit TV, Telefon. Ab 14 US$

Melonenverkauf in El Arish

ABC DER FRIEDENSSICHERUNG – DIE UN-FRIEDENSTRUPPE MFO

1979 schlossen Ägyptens Anwar el Sadat und Israels Menachem Begin unter amerikanischer Schirmherrschaft den Frieden von Camp David. Damit alle getroffenen Vereinbarungen in Zusammenhang mit der Rückgabe des Sinai auch tatsächlich umgesetzt wurden, erteilten die Vereinten Nationen einer speziellen UN-Truppe das Mandat, auf beiden Seiten den Frieden zu sichern.

Das Mandat für die Friedenstruppe lief 1982 aus; sie wurde ersetzt durch die MFO, die Multinational Force and Observers, eine internationale Organisation, die von Israel und Ägypten zu gleichen Teilen finanziert wird. Die Wagen und Jeeps mit dem Autokennzeichen MFO und der Friedenstaube begegnen einem allenthalben auf dem Sinai. Die MFO-Soldaten haben die Aufgabe, auch weiterhin die Einhaltung des Friedensabkommens zu sichern, das beiden Seiten nur eine teilmilitarisierte Grenzzone erlaubt.

Für den Sinai bedeutet dies, dass die Halbinsel in drei Zonen unterteilt ist: A, B und C. In Zone A (Rafah/Mittelmeer bis Ostküste am Golf von Aqaba einschließlich Sharm el Sheikh) darf die ägyptische Armee nur 22 000 Mann Infanterie samt Equipment stationieren – keinen Mann mehr. In Zone B (ein vom Mittelmeer inklusive El Arish reichender Keil über den gesamten Zentralsinai) darf Ägypten vier Bataillone mit je 4000 Mann und Kurzstreckenwaffen stationieren, dazu Personal und Gerät für die Überwachung der Küste. In Zone C (ein breiter Küstenstreifen von östlich Port Saids bis einschließlich Ras Mohammed) sind nur MFO-Soldaten gestattet. Ägypten darf keinerlei Militär, lediglich Polizei mit leichter Bewaffnung stationieren. Zone D in Israel unterliegt ähnlichen Einschränkungen für militärische Präsenz.

Die MFO-Soldaten, die hier einen unentbehrlichen Dienst tun, stammen u.a. aus Italien, Frankreich, den Niederlanden, den USA, aus Uruguay und den Vereinigten Staaten. Italien garantiert mit drei Kanonen- und Minenräumschiffen, die in Sharm el Sheikh stationiert sind, die ungehinderte Fahrt durch die Straße von Tiran und den Golf von Aqaba. MFO-Hauptquartiere liegen in Sharm el Sheikh und in Gora nahe der Mittelmeerküste.

Über einen Abzug der MFO-Truppen zu reden, das ist in Israel wie in Ägypten schon fast ein Tabu. Denn die Präsenz der neutralen Soldaten hat deeskalierende Wirkung und verführt keine der beiden Seiten dazu, in schwierigen Zeiten – wie etwa seit der Wahl des israelischen Hardliner-Premiers Benjamin Netanjahu – mit Truppenaufzügen an der Grenze den anderen zu provozieren.

Der Auftrag der MFO wird sich erst erübrigt haben, wenn für den gesamten Nahen Osten ein umfassender Frieden, Syrien und Libanon eingeschlossen, ausgehandelt wurde. Und das kann noch sehr lange dauern.

Empfehlenswert sind die **Hotels**, und rund um den **Midan Baladiya** servieren lokale Imbissbuden *ful* und *tameya*. Am Strand im **Basata-Restaurant**, gibt es frisch zubereiteten Fisch. Die Strandlokale sind bis Sonnenuntergang geöffnet, Imbissbuden tgl. 7–ca. 22 Uhr.

Donnerstags findet ein Beduinenmarkt statt, der leider immer mehr zu einem Ramschmarkt verkommt. Eine lokale Besonderheit: Beduinenfrauen verkaufen von Hand gefertigte Kleidung mit feinen Stickereien, für die der Nordsinai bekannt ist.

Im März/April und Sept./Okt.finden Kamelrennen statt. Zahlreiche Besucher strömen zu den Rennen – ein ganz besonderes Schauspiel. Die Daten liegen nicht exakt fest, daher muss man sich vor Ort erkundigen. Die Hotels sind normalerweise informiert.

Bus: Mehrmals tgl. nach Kairo und Suez via Isma'iliya (Busbahnhof außerhalb), Tel. 332 59 31.
Servicetaxis: Unregelmäßig nach Kairo, Isma'iliya, Suez; ab Busbahnhof.

Rafah

Vorwahl 068; **Reiseatlas:** S. 233, E 1
Durch den kleinen Ort Rafah verläuft, so bestimmte es 1979 der Friedensvertrag von Camp David, die Grenze zwischen dem palästinensischem Gaza und Ägypten, so wie sie 1906 von den Engländern willkürlich festgelegt worden war.

Samstags findet in Rafah ein kleiner Beduinenmarkt statt, der noch ursprünglicher ist als der in El Arish.

Der Ort selbst ist nicht besonders einladend, und sein Name, der immer wieder durch die internationale Presse geht, erinnert in erster Linie an das Schicksal der Palästinenser, die hier im Transit häufig auf unbestimmte Zeit wie im Niemandsland festsitzen und aus unerfindlichen Gründen weder nach Israel/Gaza einreisen noch nach Ägypten zurückkehren dürfen. Touristen hingegen können die Grenze in einer knappen Stunde passieren – und dabei Zeuge einer ebenso traurigen wie alltäglichen Begebenheit werden: sowohl israelische als auch ägyptische Beamte schikanieren palästinensische Reisende, kippen ihnen u. U. den Kofferinhalt auf den Boden oder lassen sie einfach endlos auf ihre Abfertigung warten.

Weit Schlimmeres jedoch spielt sich jenseits der Grenze ab, im palästinensischen Teil von Rafah. Weil immer wieder durch unterirdische Geheimtunnel Waffen nach Gaza geschmuggelt werden, ist Rafah (Gaza) einer der häufig von Israel beschossenen Orte. 2004 wälzte die israelische Armee hier zur Vergeltung für die Aktivitäten der Schmuggler hunderte Häuser Unschuldiger mit Bulldozern nieder.

Die Grenze ist seit Mitte 2005 oft geschlossen. Wer wissen will, was auf der anderen Seite geschieht – der Student Mohamed pflegt eine Website über das Leben in Rafah: www.rafahtoday.org

Tourist Information: Tel. 330 22 26 (an der Grenzabfertigung)

Bus: Mehrmals tgl. von/nach El Arish.

REISEINFOS VON A BIS Z

Alle wichtigen Informationen rund ums Reisen auf einen Blick – von A wie Anreise bis Z wie Zeitungen

Extra: Ein Sprachführer mit wichtigen Redewendungen, einem Überblick über die ägyptische Speisekarte und Zahlen

Die Straße von Tiran

REISEINFORMATIONEN VON A BIS Z

Alkohol

Nach vorherrschender Auslegung des Islam ist Muslimen Alkohol und alles Berauschende und die Sinne Raubende verboten. Doch ist man in Ägypten mit Rücksicht auf die koptische Minderheit und die Gewohnheiten ausländischer Touristen tolerant. In fast allen Hotels und allen gehobenen Restaurants im Land ist Alkohol erhältlich. Während des Fastenmonats Ramadan nehmen viele Restaurants mit Rücksicht auf die muslimischen Gäste Bier, Wein und Spirituosen von der Karte, zumal während der Fastenzeit der Ausschank von Alkohol an Ägypter per Gesetz untersagt ist. In den Hotelbars gibt es jedoch immer Alkohol. Generell sollten Ägyptenbesucher außerhalb der Touristenorte darauf verzichten, in der Öffentlichkeit Alkohol zu trinken. Tagsüber ist vom Alkoholkonsum angesichts der hohen Temperaturen ohnehin abzuraten.

Anreise

... mit dem Flugzeug

Die Badeorte Sharm el Sheikh auf dem Sinai und Hurghada am Roten Meer verfügen über *die* beiden großen Flughäfen für Charterreisende aus Europa. Dazu werden – allerdings in weitaus kleinerem Umfang – auch über die Airports Taba (Sinai) und Marsa Alam (südliche Rotmeerküste) Charter abgewickelt. Wer seinen Sinaibesuch mit einem Israel- oder Jordanienaufenthalt verbinden will, kann auch Eilat in Israel (den Grenzort zu Taba) oder Aqaba in Jordanien anfliegen.

Sharm el Sheikh und Hurghada werden von Kairo aus mehrmals täglich angeflogen, zweimal wöchentlich (Mo, Fr) auch von Alexandria aus sowie dreimal wöchentlich (Mi, Do, Sa) von Luxor, wo ebenfalls viele Charterflüge aus Europa landen.

Egypt Air, die nationale ägyptische Fluggesellschaft, setzt im Charter-Tourismus eine Reihe neuer Airbusse ein. Der Service ist meist unzulänglich; die oft muffigen Flugbegleiter geben, so die allgemeinen Klagen, dem Fluggast das Gefühl, er sei mehr geduldet als willkommen. Service und Verpflegung an Bord liegen unter internationalem Standard; es wird kein Alkohol serviert. Selbst neue Maschinen wirken aufgrund mangelnder Pflege des Passagierraums rasch verschlissen. In internationalen Studien zur Luftsicherheit zählen ägyptische Airlines regelmäßig zu den eher unsicheren Fluglinien dieser Welt.

... mit dem Bus

Sämtliche Orte auf dem Sinai und am Roten Meer sind von Alexandria, Kairo und Luxor aus mehrmals täglich per Bus erreichbar – und umgekehrt (Auskunft in Kairo Tel. 02/574 28 14, in Sharm el Sheikh Tel. 069/360 16 22).

Abfahrt in Kairo vom Sinai-Bahnhof nahe dem Midan Abassia (Mahatet Sina), in Alexandria vom Busbahnhof Sidi Gaber, in Luxor vom Busbahnhof.

Bis zu 3 x tgl. verkehrt ein relativ bequemer Super-Jet-Bus zwischen Kairo und Sharm el Sheikh, Auskunft in Sharm el Sheikh unter Tel. 069/360 16 22.

Von Israel kommend gibt es tgl. außer am Sabbath (Freitag Sonnenuntergang bis Samstag Sonnenuntergang) mehrere Busse, die Tel Aviv, Haifa, Jerusalem und andere Orte mit Eilat verbinden; tgl. Busverbindungen gibt es auch in Jordanien von Amman aus über Petra Richtung Aqaba. Von Aqaba und Eilat aus muss man sich dann mit Taxi und zu Fuß über die Grenzen bewegen.

Die Buslinie von Kairo nach Jerusalem und umgekehrt verkehrt jeweils morgens (Buchung bei American Express im Nile Hilton Hotel Kairo). Achtung: Da Israels Armee die Grenze zwischen Gaza (Palästina) und Ägypten geschlossen hat, ist der Busverkehr auf dieser Strecke seither für unbestimmte Zeit unterbrochen.

... mit Pkw oder Motorrad

Es gibt zwei Wege für Leute, die mit eigenem Gefährt anreisen wollen – beide beschwerlich und nicht ungefährlich: der eine führt – nach Anreise per Fähre von Italien – über Tunesien und Libyen. Die andere Strecke führt über die Türkei, Syrien und Jordanien. Details über die zahllosen nötigen und sich ständig ändernden Formalitäten und Formulare bekommen Interessenten bei den großen Automobilclubs.

... mit dem Schiff

Die Frachtschiffe der Grilnavi Lines haben den Passagier-Betrieb von Italien nach Ägypten ersatzlos gestrichen. Stattdessen bietet die Reederei Grimaldi für Passagiere (auch mit Fahrzeugen) sechs Kabinen auf der Route Triest-Ashdod (Israel) an; Einreise nach Ägypten dann auf dem Landweg über Taba.

Auskunft:
Transcamion Schiffsagentur
München
Tel. 089/896 07 30, Fax 89 60 73 33

Eine beliebte Anreiseroute führte über Venedig und Patras zum israelischen Mittelmeerhafen Haifa. Die italienische Gesellschaft Adriatica di Navigazioni hat den Fährverkehr auf dieser Route wegen des Israel-Palästina-Konfliktes bis auf Weiteres eingestellt. Ob der Betrieb wieder aufgenommen wird, erfragt man bei:
Euronautic Tours
Dennerstr. 6, 90429 Nürnberg
Tel. 0911/27 74 03-0
Fax 0911/27 74 03-99
www.euronautic.de

... mit dem Zug

Das Schienennetz Ägyptens ist nicht sehr dicht. Von Kairo gibt es in Richtung Sinai eine Verbindung nach Port Said (von dort verkehren Anschlusszüge nach Isma'iliya und Suez).

Die Züge fahren ab Ramses-Bahnhof, Mahatet Ramses, mehrmals täglich; Auskunft unter Tel. 02/575 35 55.

Anreise über Kairo und Kurzbesichtigung der Hauptstadt

... mit dem Flugzeug

Kairo (20 Mio. Einwohner) hat den verkehrsreichsten Flughafen des Nahen Ostens. Alle großen Fluggesellschaften fliegen die Hauptstadt beinahe täglich an. Wegen der erheblichen Verspätungen, die vor allem Egypt Air oft verursacht, sollte man als Zeitpolster zwischen der Ankunft in Kairo und dem geplanten Anschlussflügen (meist morgens und spätabends) vom Inlandsflughafen ans Meer mindestens einen halben Tag einkalkulieren – oder den Stoppover für eine kurze Erkundung Kairos nutzen.

Unterkunft
Am Flughafen befinden sich zwei über 90 € teure Hotels, das **Novotel Airport** (Tel. 02/291 85 20, Fax 291 47 94) und das **Mövenpick Heliopolis** (Tel. 010/601 90 67, Fax 02/418 07 61). Die dreiminütige Taxifahrt dorthin darf nicht mehr als 10 LE kosten (das ist schon überteuert, aber darunter nimmt Sie kein Taxifahrer vom Flughafen mit).

Wer den Weg in die Innenstadt nicht scheut (die schwarzen Taxilimousinen haben einen Festpreis von ca. 70 LE) und nicht eines der reichlich vorhandenen Luxushotels sucht (Tipp unter diesen: **Cairo Marriott** in Zamalek, Tel. 735 88 88, Fax 735 66 67), sondern ein preiswertes, familiäres Hotel bevorzugt, der ist im zentralen Stadtteil Zamalek, einer Nilinsel, im **Hotel Longchamps** gut aufgehoben, 21 Sh. Ismail Mohammed, Tel. 735 23 11, Fax 735 96 44. Heba, die Eigentümerin, spricht Deutsch.

Für den Weg zurück zum Flughafen hält man am besten auf der Straße ein Taxi an (Preis zum Flughafen 40–70 LE). Für 10–15 LE kommt man vom Zentrum bis zum Sinai-Busbahnhof (Tickets vorher besorgen) nahe dem Midan Abassia, arabisch Mahatet Sina.

Kurzbesichtigung
Für eine kleine Stadttour durch Kairo – ein oder zwei Tage – sind zu empfehlen: die Pyramiden von Giza und Sphinx (morgens/vormittags), Ägyptisches Museum (ab mittags) und der Suq Khan el Khalili (abends).

Die Pyramiden von Giza
Eine halbe Autostunde vom Zentrum Kairos entfernt erhebt sich von weitem sichtbar nahe dem Mena House Hotel das einzig noch erhaltene der Sieben Weltwunder der Antike.

Die Pyramiden des Cheops, des Chefren und des Mykerinos sind die drei berühmtesten und ausgereiftesten von Ägyptens insgesamt 97 Pyramiden. Auf dem Hochplateau am Rand der Westlichen Wüste lag nach altägyptischem Totenglauben der Eingang ins Jenseits, zum »schönen Westen«. Im Fruchtland, Synonym für Leben, wurden die toten Könige vor der feierlichen Bestattung in einer langwierigen Prozedur mumifiziert, ihre Körper für die Ewigkeit haltbar gemacht. Die Ausrichtung der Pyramiden nach Himmelsrichtungen stimmt mit geringfügigsten Abweichungen.

137 m hoch ist die größte aller Pyramiden, die des Cheops, um 2560 v. Chr. auf einem Basisquadrat von 228 m erbaut. Über 2,3 Mio. Granit- und Kalksteinblöcke, jeder zwischen 2,5 und 200 t schwer, wurden für Cheops' Grab verbaut, nachdem sie auf Nilbarken aus den über 800 km entfernten Granitsteinbrüchen Oberägyptens herangeschafft worden waren. Durch niedrige Gänge kann man das Innere der Pyramide begehen und über eine grandiose Galerie zur einer enttäuschenden Grabkammer aufsteigen – einem leeren Raum mit offenem Sarkophag.

Größer, weil auf einem Plateau stehend, wirkt die nur 136 m hohe und 50 Jahre jüngere Chefrenpyramide (ebenfalls begehbar); ihr Totentempel besitzt mit 420 t den schwersten Stein, der hier je verbaut wurde.

Die Mykerinospyramide misst nur 106 m in der Höhe. Da Grabräuber die Pyramiden zu knacken wussten und die Totenreise der Pharaonen unterbrachen, wurde der Pyramidenbau nach nur wenigen Jahrhunderten eingestellt. Sicherheit für die Ewigkeit erhofften sich die alten Ägypter daraufhin von Grabstollen, die sie bei Luxor in den Berg trieben. Offiziell ist das (wirklich gefährliche) Besteigen der Pyramiden verboten.

Mit der Besichtigung des Sphinx (männlichen Geschlechts, weil es sich im Gegensatz zur griechischen Sphinx um einen Löwenkörper mit Menschenkopf handelt) endet der kleine Ausflug. Abu hol, der Vater des Schweigens, wie der Sphinx im Arabischen heißt, hütete als Wächter den Eingang zum Totenreich. Zwischen seinen Tatzen ließ Thutmosis IV. einst die Traumstele errichten. Als junger Prinz war der Pharao hier eingeschlafen, und im Traum wurde ihm die Herrschaft über Ägypten verheißen, wenn er den (zu jener Zeit von Sand verschütteten) Sphinx freilege. Thutmosis hörte auf den Traum und wurde tatsächlich Pharao.

Seine Nase verlor der Sphinx durch Schießübungen mameluckischer Soldaten; heute leidet er schwer unter dem aufsteigenden Grundwasser und den Schadstoffemissionen in der Luft, die den Stein leider brüchig werden lassen.

Das Ägyptische Museum
150 000 Exponate aus 4500 Jahren ägyptischer Geschichte birgt das Museum – eines der größten der Welt – am zentralen Midan Tahrir (Metro-Station Sadat) nahe dem Nile Hilton Hotel. Bei einem eiligen Besuch muss man zumindest den Grabschatz Tutanchamuns und den Mumiensaal besucht haben. Die Entdeckung seines unversehrten Grabs 1922 im Tal der Könige machte den historisch eigentlich unbedeutenden, weil jung verstorbenen Tutanchamun zum berühmtesten pharaonischen Herrscher.

Im Obergeschoss zeigen Saal 4 und 8 die fantastischen Kostbarkeiten, die dem Toten für die Reise ins Jenseits mit ins Grab gegeben worden waren: den mit Edelsteinen besetzten Thron, vier vergoldete Holzschreine, mumienförmige vergoldete Holzsarkophage sowie den 110 kg schweren Massivgoldsarg, den die berühmte Totenmaske Tutanchamuns ziert.

1994 wurde der Königssaal mit den Mumien großer Pharaonen wieder eröffnet, nachdem ihn Präsident Sadat aus Pietätsgründen 1980 geschlossen hatte. In Spezialvitrinen, die das Klima in den Grabkammern im Tal der Könige simulieren, sind bei gedämpftem Licht elf Pharaonen zu sehen, darunter Ramses II., Erbauer so bedeutender Monumente wie Abu Simbel.

Khan el Khalili
Dieser Kairoer Suq, der unerklärlicherweise die persische Bezeichnung Basar trägt, ist der größte Markt Afrikas. Er wurde im 14. Jh. von Prinz Khalil als Handelshof und Karawanserei auf ei-

nem ehemaligen Mamelucken-Friedhof gegründet.

Kaum ein anderer Markt ist ähnlich bezaubernd und orientalisch, obwohl die Schlepper der Geschäfte manchmal ziemlich aufdringlich werden. Hier vermischen sich die Gerüche von Gewürzen, von Safran und Kümmel, mit den Düften Dutzender Parfümessenzen. Der Markt deckt die gesamte Palette an Souvenirs und Gebrauchsgegenständen (Töpfe bis Billigkleidung) ab.

Moscheen
Lohnend sind der Besuch der Al-Azhar-Moschee, so etwas wie der Vatikan des Islam, und der schiitischen Hussein-Moschee (die Nicht-Muslimen ab und an den Zutritt verwehrt).

Anschließend geht man, gleich gegenüber, noch auf einen Tee mit Minze (**shai bi nana'a**) und eine Wasserpfeife (*shisha*) ins berühmte **Café Fishawi.**

Apotheken

Apotheken finden sich überall, Medikamente sind meist rezeptfrei und erheblich billiger als in Europa.

Ärztliche Versorgung

Den Unfall überlebt, die Behandlung im ägyptischen Krankenhaus leider nicht – dafür gibt es jedes Jahr eine Reihe von tragischen Beispielen. Daher warnt das Auswärtige Amt in Berlin in seiner Reiseempfehlung: »Die medizinische Versorgung im Landesinneren entspricht oft nicht dem westeuropäischen Standard.« Das bedeutet nichts anderes, als dass keine Klinik in Ägypten auch nur annähernd europäischem Standard entspricht. Die Hygienevorsorge ist unzureichend; die meisten der unterbezahlten Schwestern und Pfleger tun für den Patienten nur das, was ihnen mit Vorab-Bakschisch vergütet wird. Die Krankenhauskost ist kaum genießbar (dies alles gilt auch für Privatpatienten); das technische Gerät veraltet, und die meisten Ärzte sind wahre Meister im Ausstellen von Rezepten, höchst unzuverlässig aber bei schwieriger Diagnosen.

Für leichte Erkrankungen und kleine Wehwehchen finden sich überall in Ägypten ausreichend ausgebildete Ärzte; im Hotel wird man Ihnen weiterhelfen. Sollten Sie allerdings schwerer erkranken, empfiehlt sich der Weg zurück nach Europa.

In **Notfällen** sollten Sie eines der im Folgenden genannten Kairoer Krankenhäuser aufsuchen bzw. sich von Dr. Abu-Zekry (Kairo) zum weiteren Vorgehen beraten lassen.

Alle Krankenhäuser verlangen vor Aufnahme eines Patienten eine beträchtliche Vorauszahlung für die zu erwartende Behandlung.

... in Kairo
Al Salam International Hospital, Corniche el Ni , Kairo-Maadi, Tel. 02/524 00 77, 542 02 50
Angloamerican Hospital, nahe Kairo-Turm, Zohoreja, Tel. 02/735 61 62
Dr. Mona Abu-Zekry, Deutsch sprechende Ärztin, Praxis Kairo Tel. 02/760 01 01; Mobil-Tel. 012/214 26 69

Bei weniger gravierenden Erkrankungen stehen in Hurghada und Sharm el

Sheikh folgende lokale Hospitäler zur Verfügung:

... in Hurghada
El Gouna Hospital, Tel. 065/354 97 02
Al Saffa Hospital, Tel. 065/354 69 65

... in Sharm el Sheikh
Sharm International Hospital
Tel. 069/366 09 22
Mobil-Tel. 012/212 42 92
Mount Sinai Clinic
Tel. 069/360 01 00
Mobil-Tel. 012/218 98 89

›Deco International‹, ein deutsch-ägyptisches Unternehmen, kooperiert mit fast 50 Tauchschulen am Roten Meer, bietet Kunden für 6 US$ eine dreiwöchige **Versicherung** an, mit der bei einem Unfall die Kosten für die Dekompressionskammern in den Centern abgedeckt sind, Info: El Gouna Hospital, Tel. 065/354 97 02.

Sharm el Sheikh Hyperbaric Medical Center (Druckkammer):
Sharm el Maya am Travco Jetty
Tel. 069/366 09 22/3
24 Std. Notruf:
Dr. Adel Taher, 012/212 42 92
Dr. Ahmed Sakr, 012/333 13 25

Sharm el Sheikh Hyperbaric Chamber (Druckkammer):
International Hospital
Hai el Nour
Tel. 069/366 08 93-5
24 Std. Notruf:
Dr. Magdi Zakaria, 012/215 21 96
Dr. Mohammed El Houfy, 069/366 08 93-5

El Gouna Diving & Hyperbaric Medicine (Tauch- und Hyperbare Medizin)
El Gouna Hospital
Tel. 065/354 97 02
24 Std. Notruf:
Dr. Hossam Nasef, 012/218 75 50
Dr. Hanaa Nasef, 010/156 05 59

Hurghada Navy Hyperbaric and Trauma Center (Marines Hyperbares- und Unfall-Zentrum)
Am Touristenhafen
Tel. 065/344 91 50
24 Std. Notruf:
Dr. Ahmed Saber, 065/344 91 50
Dr. Mohaymen, 065/344 91 50

Marsa Alam Hyperbaric Chamber (Druckkammer)
Ecolodge Marsa Shagra
Tel: 0195/10 02 62
24 Std. Notruf:
Dr. Hossam Nasef, 012/218 75 50
Dr. Hanaa Nasef, 010/156 05 59

Behinderte

Ägypten ist kein behindertengerechtes Land. Häufig werden Behinderte von den Familien zu Hause oder in Heimen geradezu versteckt. Weder öffentliche Gebäude noch Hotels sind auf Rollstuhlfahrer eingestellt. Rampen, Behindertentoiletten etc. gibt es, soweit bekannt, nirgends. Da Gehsteige häufig zugeparkt und selten durchgehend eben sind, müssen Rollstuhlfahrer oft auf der Straße fahren.

Rollstuhl- und behindertengerechte Einrichtungen listet das Buch ›Handicapped-Reisen Ausland‹ (ISBN 3-926

191-20-1), FMG-Verlag, Meerbusch, Tel. 021 59/81 56 22, Fax 81 56 24. Infos auch beim
Verein zur Förderung des Behindertentauchens
Tel./Fax 021 32/93 57 95
www.abletodive.de.

Bettler

Krüppel, Blinde, Mütter mit Säuglingen, Schnorrer – überall begegnen einem Bettler. Jeder muss für sich selbst heraus finden, ob er ein wenig Geld geben will oder nicht. Ägypter tun es sehr häufig. Denn im Islam gehört es zu den religiösen Pflichten, Almosen zu geben.

Diplomatische Vertretungen Ägyptens

... in Deutschland
Botschaft der Arabischen Republik Ägypten
Waldstraße 15
13156 Berlin
Tel. 030/477 54 70
Fax 477 10 49
Visa-Konsularabteilung:
für die Länder Berlin, Brandenburg, Mecklenburg-Vorpommern, Sachsen-Anhalt, Sachsen, Thüringen:
Stauffenbergstraße 6/7
10785 Berlin
Tel. 030/47 90 18 80
Fax 477 40 00

Generalkonsulate
– für die Länder Hessen, Baden-Württemberg, Bayern, Nordrhein-Westfalen, Rheinland-Pfalz und Saarland:
Eysseneckstr. 34
60322 Frankfurt
Tel. 069/955 13 40, Fax 597 21 31
– für die Länder Hamburg, Bremen, Niedersachsen und Schleswig-Holstein:
Harvestehuder Weg 50
20149 Hamburg
Tel. 040/413 32 60, Fax 410 61 15

... in Österreich
Botschaft der Arabischen Republik Ägypten
Hohe Warte 50–54
1190 Wien
Tel. 01/370 81 04, Fax 370 81 04-27

... in der Schweiz
Botschaft der Arabischen Republik Ägypten
Elfenauweg 61
3006 Bern
Tel. 03 13 52 80 55
Fax 03 13 52 06 25

Konsulat
Route de Florissant 47
1206 Genève
Tel. 02 23 47 63 79
Fax 02 23 3 46 05 71
Visa-Abteilung:
Tel. 02 23 47 62 03, Fax 02 23 47 62 03

Diplomatische Vertretungen in Ägypten

Botschaft der Bundesrepublik Deutschland
8 Sh. Hassan Sabri
Kairo-Zamalek
Tel. 02/739 96 00, Fax 736 05 30
(Konsularabteilung 9–11 Uhr geöffnet)

Honorarkonsulat der Bundesrepublik Deutschland in Alexandria
9, El Fawatem Street, Mazarita
Alexandria
Tel. 03/486 75 03
Fax 484 09 77

Honorarkonsulat der Bundesrepublik Deutschland in Hurghada
Peter-Jürgen Ely
365, El Gabal El Shamali
Hurghada
Tel. 065/344 36 05, 344 57 34
Fax 344 36 05
ely@access.com.eg

Botschaft der Republik Österreich
5, Sh. el Nil, Riyadh-Tower
Kairo-Giza
Tel. 02/570 29 75
Fax 570 29 79

Österreichisches Honorarkonsulat Alexandria
8, Rue Eglise Debbané
Alexandria
Tel. 03/480 88 88
Fax 483 91 90

Botschaft der Schweizerischen Eidgenossenschaft
10, Sh. Abdel Khaleq Sarwat
Kairo
Tel. 02/575 81 33
Fax 574 52 36

Schweizer Konsulat Alexandria
8, Sh. Mokhtar Abdel Hamid Khallaf
Alexandria
Tel. 03/587 07 26
Fax 587 29 78

Drogen

Trotz drakonischer Strafen hat Ägypten ein riesiges Drogenproblem. Angebaut wird traditionell auf dem Sinai, neuerdings auch im Nildelta, wo die Polizei zwar regelmäßig publicitywirksam riesige Hanffelder abfackelt, damit aber letztlich nicht viel bewirkt.

Jede Art von Drogenkonsum ist in Ägypten verboten und steht unter schwerer Gefängnisstrafe. Dealern droht der Tod durch den Strick (mehrere Todesurteile wurden in den vergangen Jahren vollstreckt). So tolerant die Regierung sonst gegenüber Ausländern ist – in Sachen Drogen gibt es keine Gnade. Wer auch nur mit geringen Mengen für den Eigenkonsum erwischt wird, geht ins Gefängnis, und auch für die Botschaften wird es zunehmend schwerer, Drogenbesitzer gegen horrende Geldstrafen aus dem Gefängnis frei zu bekommen (die dortigen Bedingungen sind denkbar schlecht: in der Regel teilen die Insassen vierbettige dunkle Zellen mit mindestens 30 Leuten und allerlei Kakerlaken und anderem Ungeziefer).

Einkaufen und Souvenirs

Für Freunde von Souvenirs ist Ägypten ein wahres Paradies. Noch im hinterletzten Winkel des Landes findet man das typische Sortiment pharaonischer Andenken (Briefbeschwerer in Pyramidenform, Köpfe von Tutanchamun und Nofretete, Sphinx-Figuren aus Messing und Alabaster sowie Briefblöcke und Umschläge mit Hieroglyphen bedruckt).

Auf jeglichen Einkauf verzichten sollte man, wenn man vom Reiseleiter zu einem bestimmten Geschäft oder in eine Fabrik mit »speziellen Preisen« gelotst wird. Die Preise dort sind wahrlich speziell: der Reiseleiter bekommt mindestens 30 % Provision, die Sie selbstverständlich mitbezahlen, soviel Sie auch feilschen mögen.

Einreise- und Zollbestimmungen

Bürger aus Deutschland, Österreich und der Schweiz benötigen ein Visum, das an den ägyptischen Flughäfen und Häfen erhältlich ist. Wer über Eilat/Taba oder Aqaba/Nuweiba einreist, muss sich das Visum allerdings schon vorher besorgt haben (das dort erhältliche Visum gilt nur für den Sinai).

An den Bankschaltern vor der Passkontrolle gibt es für 15 US$ die erforderlichen Visa-Stempelmarken, die Sie auf eine leere Seite Ihres Passes kleben. Die übrigen Abstempel- und Registrierungsformalitäten erledigt der Grenzbeamte zusammen mit dem Visakärtchen, das Sie bereits im Flugzeug ausfüllen mussten.

Mit dem Visum dürfen Sie vier Wochen im Land bleiben (wenn Sie eine Woche überziehen, hat das keine Folgen); für längere Visa bis zu sechs Monaten müssen Sie allerdings einen Antrag stellen und ein Foto beilegen. In Ausnahmefällen ist die Einreise mit dem Personalausweis möglich, wenn Sie zwei Passfotos mit vorlegen können. Für Visa-Verlängerungen kontaktieren Sie die Hotelrezeption oder die Polizei.

Die früher übliche Registrierung des Passes wurde für Deutsche, Österreicher und Schweizer aufgehoben.

Bei der Ausreise in andere arabische Länder (außer Jordanien) darf der Pass keine israelischen Stempel enthalten, auch nicht die Stempel von arabischen Grenzorten, von denen aus man einzig und alleine nach Israel reisen kann (z. B. Taba, Allenby-Bridge).

Ein- und Ausfuhr von Devisen: Es dürfen keine Ägyptischen Pfund eingeführt werden; das würde sich angesichts der miserablen Wechselkurse auch gar nicht lohnen. An den Flughäfen gibt es noch vor dem Zoll und der Passkontrolle Bankschalter mit 24-Stunden-Service. Zählen Sie Ihr Geld sorgfältig nach, vergleichen Sie den ausgeschriebenen Kurs mit dem Umtauschbeleg. Auch ägyptische Bankangestellte sind sehr schlecht bezahlt.

Restliche ägyptische Pfund werden bei der Ausreise, gegen Vorlage der Umtauschbelege, in US$ oder € zurückgetauscht – zumindest theoretisch. In der Praxis werden Sie nur in absoluten Ausnahmefällen Bankschalter finden, die harte Devisen zum Rücktausch herausrücken. Die Ein- oder Ausfuhr größerer Devisensummen sollte beim Zoll angemeldet werden.

Sonstige Ein- und Ausfuhr: Bei der Einreise nach Ägypten müssen deklariert werden: Videokameras, teure Digitalkameras und Laptops. Der Grund: Diese Artikel sind in Ägypten außerordentlich begehrt und unterliegen Höchstzöllen.

Zollfrei sind: 400 Zigaretten, 3 l Spirituosen Gegenstände des persönlichen Gebrauchs (Medikamente, Parfüms, Walkman, Discman etc.) in ›normalen‹ Mengen. Der Rest ist reine Verhandlungssache. Falls der Koffer geöffnet wird: Kleinere Gastgeschenke müssen nicht verzollt werden.

Innerhalb von 24 Stunden nach Einreise darf man, bis zu zweimal pro Jahr, jeweils drei Flaschen Spirituosen in den »Egypt Duty Free Shops« kaufen. Der Kauf wird mit einem Stempel im Pass vermerkt.

Für Mitbringsel aus Ägypten gelten bei der Einfuhr in die EU folgende Mengenbegrenzungen: Reisende über 17 Jahren dürfen einführen: 1 l Spirituosen über 22 % Alkoholgehalt und 2 l Bier. Mindestens 15 Jahre muss alt sein, wer 200 Zigaretten oder 100 Zigarillos oder 50 Zigarren oder 250 g Tabak mitbringt.

Reisende über 15 Jahren dürfen zollfrei mitbringen: 500 g Kaffee und 100 g Tee. Außerdem dürfen eingeführt werden: 50 g Parfüm und 0,25 l Eau de Toilette sowie Arzneimittel für den persönlichen Gebrauch während der Reise.

Andere Waren dürfen bis zu einem Wert von 175 € eingeführt werden.

Bei der Einreise in die Schweiz dürfen Personen über 17 Jahre abgabenfrei einführen: 2 l Alkohol bis 15 % Vol und 2 l Alkohol über 15% Vol. Zollfrei sind auch 200 Stück Zigaretten oder 50 Zigarren oder 250 Gramm Pfeifentabak. Andere Privatwaren sind bis zu einem Gesamtwert von 300 CHF pro Person abgabenfrei. Übersteigt der Gesamtwert der mitgeführten Waren 300 CHF, so sind alle Waren abgabenpflichtig.

Elektrizität

Die Netzspannung beträgt 220 Volt. In Ägypten werden Steckdosen unterschiedlicher Norm – sowjetischer, englischer, französischer, deutscher und eigener – verwendet. Ein Adapter-Set bzw. einen Welt-Adapter muss man also auf jeden Fall dabei haben.

Stromausfälle, durchaus über mehrere Stunden, sind in Ägypten nicht selten. Empfindliche Geräte müssen darüber hinaus mit Stabilisator betrieben werden, da die Stromschwankungen erheblich sind. Batterien sind billig, aber in der Regel nur von kurzer Lebensdauer.

Entfernungen in Straßenkilometern

Abu Rudeis–Nuweiba	260 km
Hurghada–Safaga	60 km
Hurghada–Alexandria	754 km
Hurghada–Luxor	280 km
Hurghada–Suez	400 km
Kairo–El Arish	310 km
Kairo–Hurghada	510 km
Kairo–Katharinenkloster	450 km
Kairo–Nuweiba	470 km
Kairo–Port Said	220 km
Kairo–Safaga	570 km
Kairo–Sharm el Sheikh	510 km
Kairo–Suez	134 km
Port Said–Rafah	270 km
Sharm el Sheikh–Dahab	100 km
Sharm el Sheikh–Hurghada	640 km
Sharm el Sheikh–Katharinenkloster	240 km
Sharm el Sheikh–Nuweiba	170 km
Sharm el Sheikh–Ras Mohammed	40 km

Sharm el Sheikh–Taba (Eilat/Aqaba)	240 km
Suez–Port Said	174 km
Taba–Suez	251 km

Feiertage

In Ägypten gibt es islamische, koptische und gesetzliche Feiertage.

Gesetzliche Feiertage sind:

25.4. Befreiung des Sinai
1.5. Tag der Arbeit
18.6. Jahrestag des Abzugs der britischen Truppen
23.7. Jahrestag der Revolution 1952
6.10. Jahrestag der Überquerung des Suezkanals

Dazu kommen **Gedenk- und Feiertage**, an denen das öffentliche Leben seinen normalen Gang geht:

4.2. Vatertag
3.3. Tag der Lehrer
18.3. Tag der Ärzte
21.3. Muttertag
25.3. Tag der Künstler
23.9. Tag des Sieges von 1956 über Israel
25.9. Tag der Bauern

Bewegliche, sich jährlich nach dem Mondkalender verschiebende **Islamische Feiertage** sind:

Ramadan: Einen Monat, so verlangt es der Islam, muss jeder Muslim, der dazu gesundheitlich in der Lage ist, fasten, und zwar von Sonnenunter- bis Sonnenaufgang – wenn im Licht der Dämmerung der schwarze vom weißen Faden nicht mehr zu unterscheiden ist, wie es der Koran vorschreibt; Geschäfte sind morgens nur einige Stunden offen. Beginn: 13.9.2007, 2.9.2008, 22.8.2009.

Eid el Fitr: Drei, mancherorts vier Tage wird das Ende des Fastenmonats Ramadan gefeiert; Beginn: 13.10.2007, 2.10.2008, 20.9.2009.

Eid el Adha: Im Monat der Pilgerfahrt nach Mekka liegt das fünftägige Opferfest, auch Hammelfest genannt. Es erinnert an Abraham, der bereit war, seinen Sohn zu opfern; Beginn: 20.12.2007, 9.12.2008, 29.11.2009.

Awil sanaa hijreya (Islamisches Neujahrsfest): 10.1.2008, 29.12.2008, 18.12.2009.

Ashura ist eine Fastenspeise aus Weizen, Milch und Zucker, nach der das gleichnamige Fest benannt ist, an dem Ägyptens Muslime fasten. Historischer Hintergrund: Als der Prophet Mohammed sah, dass die Juden von Medina zum Gedenken an die Rettung Mose und seiner Israeliten durch die Teilung des Roten Meeres fasteten, gebot er gleiches den Muslimen, da sie Moses als Propheten verehren; 17.1.2008, 6.1.2009.

Moulid el Nabi: Der Geburtstag des Propheten; 20.3.2008, 9.3.2009.

(Verschiebungen um einige Tag sind möglich, da die letzte Entscheidung über den Beginn von Festen beim Großsheikh von Al Azhar in Kairo liegt, der dazu den Mond mit bloßem Auge sehen muss.)

Koptische Feiertage

Wenn die christliche Minderheit feiert, dann hat das natürlich weit weniger Auswirkungen auf das öffentliche Leben als bei muslimischen Festen. Die

Kopten haben seit 284 n. Chr. ihren eigenen Kalender.

Weihnachten fällt auf den 7.1. (in Schaltjahren 8.1.), *Neujahr* ist am 11.9. (12.9.), *Ostern* und *Pfingsten* liegen eine Woche später als bei den römisch-katholischen Christen.

Auf den koptischen Ostermontag, der religiös ohne Bedeutung ist, fällt *sham el nessim,* der Duft des Westwindes, ein Frühlingsfest, das seit pharaonischen Zeiten gefeiert wird. Ägypter aller Konfessionen ziehen dann mit Kind und Kegel und Picknickkorb ins Grüne.

FKK

›Oben ohne‹ oder ganz nackt zu baden, ist überall verboten, auch an Stränden und Pools von Hotels und Clubs. Allerdings missachten in Hurghada und Sharm el Sheikh immer häufiger Touristinnen dieses Verbot. Die Ägypter tolerieren es zumeist – zähneknirschend bis voyeuristisch.

Fotografieren

In Ägypten darf alles fotografiert werden – ausgenommen Flughäfen, Bahnhöfe, Häfen, militärische Anlagen und Suezkanal einschließlich der Häfen von Port Said und Suez (militärisches Sperrgebiet). Theoretisch. In der Praxis wird man immer häufiger von völlig Unbeteiligten angesprochen, die das Fotografieren aus irgendeinem unerfindlichen Grund verbieten wollen und oft in Wahrheit nur ein Bakschisch erwarten.

Wenn Sie Menschen fotografieren, dann fragen Sie vorher und geben eventuell ein kleines Bakschisch mit einem freundlichen Lächeln. Auch Bewohner der Dritten Welt sind keine Zootiere, die man nach Belieben knipsen darf. In einfachem Arabisch fragt man: *mumkin sura?* (»Darf ich ein Foto machen?«).

In Museen, Tempeln und Gräbern darf immer seltener fotografiert werden. Zu viele Touristen missachten die Blitzverbote! Es werden folgende Gebühren fällig: 10–200 LE für den Fotoapparat; bis zu 500 LE für die Verwendung eines Stativs, und für die Videokamera nimmt man an manchen Plätzen 150–400 LE.

Gängige Kleinbildfilme sind in Ägypten ohne Probleme (und frisch) überall erhältlich; Dia-Filme sollten Sie ausreichend mitbringen. Filme, besonders Dia-Filme, entwickelt man am besten nicht in Ägypten; die Ergebnisse können einem meist die gute Urlaubslaune rauben. Negative bekommen Sie in der Regel schon schwer verkratzt vom Labor. Speicherkarten für Digitalkameras sind in Ägypten, wenn überhaupt, nur sehr teuer erhältlich. In Städten und an Urlaubsorten kann man in vielen Fotogeschäften die Digitalbilder von der Speicherkarte auf CD oder DVD brennen lassen.

Frauen allein unterwegs

Alleinreisende Frauen sind in Ägypten mehr und mehr der ›Anquatscherei‹ durch Männer ausgesetzt – eine Begleiterscheinung der allgemeinen Rückbesinnung auf religiöse Werte und der zunehmenden Verschleierung von Frauen, die bisher leider die männliche

Libido nicht stillzulegen vermögen, im Gegenteil. Die alleinreisende Frau kennt man in der einfachen ägyptischen Gesellschaft nicht; hier reist die Frau immer mit dem Mann oder zumindest mit Verwandten.

Wie sich eine alleinreisende Touristin dennoch Männer auf Abstand hält, liegt zum Gutteil an ihr selbst. Erzählungen von Mann und Kindern, die weit weg sind, schrecken Verehrer nur ungenügend ab. Wer hautenge Jeans, trägerlose Tops oder Minirock trägt, darf sich in einem Land der sexuellen Tabus über die Folgen solcher Provokationen – und so wird ›westliche‹ Kleidung empfunden – nicht wundern. Besser ist es, weite Kleidung zu tragen. Beim Gespräch mit Männern sollte die Frau kumpelhafte Berührungen und langen Blickkontakt vermeiden. Trampen ist sehr gefährlich. Einladungen in die Wohnung von Männern sollte die Alleinreisende höflich ablehnen – es sei denn, Sie haben gerade den Traummann fürs Leben gefunden.

Entsprechende Warnungen sind für Touren in den Wüsten unbedingt ernst zu nehmen. Gehen Sie als Frau vorsichtshalber nur in größerer Gruppe oder mit zuverlässiger männlicher Begleitung auf Wüstentour – auch Beduinenmänner sind nur Männer.

Notrufnummern für vergewaltigte Frauen oder Frauenhäuser als Zuflucht gibt es in Ägypten nicht.

Geld und Geldwechsel

Geld tauscht man nur vor Ort, da der Wechselkurs des ägyptischen Pfunds, abgekürzt LE für französisch Livre Égyptienne, in Europa sehr schlecht ist.

Das Pfund, nicht mehr an den Dollar gekoppelt, hat seit der Lösung von der US-Währung einen Kurssturz erlebt. Es gibt einen kleinen Schwarzmarkt, der aber das Risiko erwischt und bestraft zu werden, kaum lohnt.

1 LE unterteilt sich in 100 Piaster, kurz PT. Es gibt Pfundnoten zu 1, 5, 10, 20, 50 und 100 LE, außerdem Piaster-Noten zu 25 und 50 PT. Münzen gibt es für 1, 5, 10, 20 LE und für 25 Piaster (diese Münze hat in der Mitte ein Loch).

Landesweit kann man mit den gängigen Kreditkarten (Visa, American Express, Diners, MasterCard) sowie ec/Maestro-Karte Geld von den mehr als flächendeckend verbreiteten Bankautomaten (Geheimnummer nötig) ziehen. Mit Unterschrift bezahlt man in großen Hotels sowie in vielen Geschäften und Restaurants seine Rechnung.

Wer – beispielsweise bei einem Notfall – kurzfristig größere Summen Geld benötigt, wende sich an das Kairoer Büro von Western Union/International Business Associates IBA (Tel. 02/796 21 51, 574 54 16), spezialisiert auf internationalen Geldtransfer binnen Stunden; Auszahlungsstellen u. a. in Hurghada (Tel. 065/344 27 71), Port Said (Tel. 066/334 86 19) und Sharm el Sheikh (Tel. 069/360 22 22).

Der durchschnittliche Wechselkurs lag 2007 bei 1 LE = 0,13 € = 0,20 CHF.

Gesundheitsvorsorge

Außer den Standardimpfungen (Polio, Tetanus) sind für Ägypten keine weiteren Impfungen nötig, solange man sich auf den gängigen Touristenpfaden bewegt. Für Wüsten- und Oasentouren abseits der erschlossenen Gebiete empfehlen sich Malaria-Prophylaxe (je nach Verträglichkeit) und Hepatitis-Schutz (unbedingt).

Je weiter man sich von den Touristenzentren entfernt, um so wichtiger ist eine kleine Reiseapotheke, die enthalten sollte: Sonnencreme mit hohem Schutzfaktor, Sunblocker für die Nase, Mittel gegen Durchfall, Fieber und Erkältungen, Schmerzmittel, eine Creme gegen Insektenstiche, Pflaster, Schere, Verbandszeug, eventuell Desinfektionsmittel und chemische Tabletten, um Wasser keimfrei zu machen. Für Wüstentouren sind so genannte Schlangensets zu empfehlen.

Deutsche Urlauber sind in Ägypten nicht krankenversichert. Die gesetzliche Krankenversicherung übernimmt keinerlei Kosten; die Privatkassen erstatten in der Regel bis zu einer Aufenthaltsdauer von drei Monaten Behandlungskosten nachträglich gegen Vorlage der Arztrechnung. Der Abschluss einer Urlaubs-Krankenversicherung ist allen Reisenden unbedingt zu empfehlen. Zu achten ist darauf, dass für den Fall eines schlimmen Unfalls auch der sofortige Rückflug mit einer Flugambulanz versichert ist, denn von jeder Behandlung, bei der auch nur geringe Komplikationen auftreten könnten, ist in Ägypten dringend abzuraten (s. auch Ärztliche Versorgung).

Empfehlenswert ist eine Reisegepäckversicherung, wie sie in jedem Reisebüro zu haben ist, allein schon wegen des neuralgischen Punktes, der Gepäckverladung, die nicht in der Kontrolle des Reisenden liegt.

Glücksspiel

Eigentlich verbietet der Islam jegliche Art von Glücksspiel. Doch den so dringend benötigten Deviseneinnahmen zuliebe hat Ägyptens Regierung einen Kompromiss gefunden, der das Wort des Koran mit den Bedürfnissen von Glücksrittern versöhnt.

Zutritt zu Ägyptens Casinos haben nur Ausländer, keine Ägypter (Ausweiskontrolle!). Auf dem Sinai findet man Casinos im Hotel Mövenpick in Sharm el Sheikh sowie in Taba Heights.

Handeln und Feilschen

Wer als Reisender zumindest in der Lage ist, die arabischen Ziffern zu lesen, ist davor gefeit, dass sich bei ausgezeichneten Waren der Preis nur deshalb plötzlich erhöht, weil ein *chawaga,* ein Ausländer, sie kauft.

Anders ist die Situation im Basar und bei Dienstleistungen und Taxifahrten, dort muss man handeln. Faustregel: Fangen Sie bei einem Drittel des genannten Preises an – wenn Sie unter der Hälfte bleiben, ist das in Ordnung.

Keinesfalls sollte man beim erstbesten Händler einkaufen, sondern sich eher zögerlich zeigen und sich im Zweifelsfall anderswo umsehen. Und lassen Sie sich nicht vom Lamentieren eines Händlers beeindrucken, wenn er beim Kassieren noch mal etwas herausschlagen will. Er probiert's halt mal.

Informationsstellen

Ägyptische Fremdenverkehrsämter
... in Deutschland
Kaiserstr. 64a
60329 Frankfurt/M.
Tel. 069/25 23 19 und
25 21 53
Fax 23 98 76

... in Österreich
Elisabethstr. 4, Stiege 5
1010 Wien
Tel. 01/587 66 33
Fax 587 66 34

... in der Schweiz
9, Rue des Alpes
1201 Genève
Tel. 02 27 32 91 32

Informationen im Internet

www.egypt.tavel
Offizielle Homepage des Tourismusministeriums mit Infos zu aktuellen Reisethemen
www.touregypt.net
Offizielle Website des ägyptischen Tourismusministeriums; führt durch das antike und moderne Ägypten
www. sis.gov.eg
Offizielle Website der ägyptischen Regierung (Tourismus, Kultur, Gesundheitswesen, Umwelt)
www.hurghada.com
(Deutsch und Englisch): Tauchen in Hurghada
www.sinaidivers.com
Tauchen auf dem Sinai und in Hurghada; Infos zu Tauchsafairs und Tauchbasen
www.red-sea.com
Infos u.a. zu Tauchen, Surfen, Hotels, Shopping, Wetter
www.sharmguide.com
Ein gutes Portal für Sharm el Sheikh; Enthaltene Themen sind u.a. Hotels, Unterhaltung, Golf, Tauchcenter und Wetter
www.coptic.net/EncyclopediaCoptica
Anspruchsvolle und sehr informative englische Website über die koptische Kirche Ägyptens
www.blinde-kuh.de/egypten
Anschauliche Ägyptenseite für Kinder mit Infos über TutanchAmun, Mumien, Hieroglyphen
www.ahram.org.eg/weekly
Internetausgabe der regierungsamtlichen englischsprachigen Wochenzeitung ›Al Ahram Weekly‹
www.metimes.com
Internetauftritt der regierungskritischen Middle East Times

Internet und E-Mail

Internet-Cafés gibt es inzwischen quer durch Ägypten so zahlreich, dass man geradezu darüber stolpert. Auch alle größeren Hotels bieten diesen Service an, meist sehr teuer. Die Nutzungspreise bewegen sich zwischen 3 und 30 LE pro halbe Stunde.

America Online bietet Einwahlknoten (9600–56 000 Bit/s) in:
Kairo (Tel. 02/ 597 11 11, 399 98 88; Globalnet Plus)
Alexandria (Tel. 03/488 19 00; Globalnet)
Hurghada (Tel. 065/344 50 44; Globalnet)

Sharm el Sheikh (Tel. 062/360 16 36; Globalnet).

Mit dem eigenen Laptop kann man sich über nationale Zugangsnummern (Abrechnung über Telefonrechnung) direkt ins Netz einwählen: 0777/77 77, 0777/ 05 55 und 0777/88 88 (im Dialer/DFÜ-Fenster bleiben Benutzername und Kennwort frei).

Karten

Da der Sinai und das Rote Meer bis vor gar nicht so langer Zeit als Frontgebiet zwischen Israel und Ägypten angesehen wurden (und von vielen ägyptischen Militärs noch immer so gesehen werden), sind Karten flächenweise absichtlich ungenau. Zwei Blätter seien empfohlen: Die Autokarte Ägypten im Maßstab 1 : 1 000 000 von freytag & berndt ist sowohl für die Anreise zum Roten Meer als auch zum Sinai sehr brauchbar.

Für Touren auf dem Sinai empfiehlt sich Sinai – Maps of Attractions im Maßstab 1 : 250 000. Das Blatt aus dem Verlag der israelischen Buchhandelskette Steimatzky ist auf dem Sinai in den vielen (Hotel-) Buchhandlungen erhältlich; vertrieben wird es in Ägypten von Osiris Office for Books and Reviews, 50 Sh. Qasr el Nil, Kairo, Tel./Fax 02/391 14 89.

Kriminalität

Ägypten ist eines der sichersten Länder, aber auch eines der Länder mit der höchsten Kriminalitätsrate. Doch muss der Tourist als Gast und Devisen bringender Ausländer bislang nicht fürchten, überfallen und ausgeraubt zu werden.

Dennoch: Was die Kriminalität in Städten mit über 5 Mio. Einwohnern angeht, führt Kairo mit 56,4 »Tötungen/Morden pro 100 000 Einwohner« mit Abstand die internationale Statistik an, vor Rio de Janeiro (36,6), Manila (30,5), Mexico City (27,6), São Paulo (26,0) und – Vergleichsbeispiel – New York (12,8) (Quelle: Prof. Dr. Dirk Bonger, Geographisches Institut der Ruhr-Universität Bochum). Was die Statistik jedoch nicht ausdrückt: Die meisten Verbrechen geschehen im sozialen Umfeld und haben dort auch ihre Ursachen: Ehestreit, Ehebruch (Blutrache, Morde aus Gründen der Familienehre). Gerade da, wo die Überbevölkerung am höchsten ist, wo oft sechs- bis achtköpfige Familien in nur einem Zimmer leben, eskaliert Gewalt besonders schnell. Das in Freud' und Zorn leicht aufbrausende ›mediterrane‹ Gemüt tut hier sein Übriges.

Was Diebstähle angeht, so gilt hier nicht anders als in Europa: Gelegenheit macht Diebe. Fast alle Hotels bieten deshalb im Zimmer oder an der Rezeption Safe Deposit Boxes an, in denen der Gast Papiere, Wertsachen und Geld verstauen kann. Wegen einer teuren Uhr oder wertvollem Schmuck auf der Straße ausgeraubt zu werden, damit muss man in Ägypten nicht rechnen – aber es kommt angesichts der zunehmenden Armut häufiger als früher vor.

Nach ägyptischen Polizeiprotokollen kommt es ausgerechnet unter jungen Low-Budget- und Rucksackreisenden, die Gleichgesinnte um ihre Habe zu erleichtern versuchen, zu den meisten Diebstählen. An touristischen Brennpunkten sind, wie überall, Taschendiebe und Trickbetrüger am Werk.

Ein neuralgischer Punkt ist auch die Gepäckverladung, während der Reisende kein Auge auf seine Reiseausrüstung werfen kann. Eine Reisegepäckversicherung ist deshalb sehr zu empfehlen.

Literaturtipps

Primär Belletristik

Wer sich für die Strandlektüre weniger an den heimischen Bestsellerlisten als an seinem Urlaubsland orientieren will, findet wunderbare Bücher, einige Klassiker der Literatur, womit nicht nur die teilweise in Ägypten verbotenen Werke des ägyptischen Literatur-Nobelpreisträgers **Naguib Mahfuz** gemeint sind; Lesetipp: ›Die Kinder unseres Viertels; ebenfalls lesenswert: ›Das Hausboot am Nil‹ (Frankfurt 2004).

Zu den Klassikern der Archäologie gehört **Howard Carters** ›Das Grab des Tutanchamun‹, in dem der britische Archäologe seinen Sensationsfund 1922 im Tal der Könige lebendig schildert. Spannender noch und mitreißender ist **C. W. Cerams** ›Götter, Gräber und Gelehrte‹, ein archäologisch-pharaonischer Tatsachenkrimi. Als Bericht eines der ersten Ägyptentouristen ist **Gustave Flauberts** ›Reisetagebuch aus Ägypten‹ ein Lesespaß, der spätestens beim Ausflug nach Luxor lehrt, dass sich in vielen Dingen in Ägypten seit über 155 Jahren wenig geändert hat.

Dem modernen Ägypten widmen sich drei Autorinnen, jede auf ihre Weise. **Jehan Sadat** beschreibt in ihrem wunderbaren Buch ›Ich bin eine Frau aus Ägypten‹ (München 1997) ihr Leben an der Seite des ermordeten Präsidenten Anwar el Sadat.

Härter, direkter in ihrer Sprache, in ihren einprägsamen Bildern kommen die teils indizierten Werke von **Nawal Saadawi** (›Gott stirbt am Nil‹, München 1994) daher, die in oft drastischen Schilderungen die Unterdrückung der Frau im islamischen Patriarchat thematisieren.

Für Aufsehen wie kaum ein anderes Buch sorgte **Alaa al-Aswanis** ›Der Jakubijan-Bau‹ (Basel 2007) ein schonungsloses Sittengemälde der ägyptischen Gesellschaft, das auch als Verfilmung alle Rekorde sprengte.

Und zuletzt: Ganz köstlich ist natürlich immer wieder **›Asterix und Kleopatra‹** (Goscinny/Uderzo, Stuttgart 2000).

Sachbücher

Andrews, C.: Der Stein von Rosetta, London 1985

Belzoni, G.: Entdeckungen in Ägypten, Köln 1982

Brunner-Traut, E.: Die alten Ägypter, Stuttgart 1987

Brunton, P.: Geheimnisvolles Ägypten, Zürich 1951

Carter, H.: Das Grab des Tutanchamun, Leipzig 1997

Ceram C. W.: Götter, Gräber und Gelehrte, Reinbek 2000

Durrell, L.: Alexandria Quartett, Reinbek 1977

Eggebrecht, A.: Das alte Ägypten. 3000 Jahre Geschichte und Kultur des Pharaonenreiches, München 1984

Fathy, H.: Architecture for the Poor, Chicago 1973
Franzero, C. M.: Kleopatra und ihre Zeit, München 1975
Friedell, E.: Ägyptens Geschichte und Kultur der Frühzeit, München 1998
Frischauer, B.: Es steht geschrieben. Die großen Dokumente, Zürich 1967
Gorys, E.: Das Heilige Land. Historische und religiöse Stätten von Judentum, Christentum und Islam, Köln 1993
Herodot: Historien II. Das ägyptische Logos, Ditzingen 2002
Hobbs, J. J.: Bedouin Life in the Egyptian Wilderness, Kairo 2000
Hobbs, J. J.: Mount Sinai, Kairo 1995
Hornung, E.: Grundzüge der ägyptischen Geschichte, Darmstadt 1996
Jobbins, J.: The Red Sea Coast of Egypt, Kairo 1989
Kamil, J.: Luxor, New York 1993
Kamil, J.: The Monastery of Saint Catherine, Kairo 1990
Karnouk, L.: Modern Egyptian Art, Kairo 1988
Kees, H.: Der Götterglaube im alten Ägypten, Darmstadt 1980
Khoury, A. T. (Übers.): Der Koran, Gütersloh 2005
Megalli, M. D.: On the road in Egypt, Kairo 1996
Meining, S./Wolffsohn, M.: Blut für Wasser, München 1991
Perthes, V.: Orientalische Promenaden – Der Nahe und Mittlere Osten im Umbruch, München 2006
Rauch, M.: Land & Leute Ägypten, München 2003
Rugh, A. B.: Family in Contemporary Egypt, Kairo 1995
Sayyid, M. K.: Privatization: The Egyptian Debate, Kairo 1990
Schüssler, K.: Ägypten. Altertümer, Koptische Kunst, Islamische Denkmäler, München und Zürich 1987
Schüssler, K.: Die ägyptischen Pyramiden, Köln 1985
Seif, O.: Khan al-Khalili, Kairo 1991
Siliotti, A.: Sinai, Erlangen 1995
Tadros, H. R.: Social Security and the family in Egypt, Kairo 1984
Vandersleyen, C.: Das alte Ägypten. Propyläen Kunstgeschichte Band 15, Berlin 2002

Reise- und Tauchführer

Bergbauer, M. u. a.: Tauchreiseführer Rotes Meer, Ägyptische Festlandküste, Bielefeld 2003
Cohen, Sh. & R.: Red Sea Diver's Guide, London 1994
Käsinger, H., Münzinger, P. W.: Tauchreviere der Welt, Hurghada, Rüschikon 2000
Semsek, H. G.: Ägypten. Die klassische Nil-Reise, Köln 2007
Semsek, H. G.: Ägypten und Sinai. Pharaonische Tempel und islamische Traditionen, Köln 2007

Zeitungen und Zeitschriften

Al Ahram Hêbdo
Al Ahram Weekly
Egyptian Gazette
Egypt Today
Middle East Times

Maßeinheiten

Ägypten kennt das metrische System. Die Entfernungen auf Verkehrsschildern sind in Kilometern angegeben. Gebräuchliches Flächenmaß ist das Feddan: 1 Feddan = 4201 m^2.

Moscheebesuch

Keine der großen, wirklich sehenswerten Moscheen liegt am Roten Meer oder auf dem Sinai. Dennoch: Es ist interessant, ein Gotteshaus der Muslime zu sehen. Besucher sind außerhalb der Gebetszeiten willkommen. Moscheen dürfen nur ohne Schuhe betreten werden. Respektvolle Kleidung wird erwartet. Mit Unterhemd oder Top und kurzem Rock ist man fehl am Platz.

Notrufnummern

Polizei:	Tel. 122
Touristenpolizei:	Tel. 126
Ambulanz:	Tel. 123
Feuerwehr:	Tel. 125

Polizei

Es gibt kaum einen Platz oder eine Ecke in Ägypten, der/die nicht von Polizei bewacht wird. Diese Präsenz bedeutet aber nicht, dass jeder der schlecht ausgebildeten Straßenpolizisten Ihr Freund und Helfer ist. Bei Unfällen kann es passieren, dass sich als erstes der Polizist aus dem Staub macht oder für nicht zuständig erklärt, wenn er merkt, dass sich Komplikationen ergeben – oder dass die zusammenlaufenden Kollegen untätig das Geschehen beobachten. Einen Unfall oder auch nur einen Diebstahl zur Anzeige zu bringen, kann Sie viel Zeit kosten und durch mehrere Polizeireviere führen, bis der zuständige Mann gefunden ist, der das Protokoll aufnehmen und abstempeln kann und darf.

Post und Postgebühren

Rund 20 % der Sendungen, die den ägyptischen Postweg durchlaufen, kommen nie an, ergab eine Studie der American University in Cairo. Briefe zwischen Europa und Ägypten können drei Tage, drei Monate und ewig unterwegs sein. Frankiert werden Postkarten und einfache Briefe per Luftpost mit 1,25 LE.

Sicherer und schneller arbeiten Kurierdienste. Mit **Express Mail Service** (EMS), internationaler Kurier der Postdienste, dauern Sendungen von und nach Europa drei bis fünf Werktage; der einfache Brief kostet von Ägypten 34 LE; aber auch bei EMS kann es vorkommen, dass ein Brief zwei Monate unterwegs ist.

Bleibt als sicherster Versandweg für wichtige oder eilige Dokumente der Tür-zu-Tür-Service von **DHL Egypt** (Tel. 02/302 98 01, Fax 302 98 10); von **Federal Express** in Kairo (Tel. 02/79 13 04), in Hurghada (Tel. 0 65/344 27 71), in Port Said (Tel. 0 66/333 64 11), in Sharm el Sheikh (Tel. 0 69/360 22 22/3) oder in Suez (Tel. 0 62/332 16 13). FedEx erreicht man über Tel. 02/268 78 88.

Postämter sind in der Regel Sa–Do 8–15 Uhr geöffnet.

Radio und Fernsehen

Ohne Weltempfänger oder Zimmer mit Satelliten-TV ist man in Ägypten ziemlich abgeschnitten von der westlichen Medienwelt. Moderne und nicht-orientalische Musik bringt auf dem Sinai Radio El Arish (UKW 94,2 KHz, Port Said

98,0, Suez 91,2, Isma'iliya 92,5). Radio Cairo sendet täglich um 18 Uhr (UKW 95,4 KHz) ein einstündiges deutschsprachiges Programm, das man sich allerdings nur in Notfällen antun sollte: Amateursprecher verhaspeln sich unentwegt bei abgestandenen Nachrichten, die sich hauptsächlich um Präsident Mubarak drehen und offenbar vor allem dem Informationsminister gefallen sollen. Wer wirkliche Neuigkeiten aus Europa hören will, empfängt die Deutsche Welle (6075, 9545, 13780 KHz), die ihr Weltprogramm frischer und lebendiger gestaltet als früher. Beste Nachrichtenquelle für internationale Berichterstattung war schon immer und bleibt der BBC Worldservice (639 und 1025 KHz).

Der Zensur unterliegt, insbesondere was die Nachrichten betrifft, vor allem das ägyptische Fernsehen inklusive seiner Satellitenprogramme. Wer ungefilterte Meldungen hören oder sehen will, kann in beinahe allen Hotels über Satellit CNN, Deutsche Welle TV oder den BBC Worldservice empfangen; über Satellit sind auch ARD, ZDF, Arte, SAT1, RTL und andere Sender deutscher Sprache zu empfangen.

Reiseausrüstung für Individualisten

Individualreisende müssen bereits vor der Reise genau planen, was sie brauchen. Generell gilt: In Ägypten ist mittlerweile vom Bunsenbrenner bis zur Wurstkonserve (etwas teurer als in Deutschland) alles zu bekommen. Aber schon die Suche nach einem Moskitonetz wird zur vollen Tagesbeschäftigung. Wer auf einer längeren Tour Gelüste nach Leberwurst und Vollkornbrot (aus der Dose) bekommt, der muss auch das mitbringen.

Für Rucksackreisende ist das Wichtigste der Schlafsack; von Frühjahr bis Herbst genügt auch in der Wüste ein leichter Leinenschlafsack; in den Wintermonaten kommt man allerdings nicht ohne Daunenschlafsack aus, schon gar nicht etwa bei einer Übernachtung auf dem Mosesberg am Katharinenkloster. Ein Zelt hingegen ist nur hinderlich. Die wenigen Camps, die es gibt, vermieten ihre eigenen (bereits aufgestellten) Zelte.

Gewicht kann man auch an der Wäsche sparen, die man an jedem Ort innerhalb eines halben Tages für wenig Geld waschen (lassen) kann.

Reisekasse und Preise

Auch in Ägypten sollte man wenig Bargeld mit sich herumtragen, kann in größeren Hotels, in gehobenen Restaurants und vielen Geschäften mit Kreditkarte bezahlen. Als Rucksackreisender lässt sich mit einem Tagesatz von 20–30 € schon ganz komfortabel nächtigen und essen. Übernachtungen in nicht klassifizierten Hotels gibt es ab 5 LE, einfache Speisen ebenfalls. Billig ist auch der Transport: für 40–60 LE kommt man mit Bus oder Sammeltaxi mehrere hundert Kilometer weit.

Sicherheit

Ausflüge in die Wüste oder in die Berge, die ohnehin nur mit erfahrenen Führern gemacht werden dürfen, sollte man keinesfalls unternehmen, wenn Regen absehbar ist. Schon kurze Niederschläge können Täler in reißende Gebirgsbäche, trockene Wüstenkessel binnen Minuten in tiefe Seen verwandeln.

Seit Ägypten verheerend unter fundamentalistischen Anschlägen litt, werden die Urlauberzentren und -routen besonders streng bewacht. Touristen, die in Bussen oder mit Leihwagen, von der Rotmeerküste nach Luxor oder Kairo fahren wollen, müssen sich Konvois der Polizei anschließen (Abfahrtorte und -zeiten kennen die Hotelrezeptionen).

Meiden sollten Touristen, so empfehlen es auch sämtliche westlichen Botschaften, die Provinz Assiut, Hochburg der fundamentalistischen Terroristen. Für die Reise heißt das: Keine Fahrten mit Zug, Bus, Auto oder Nildampfer zwischen Beni Suef und Qena. Die Strecke Kairo–Luxor legt man am sichersten und besten mit dem Flugzeug zurück. Wenn auch einige Veranstalter Nilreisen ab Kairo anbieten, so spricht das nicht für die Sicherheit Oberägyptens, sondern für die Verantwortungslosigkeit solcher Veranstalter.

In einem Report an die Vereinten Nationen gab Ägypten die Zahl der noch unentdeckten **Minen** aus den verschiedenen Kriegen mit 23 Mio. an. Zum Teil liegen diese Minen an der Mittelmeerküste (u. a. um El Alamein) und stammen aus dem Zweiten Weltkrieg. Der andere Teil wurde während der arabisch-israelischen Konflikte an den Küsten des Roten Meeres und des Sinai gelegt, ohne die Orte zu dokumentieren.

Vier Einheiten der ägyptischen Armee sind zwar mit der Minensäuberung betraut, aber es wird nach Schätzung von Experten noch viele Jahre dauern, ehe Ägyptens Küsten wirklich minenfrei sind. Wegen der nach wie vor akuten Minengefahr sollten ›unberührte‹ Strände nicht betreten werden, **Warnschilder sind unbedingt ernst zu nehmen!**

Zu den Gefahren beim Tauchen s. S. 62f.

Telefon und Telefax

Ortsgespräche kann man von vielen Kiosken und Supermärkten aus führen und – Warteschlangen in Kauf nehmend – von den Telefonämtern der Post aus. Dort telefoniert man auch am preisgünstigsten nach Europa. Bei den Telefonämtern und an vielen Kiosken bekommt man Telefonkarten für den Preis von 10, 20 und 30 LE. Sie gelten für die neuen Fernsprecher, die an allen Straßenecken zu finden sind.

Hotels und private Telefonbüros verlangen als Drei-Minuten-Mindestgebühr ab 70 LE. Vorsicht: Einige Hotels verlangen die Mindestgebühr, sobald man es öfter als viermal klingeln lässt – auch wenn niemand abhebt.

Telefaxe verschickt man am günstigsten von den privaten Telefonbüros aus, die überall zu finden sind (ca. 30–40 LE/Minute).

Vorwahlnummern für Europa: Für Deutschland 0049 (danach Ortsvorwahl ohne 0); für Österreich 0043; für die Schweiz 0041.

Vorwahlennummern in Ägypten: Kairo 02, Alexandria und Marsa Matruh 03, Luxor 095, Assuan und Abu Simbel 097, Fayum 084, Tanta 040. – Die Vorwahlen der in diesem Band besprochenen Orte findet man jeweils am Beginn des Ortskapitels.

Handys beginnen mit 01; es gibt inzwischen 3 GSM-Netze, z. B. Etisalat.

Touristeninformationen

Es ist leider nicht anders zu sagen: Besuche in Ägyptens Büros für Tourist Information sind nett – man trinkt Tee, plauscht vielleicht –, aber Informationen, vor allem zu schwierigeren Fragen, bekommt man dort mit Sicherheit nicht, da das Personal nicht entsprechend geschult wird und die abschließende feierliche Überreichung eines farbigen Prospekts als angemessen betrachtet. Dennoch: man kann es immer versuchen, geöffnet tgl. außer Fr 9–16 Uhr (Adressen und Telefonnummern bei den jeweiligen Orten im Reiseteil).

Man kann es auch bei der Touristeninformation in Kairo versuchen: Kairo-Bab-el-Luq, 5 Sh. Adly, Tel. 02/391 34 54. Die Beratung bleibt allerdings auch hier in den allermeisten Fällen unbefriedigend, zumal wenn es um den Sinai geht, soweit er nicht nach Fünf-Sterne-Art erschlossen ist.

Trinkgeld

In Restaurants sind 5 % angemessen – bei hohen Beträgen etwas weniger, bei niedrigeren Beträgen etwas mehr. Zimmermädchen bekommen rund 10 € pro Woche, Kofferträger 5 LE pro Gepäckstück. Bakschisch wird bei allen möglichen Gelegenheiten erwartet. Das heißt aber nicht, dass der Reisende allein deshalb in die Tasche greifen muss. Dem Liftboy, dem Türaufhalter gibt man gelegentlich 1 LE, Toilettenmännern und -frauen 2 LE, wenn der Zustand der Toiletten eine Zahlung rechtfertigt. Taxifahrer gehen ihre touristischen Gäste am aufdringlichsten um zusätzliches Bakschisch an. Man braucht nichts zu geben: Im Preis, den man bezahlt hat, ist ein gesalzener ›Ausländerzuschlag‹ bereits enthalten. Und wenn sich am Flughafen fünf Kofferträger auf Ihre zwei Taschen stürzen, dann wählen Sie einen aus, und bezahlen ihn mit etwa 2 LE pro Gepäckstück. Mit dem Begriff *rashwa* ist nicht Bakschisch, sondern Bestechung gemeint.

Unterkunft

Hotels

Die mehr als 1150 ägyptischen Hotels (inkl. 285 Nilschiffe) mit 176 000 Zimmern und über 290 000 Betten (weitere 100 000 Betten in Planung) sind in 5 (in Zukunft 6) Kategorien nach Sternen eingeteilt, und zwar von der Egyptian Hotel Association in Kairo, die alljährlich den Egyptian Hotel Guide herausgibt. Die Bewertung ist allerdings zu relativieren: im Vergleich zu europäischem Standard kann man so gut wie jedem Hotel ein bis eineinhalb Sterne abziehen. 5-Sterne-Häuser im Sinn von perfekter und makelloser Luxusklasse findet man in Ägypten nicht. Häufigstes Manko: Es gibt zwar stets viel mehr Personal als in europäischen Hotels, die Leute sind aber kaum entsprechend ausgebildet und geschult, worunter der Service in allen Bereichen stark leidet.

Die Preise gelten für zwei Personen im Doppelzimmer inkl. Frühstück und

19 % Steuern und müssen in harter Währung (Dollar, Euro, Kreditkarte) beglichen werden. Wer in LE bezahlt, muss einen Umtauschbeleg der Bank vorlegen.

Am teuersten sind die Hotels in der Hauptstadt Kairo und dort in der Innenstadt wiederum etwa 20–30 % teurer als Hotels – oft derselben Kette und Klassifizierung – in Heliopolis. Es gibt eine Reihe von Unterkünften ohne Klassifizierung, in denen man zum Teil in Schlafsälen billig übernachten kann (ab 5 LE).

Vor allem im Sommer, der Nebensaison, kann man bei den Hotelpreisen kräftig handeln. Zu dieser Zeit bedarf es auch kaum einer Reservierung. Das gilt allerdings nicht für Mitte Juli–Ende August in Kairo und Alexandria. Dort quartieren sich unzählige Araber aus den reichen Golfstaaten ein, um mit ihren Familien ausgiebig Urlaub vom strengen Islam und der unerträglichen Hitze zu machen, die daheim sogar das Atmen erschwert.

Nach Ermäßigungen und Sondertarifen – den so genannten Packages – für drei oder vier Nächte müssen Sie immer selbst fragen. Bedenken Sie: Jedes Hotel wird versuchen, Ihnen als Individualreisendem so viel wie möglich zu berechnen, zumal in Krisenzeiten, wenn die Touristen ausbleiben.

Alle Hotels der gehobenen Klasse legen Wert auf eine gute Küche. Sie bieten meist europäische und orientalische Spezialitäten in verschiedenen Restaurants mit unterschiedlichem Ambiente an. Qualität und hoher Preis stehen dabei leider nicht immer im Einklang.

Ferienwohnungen, Jugendherbergen, Camping

Ferienwohnungen und -häuser werden Touristen in Ägypten erst allmählich angeboten.

Im gesamten Land gibt es bisher 15 so genannte ›**Youth Hostels**‹, u. a. in Hurghada, Ismai'liya, Port Said, Sharm el Sheikh und Suez. Infos bei der Egyptian Youth Hostel Association, Tel. 02/794 05 27, Fax 795 03 29.

Organisierte Campingplätze werden von den Tourismusmanagern eher boykottiert als gefördert. Sofern es Plätze gibt, befinden sie sich oftmals in erbärmlichem Zustand. Dafür kostet die Übernachtung ab 15 LE.

Grundsätzlich ist **Zelten** in Ägypten, egal wo, verboten. In besiedelten Gegenden, und noch wahrscheinlicher in Gebieten mit hoher Militärpräsenz wie auf dem Sinai und am Roten Meer, bezahlt man wildes Campieren höchstwahrscheinlich mit einem mittellangen Aufenthalt bei der Polizei. Da aber auch das Militär nicht omnipräsent sein kann und man die friedlichen Absichten der Camper erkannt hat, ist es an vielen (vorzugsweise abgelegenen) Stränden und Buchten kein Problem mehr, zu übernachten.

Verkehrsmittel für Rotes Meer und Sinai

Flugzeug

Zwischen Hurghada und Sharm el Sheikh bestehen dreimal wöchentlich (Mo, Mi, Fr) Flugverbindungen. Von dem kleinen Flughafen Taba/Ras el Nabq gibt es pro Woche nur eine Verbindung (Mo) mit Sharm el Sheikh und

Kairo. Auskünfte erteilt Egypt Air
Kairo Tel. 02/244 14 60
Sharm el Sheikh Tel. 069/360 10 56
Hurghada Tel. 065/344 75 03
Taba Tel. 062/353 00 10
landesweites Call Center
Tel. 09 00/700 00

Bus

Ein- bis zweimal täglich bedienen Busse die Strecke Sharm el Sheikh–Dahab–Nuweiba–Taba und zurück. Da die Abfahrtszeiten stark variieren, sollte man sich beim Ticketkauf die Abfahrtszeiten bestätigen lassen oder am Vortag der Abreise anrufen, Tel. 069/360 06 00. Beschwerlich ist die Busverbindung Sinai–Rotmeerküste: Umsteigen und Warten in Isma'iliya oder Suez! Alternative: die ›Speed boat‹-Fähre zwischen Hurghada und Sharm (s. u.).

Eigener Pkw

Die Straßen entlang der Sinai-Küsten sind für jeden Wagen befahrbar; ebenso die West-Ost-Verbindungen, die die Sinai-Halbinsel an Festland-Ägypten anbinden. Wüsten- und Bergtouren sowie Ausflüge, die von den gut ausgebauten Hauptstraßen wegführen, erfordern allerdings ausnahmslos Vierradantrieb.

Wer mit dem eigenen Fahrzeug, sei es ein Wagen mit Vierradantrieb oder ein VW-Bus, unterwegs ist, muss auf alle Eventualitäten vorbereitet sein. So sehr die Ägypter, gerade was Autoreparaturen angeht, Meister im Improvisieren sind – man sollte unbedingt einen Satz der wichtigsten und empfindlichen Ersatzteile (z. B. Sicherungen) und ungebräuchlichere Werkzeuge dabei haben.

Getrennt von den Originalen sollten Sie Kopien Ihrer Papiere im Gepäck verstauen, dazu die Nummer der Botschaft in Kairo, die Ihnen bei Unfällen und gravierenden Problemen mit Polizei oder Militär am ehesten helfen kann.

Leihwagen

In Nuweiba, Taba, Sharm el Sheikh, Hurghada, Safaga und en anderen Urlaubsorten gibt es eine Reihe von Leihwagen-Firmen. In der Regel muss der Wagen am Ort der Anmietung zurückgegeben werden, da sonst Transferkosten von 150 US$ und mehr anfallen. Billiger sind Leihwagen in Kairo, wo es Kleinwagen bereits für 400 US$ pro Woche inklusive Kilometer und Vollkaskoversicherungen gibt. Tipp: Smartlimo, 151 Corniche El Nil, Kairo-Maadi, Tel. 02/524 30 06, 010/530 50 70, Fax 02/524 30 09.

Fähre

Sharm el Sheikh und Hurghada verbindet mehrmals wöchentlich eine Fähre (Personen und Autos). Der Fahrplan des ›Flying Catamaran‹ wird selten eingehalten, aktuelle Auskünfte gibt es (mit Glück) in Sharm el Sheikh unter Tel. 069/366 07 64 und in Hurghada, Tel. 065/344 44 21.

Offiziell gelten für die 90-minütige Fahrt folgende Abfahrtszeiten: Sharm el Sheikh – Hurghada: Fr, Mo, Mi, 11 Uhr; Hurghada – Sharm el Sheikh: So, Di, Do 9.30 Uhr. Tickets für rund 250 LE/Person und 300 LE/Fahrzeug müssen mindestens zwei Tage vorher reserviert werden; Resttickets werden direkt am Boot verkauft.

Taxi

Eines der gebräuchlichsten Verkehrsmittel Ägyptens ist das Service-Taxi; es fährt los, sobald der Wagen voll ist. Service-Taxis verkehren auf dem gesamten Sinai und an der Rotmeer-Küste.

Zeit

Wenn Sie nach Ägypten kommen, stellen Sie in der Regel die Uhr um eine Stunde vor. Sommer- und Winterzeit beginnen mit wenigen Tagen Abweichung zu den gleichen Terminen wie in Europa.

Zeitungen und Zeitschriften

Die großen **überregionalen deutschen Zeitungen** (SZ, FAZ, Welt, Die Zeit, Bild am Sonntag, Welt am Sonntag) und Zeitschriften (Spiegel, Stern, Bunte, Focus) bekommt man in ganz Ägypten ein bis drei Tage nach Erscheinen in den größeren Hotels und an zentralen Zeitungskiosken. Mühelos erhältlich sind auch die **englischsprachigen** Herald Tribune, USA Today, Time, Newsweek, Independent und London Times sowie der französische L'Express.

Ägyptische Tageszeitungen in In französischer bzw. englischer Sprache sind Le Progrès Egyptien und die Egyptian Gazette – beide regierungsunterwürfig, heuchlerisch und unkritisch. Informativ sind sie lediglich, was Nachrichten aus Kultur, Tourismus und Archäologie angeht.

Informativ, wenn auch pseudo-intellektuell verquast, sind die donnerstags erscheinenden halbamtlichen **Wochenzeitungen** Al Ahram Weekly (in Englisch) und die französische Al Ahram L'Hebdo. Wöchentlich erscheint die Middle East Times, die – erkennbar an den gelegentlich unbedruckten Stellen im Blatt – ab und an Opfer der unberechenbaren ägyptischen Zensur wird und, davon aufgerieben, viel an Bissigkeit und Kritiklust verloren hat.

Reportagen aus Ägypten und jede Menge Informationen über Kultur, Musik, Theater, Literatur und Veranstaltungen beinhaltet auch die **Illustrierte** ›Egypt Today‹, die monatlich erscheint (in Oberägypten mit Sonderseiten in deutscher Sprache). Der Herald Tribune liegt in Ägypten der ›**Daily Star Egypt**‹ bei.

Veranstaltungstermine für das ganze Land findet man in der Monatsbroschüre Cairo – Entertainment Culture Guide sowie in der Broschüre Sinai Today. **Wirtschaftsthemen** beleuchtet Business Today.

Speziell auf **Interessen der Urlauber** sind in Hurghada das Red Sea Bulletin und das Magazin H2O (www.h2omag.com) zugeschnitten; Vertrieb über Buchläden, Hotels, Tauchschulen.

Panorama vom Mosesberg bei Sonnenaufgang ▷

KLEINER SPRACHFÜHRER

Von allen Sprachen dieser Welt zählt Arabisch mit zu den schwierigsten (was die Ägypter umgekehrt auch von Deutsch behaupten). Im fremden Ohr klingt alles wie ein Wörterbandwurm, der ohne Punkt und Komma einen Rachenlaut an den anderen hängt.

Die arabische Grammatik kennt mehrere Plurale; Verben und Substantiva ändern sich bis zur Unkenntlichkeit, je nachdem, ob man mit einem Mann, einer Frau oder mehreren spricht.

Die arabische Schrift lässt sich am ehesten mit Stenografie vergleichen. Vokale werden nicht geschrieben, sondern durch Vokalisierungszeichen angezeigt, die man aber selten tatsächlich schreibt. Für jeden der 28 Buchstaben gibt es vier Zeichen, je nachdem, wie die Letter steht: alleine, am Anfang, in der Mitte oder am Ende eines Wortes.

Das arabische Wort für Ägypten ist *masr.* Masr – meist Misr geschrieben – sagt der Ägypter auch, wenn er Kairo meint. Seien Sie also nicht verwirrt, wenn Ägypter, die mit Ihnen Englisch sprechen, Egypt sowohl für Ägypten als auch für die Hauptstadt Kairo verwenden, die sich offiziell El-Qahira, ›die Siegreiche‹, nennt. Das Wort Masr leitet sich aus dem hebräischen Wort *misrayim* für Ägypten ab.

Das Arabische kennt einen Wortreichtum und eine Bildhaftigkeit, die mit dem Wort barock nur unzureichend beschrieben ist. Auf den Fremden wirkt die Ausdrucksweise, unterstrichen von imposanter Gestik, oft bombastisch. Überschwänglich fallen im ägyptischen auch Komplimente aus. Ein Beispiel: Das größte Kompliment, das Mann der Frau seines Herzens machen kann, lautet *anti zai el amar el menawar,* wörtlich »Du bist wie der runde volle Mond« – diese Floskel sollten Sie allerdings sparsam und nur in wichtiger europäisch-ägyptischer Herzensangelegenheit einsetzen.

Die Schwierigkeiten des Arabischen im Einzelnen an dieser Stelle zu erklären würde zu weit führen. Doch keine Scheu. Wichtig ist in erster Linie, dass man versteht, was Sie wollen. Der Rest ergibt sich dann. Mit ein paar Floskeln Ägyptisch-Arabisch, das sich vom Hoch-Arabischen gewaltig unterscheidet, können Sie bei den Ägyptern schon einen Pluspunkt verbuchen. Der Wille steht fürs Werk.

Die Zahlen

1	wâhid
2	itnîn
3	talâta
4	arbâ'a
5	chamsa
6	sitta
7	sabâ'a
8	tamanya
9	tissa
10	ashra
11	hidâshar
12	itnâshar
13	talatâshar
14	arba'atâshar
15	chamastâshar
16	sittâshar
17	saba'atâshar

18	tamantâshar
19	tissatâshar
20	ashrîn
30	talatîn
40	arba'în
50	chamsîn
60	sittîn
70	saba'în
80	tamanîn
90	tisse'în
100	miyya
200	mitîn
300	tultumiyya
400	rubu'miyya
500	chumsumiyya
600	suttumiyya
700	sub'umiyya
800	tumnumiyya
900	tus'umiyya
1000	âlf
2000	âlfin
3000	talatalif

Bei zusammengesetzten Zahlen ab 21 werden wie im Deutschen erst die Einer, dann die Zehner genannt.

21	wâhed we ishrîn (eins und zwanzig)
22	itnîn wa ishrîn (zwei und zwanzig)
23	talâta wa ishrîn
24	arba'a wa ashrîn

Wochentage

Sonntag	yom el hadd
Montag	yom el itnîn
Dienstag	yom el talât
Mittwoch	yom el arba'a
Donnerstag	yom el chamîs
Freitag	yom el goma'a
Samstag	yom el sabt
heute	ennaharda
morgen	bukra
gestern	emberah
übermorgen	baad'bukra

Allgemeine Redewendungen

Willkommen, Grußformel	ahlan we sahlan
Antwort auf die Begrüßung	ahlan bîk
guten Morgen	sabah el chîr
auf Wiedersehen	ma'asalâma
Friede sei mit dir	assalamu aleikum
hoffentlich, so Gott will	insha'alah
bitte (zu Mann, zu Frau)	manfadlak/ manfadlik
danke	shukran
Entschuldigung	assif
nein	la
ja	aiwa
ich heiße	ismi
ich möchte ...	ana awis ...
ich möchte nicht(s)	misch awiz
haben Sie (Wechselgeld)?	fî andak (fakka)?
wo ist ...	fên ...
gibt es ...	fî ...
gehen Sie!	emschi, barra
einverstanden, O.K.	mêschi
ich fühle mich nicht wohl	ana mish mabsut
Prost, zum Wohl	fi sehettak
Rechnung	hisâb
teuer	ghali
wann	imta
warum	lê
wer	mîn
wie bitte?	na'am?
wie spät ist es?	sa'a kâm
wieviel kostet das?	bi kâm?
warte!	stanna
Wasser	mâya

Speisekarte

Brot, Vorspeisen und Suppen

aish balladi	Fladenbrot
aish afrangi	Weißbrot
boksomat	Trockene Brotstangen mit Sesam
bab ghanûgh	Auberginen-, Tehinacreme
besara	Pferdebohnen mit Gemüsepaste
filfil	Pfeffer
fûl	Brei aus gekochten Pferdebohnen
fûl bil bêd	Fuhl mit Ei
gibna bêda bi tamaten	Käse-Tomaten-Salat
hûmmus	Kichererbsencreme
kershah	Rindermagen mit Zitrone + Gewürz
kobeba	Hackbällchen mit Burgul + Gewürz
machalîl	sauer eingelegtes Gemüse
machalîl lamun	eingelegte Zitronen
left mechalil	eingelegte weiße Rüben
malh	Salz
pasterma	mariniertes, getrocknetes Rindfleisch
salata baladi	ägyptischer Salat (grüner Salat, Tomaten)
salatet zebôdi	Joghurt-Gurken-Salat
shatta	scharfes Paprikagewürz
shurba bel tarbeya	Hühner-Creme-Suppe
shurbet atz	Linsensuppe
shurbet ferach	Hühnersuppe
shurbet kauwâra	Suppe mit Knochenmark
shurbet tamatem	Tomatensuppe
tabulah	Tomaten-Petersilie-Salat
ta'amiyya	Gemüsefrikadelle
tehîna	ölige Sesamcreme
wara einab	mit Reis gefüllte Weinblätter
zebda	Butter

Hauptspeisen und Beilagen

arnabit	Rosenkohl, gebraten oder mit To matensauce gekocht
bamya	Okraschoten mit Tomatensauce
besella	Erbsen mit Möhren in Tomatensauce
bitingan	geröstete Auberginen
egga	Eier mit Zwiebel, Mehl, Petersilie
fasôlia	grüne Bohnen mit Tomatensauce
fatta	Lamm mit Reis, Brot, Lammsud
hamâm mahshi	gefüllte Tauben
kalauwi	gegrillte Innereien auf Petersilie
kebab	gegrillte Lamm- oder Rinderspieße
kharshuf	Artischocken gekocht, in diversen Saucen
khobeza	eine Art Spinat
koromb mahshi	gefüllte Kohlblätter
kufta	gegrillte Hackfleischbällchen
kôsa	Zucchini

kushari	Reis-Zwiebel-Nudel-Linsen-Gericht
mahshi felfel	gefüllte Paprika
mahshi tamatem	gefüllte Tomaten
mahshi betengan	gefüllte Auberginen
makarona esbageti	Spaghetti
makarona fi el forn	Maccaroni im Ofen
mulluchiyya	Suppe aus spinatartigen Zutaten
mombar	Darm gefüllt mit Reis, Paprika
mesaka'a	Auberginen mit Tomaten
ola'ass	Kohlrabi ähnliches Gemüse
Ruz bel she'-areyah	Reis mit kleinen Nudelfäden
ruz bil chalta	brauner Reis mit Nüssen
rus mefalfel	Reis, halb gebraten
saneyet batates	Kartoffeln mit Paprika, Zwiebel und Tomaten
saneyet gulash	Blätterteig mit Hackfleisch
saneyet gulash belgebnah	Blätterteig mit Käse
saneyet gulash bel sabanech	Blätterteig mit Spinat
shakshuka	Eier mit Gemüse gebraten
sharkaseyah	Hähnchenbrust mit Wallnusspaste
shawerma	Giros in ägyptischer Variante
shish tawûk	gegrilltes aûsgelöstes Hûhn
sogok	Würstchen

Fisch

arûs	Nilfisch
bûlti	panierter Nilfisch
bûri	Meeresche
gamberi	Shrimps
gandufli	große Meeresmuscheln
om el kholul	kleine Meeresmuscheln (roh)
stakosa	Hummer
samak mashwi	gegrillter Fisch
samak makli	panierter Fisch
sayadeya	würzige Fisch-Paella
sobbet kalamri	
tûna	Tunfisch

Nachspeisen

ara'a assal	Kürbiskern mit Honig
atâyef	mit Käse gefüllter Teig
basbûsa	Honigkuchen mit Nüssen
batata mashweyah	gegrillte Süßkartoffeln
petifor	kleines Süßgebäck
erfa	heißes Zimtgetränk
gato	kleine Kuchenstücke
ghorayeba	süßes Gebäck
gibna bêda	weißer Weichkäse
gibna estambuli	gesalzener Weichkäse
gibna rûmi	würziger Hartkäse
gilâti	Eiscreme
halâwa	feines Honig-Mandel-Gebäck
kahk	kleines Gebäck mit Puderzucker
konafa	Nudel-Honig-Gebäck

kuskussi	nudelähnliche Teigstücke
mahalabeya	Milchreis mit Rosenöl
umm âli	überbackenes Milch-Brot-Gemisch mit Nüssen und Rosinen
sahlab	süße Milch mit Vanille, Nüssen
sauabe'a zenab	Teig in Fingerform mit Honig

Obst

battich	Wassermelone
barkuk	Pfirsich
bortuân	Orangen
choch	Pfirsiche
enab	Trauben
faraula	Erdbeeren
gawâfa	Guave
kometra	Birnen
harankash	Physalis
kantalup	kleine Honigmelone
kreis	Kirschen
mânga	Mango
mishmish	Aprikosen
môs	Bananen
shamâm	Honigmelonen
ruman	Granatäpfel
tin	Feigen
tofah	Äpfel
yustafandi	Mandarinen

Getränke

ahwa sadah	Kaffee ohne Zucker
ahwa masbut	mittelsüßer türkischer Kaffee
ahwa seyâda	sehr süßer Kaffee
ere sûs	nach Lakritz schmeckendes Getränk
fakhfakhina	frische Früchte in Stückchen in Fruchtsaft
Haga saa'ah Cola, Fanta usw.	Etwas Kaltes bitte, Cola, Fanta usw.
hûmmus el sham	gewürzter Kichererbsensud
karkadê	(kalter oder warmer) Malvenblüten-Tee
mâya	Wasser
nabît	Wein
laban	Milch
shai	Tee
shai bel nea'na'	Tee mit Minze
tamr hendi	Dattelgetränk
chamra	Alkohol
bîra	Bier

REGISTER

شارع عثمان بن
٣٤٤٨٨٠/٣٤٠٠٠

REISEATLAS

LEGENDE

1 : 1.200.000

0 — 40 km

Autobahnähnliche Schnellstraße	Staatsgrenze	Archäologische Stätte
1 Schnellstraße (vierspurig)	Nationalpark	Bergwerk
36 Fernstraße	Flughafen	Höhle
Hauptstraße	Flugplatz	Leuchtturm
Nebenstraße	Pyramide	Berggipfel
Straße in Bau/Planung	Moschee	Höhenpunkt
Piste	Burg, Kastell	Aussichtspunkt
Fahrweg	Kloster	Badestrand
Fähre, Schifffahrtslinie	Ruine	Hafen
Grenzübergang	Sehenswürdigkeit	Schiffswrack

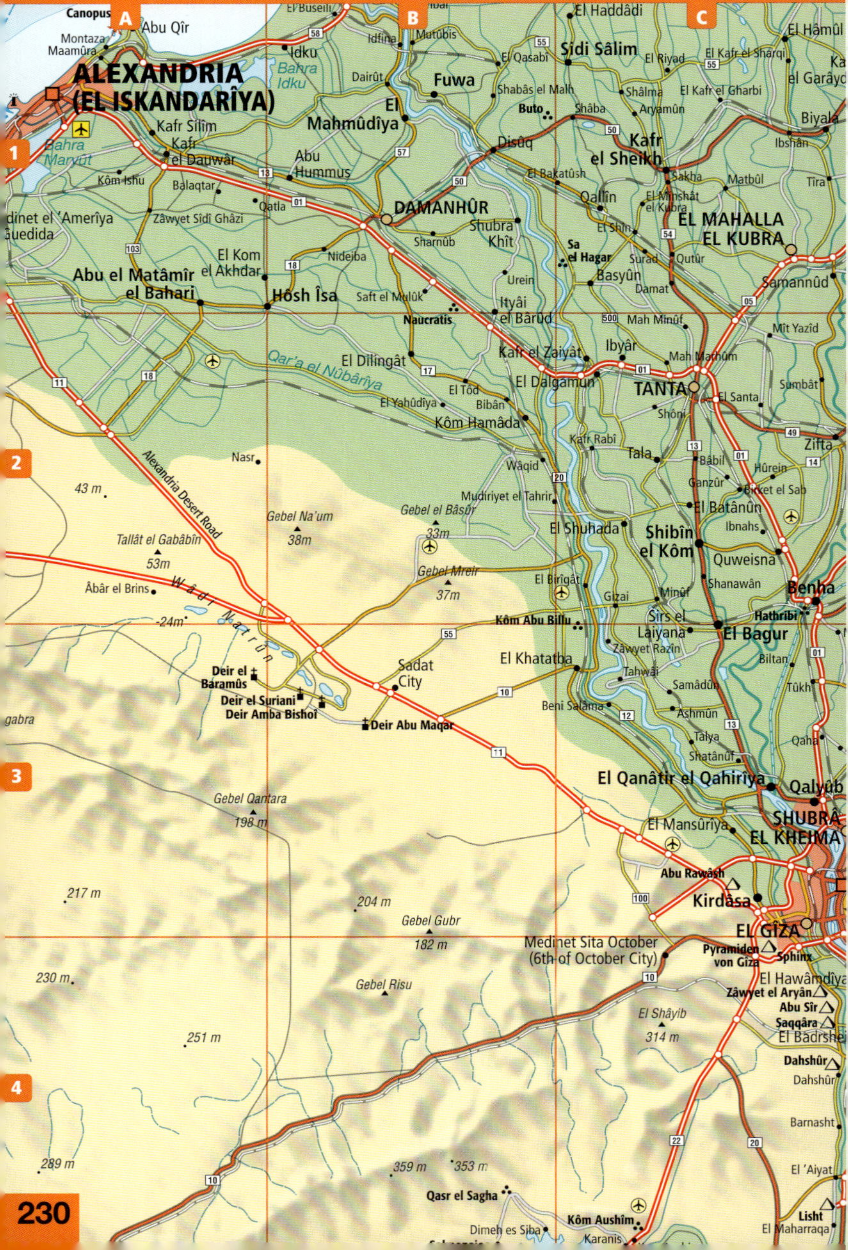

A
B
C
1
2
3
4
Canopus
Abu Qîr
Montaza
Maamûra
ALEXANDRIA
(EL ISKANDARÎYA)
Bahra Idku
Idku
Idfina
Mutûbis
El Haddâdi
Sîdi Sâlim
El Hâmûl
El Riyad
El Kafr el Sharqi
El Kafr el Gharbi
El Garâyd
Shâlma
Aryamûn
Biyala
Ibshân
Dairût
Fuwa
El Qasabi
Shabâs el Malh
Buto
Shâba
El Mahmûdîya
Kafr Silîm
Kafr el Dauwâr
Bahra Maryût
Abu Hummus
Disûq
Kafr el Sheikh
Sakha
Matbûl
Tîra
Kôm Ishu
Balaqtar
Qatla
El Bakatûsh
Qallîn
El Minshât el Kubra
DAMANHÛR
Shubra Khît
El Shîn
EL MAHALLA EL KUBRA
Madinet el 'Amerîya
Guedida
Zâwyet Sîdi Ghâzi
Sharnûb
Sa el Hagar
Surad
Qutûr
El Kom el Akhdar
Nideiba
Basyûn
Samannûd
Abu el Matâmîr el Bahari
Hôsh Îsa
Saft el Mulûk
Urein
Damat
Naucratis
Ityâi el Bârûd
Mah Minûf
Mît Yazîd
Ibyâr
Kafr el Zaiyât
Mah Mathûm
El Dilingât
Qar'a el Nûbârîya
El Dalgamûn
TANTA
El Santa
Sumbât
El Tôd
El Yahûdîya
Bibân
Kôm Hamâda
Shôni
Kafr Rabî
Tala
Zifta
Nasr
Wâqid
Bâbil
Hûrein
43 m
Alexandria Desert Road
Ganzûr
Birket el Sab
Mudiriyet el Tahrir
Gebel Na'um
38m
Gebel el Bâsûr
33m
El Batânûn
Ibnahs
El Shuhada
Shibîn el Kôm
Tallât el Gabâbîn
53m
Quweisna
Gebel Mreir
37m
El Birîgât
Shanawân
Benha
Âbâr el Brins
Wâdi Natrûn
-24m
Gizai
Minûf
Kôm Abu Billu
Sirs el Laiyana
Hathribi
El Bagur
Zâwyet Razîn
Deir el Baramûs
Sadat City
El Khatatba
Tahwâi
Biltan
Deir el Suriani
Deir Amba Bishoi
Samâdûn
Tûkh
Deir Abu Maqar
Beni Salâma
Ashmûn
Qaha
Talya
Shatânûf
El Qanâtir el Qahiriya
Qalyûb
Gebel Qantara
198 m
El Mansûrîya
SHUBRÂ EL KHEIMA
Abu Rawâsh
217 m
204 m
Kirdâsa
Gebel Gubr
182 m
EL GÎZA
Medinet Sita October
(6th of October City)
Pyramiden von Gîza
Sphinx
230 m
Gebel Risu
El Hawâmdîya
Zâwyet el Aryân
Abu Sîr
El Shâyib
314 m
Saqqâra
El Badrshein
251 m
Dahshûr
Barnasht
289 m
359 m
353 m
El 'Aiyat
Qasr el Sagha
Lisht
Dimeh es Siba
Kôm Aushîm
Karanis
El Maharraqa

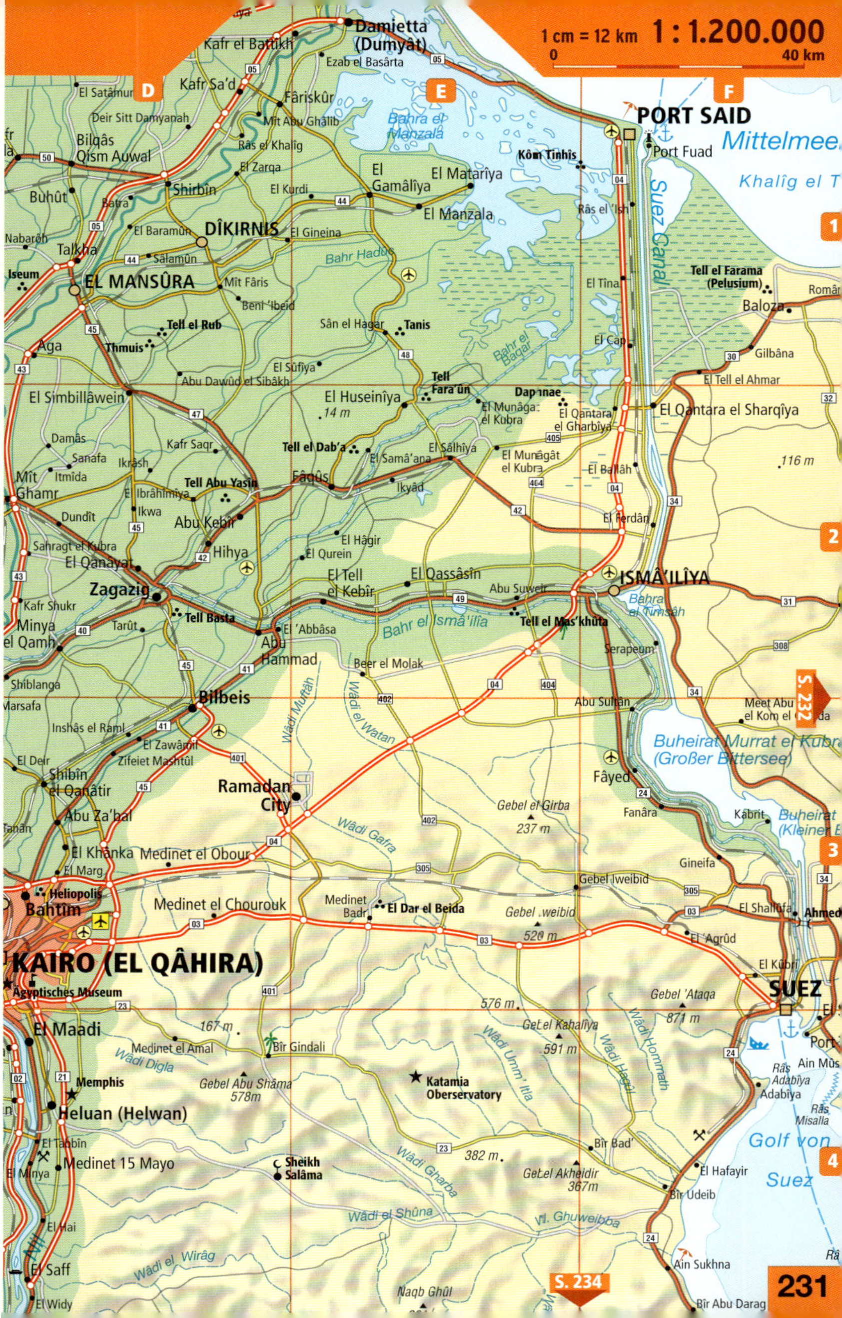
1 cm = 12 km
1 : 1.200.000
0
40 km
D
E
F
1
2
3
4
Damietta (Dumyât)
Kafr el Battîkh
Ezab el Basârta
Kafr Sa'd
Fâriskûr
El Satâmûn
Deir Sitt Damyanah
Mît Abu Ghâlib
Râs el Khalîg
Bilqâs Qism Auwal
El Zarqa
Shirbîn
El Kurdi
Buhût
Batra
El Gamâlîya
El Matarîya
El Manzala
Bahra el Manzala
PORT SAID
Port Fuad
Mittelmeer
Khalîg el Tîna
Kôm Tinhîs
Râs el 'Ish
Suez Canal
Nabarôh
Talkha
El Baramûn
DÎKIRNIS
El Gineina
Bahr Hadus
Sâlamûn
Iseum
EL MANSÛRA
Mît Fâris
Beni 'Ibeid
El Tîna
Tell el Farama (Pelusium)
Români
Baloza
Tell el Rub
Thmuis
Aga
Sân el Hagar
Tanis
El Cap
Bahr el Baqar
Gilbâna
El Sûfîya
Abu Dawûd el Sibâkh
El Tell el Ahmar
El Simbillâwein
El Huseinîya
14 m
Tell Fara'ûn
Daphnae
El Munâga el Kubra
El Qantara el Gharbîya
El Qantara el Sharqîya
Damâs
Sanafa
Kafr Saqr
Ikrâsh
Tell el Dab'a
El Sâlhîya
El Samâ'ana
El Munâgât el Kubra
El Ballâh
116 m
Mît Ghamr
Itmîda
Tell Abu Yasîn
Fâqûs
Ikyâd
El Ibrâhîmîya
Ikwa
Dundît
Abu Kebîr
El Ferdân
Sahragt el Kubra
El Qanâyat
Hihya
El Hâgir
El Qurein
Zagazig
El Tell el Kebîr
El Qassâsîn
Abu Suweir
ISMÂ'ILÎYA
Bahra el Timsâh
Kafr Shukr
Tell Basta
Tell el Mas'khûta
Minya el Qamh
Tarût
El 'Abbâsa
Abu Hammad
Bahr el Ismâ'ilîa
Serapeum
Shiblanga
Beer el Molak
Wâdi Murrah
Wâdi el Watan
Marsafa
Bilbeis
Abu Sultân
Meet Abu el Kom el Wada
S. 232
Inshâs el Raml
El Zawâmil
Buheirat Murrat el Kubra (Großer Bittersee)
El Deir
Zifeiet Mashtûl
Shibîn el Qanâtir
Ramadan City
Fâyed
Fanâra
Gebel el Girba
237 m
Abu Za'bal
Kabrît
Buheirat Murrat el Sughra (Kleiner Bittersee)
Tanân
Wâdi Gafra
El Khânka
Medinet el Obour
El Marg
Gineifa
Gebel Iweibid
Heliopolis
Bahtîm
Medinet el Chourouk
Medinet Badr
El Dar el Beida
Gebel 'Weibid
520 m
El Shallûfa
Ahmed
El 'Agrûd
KAIRO (EL QÂHIRA)
Ägyptisches Museum
El Kubri
SUEZ
Gebel 'Ataqa
871 m
576 m
Gebel Kahalîya
591 m
El Maadi
167 m
Medinet el Amal
Bîr Gindali
Wâdi Digla
Wâdi Umm 'Itla
Wâdi Hagûl
Wâdi Hommath
Port Taufiq
Ain Mûsa
Râs Adabîya
Adabîya
Memphis
Gebel Abu Shâma
578 m
Katamia Oberservatory
Râs Misalla
Heluan (Helwan)
El Tabbîn
382 m
Bîr Bad'
Golf von Suez
Medinet 15 Mayo
El Minya
Sheikh Salâma
Wâdi Gharba
Gebel Akheidir
367 m
El Hafayir
Bîr Udeib
El Hai
Wâdi el Shûna
W. Ghuweibba
El Saff
Wâdi el Wirâg
Ain Sukhna
S. 234
Naqb Ghûl
El Widy
Bîr Abu Darag
Nil

PORT SAID
Port Fuad
Mittelmeer
Râs Burûn
Khalîg el Tîna
Sabkhet el Bardawîl
Suez Canal
Tell el Farama (Pelusium)
Români
Baloza
El Nagila
Bîr el 'Afein
Bîr el 'Abd
Bîr el Qanadil
El Mazâr
Bîr Kasseiba
Bîr Qatia
Bîr Nagîd
Bîr Gameil
Gilbâna
El Tell el Ahmar
Gebel el Amrar
319 m
Umm 'Agârim
149 m
El Qantara el Sharqîya
Bîr el Gifeir
116 m
Rigal el Khalla
208 m
El Ferdân
Gebel Maghâra
Bîr Hamma
Wâdi el Hamma
Gebel Hamâyir
625 m
Kathîb el Henu
207 m
ISMÂ'ILÎYA
Bahra el Timsâh
El Tasa
Bîr Rôd Sâlim
Serapeum
Bîr Barth el Higâyib
Khatmia Pass
350 m
Bîr Gifgâfa
Meet Abu el Kom el Gedida
Buheirat Murrat el Kubra (Großer Bittersee)
Wâdi Umm' Khisheib
Gebel Yi'allaq
1094m
Gebel Umm Khisheib
642 m
Giddi Pass
660 m
Fanâra
Kabrît
Buheirat Murrat el Sughra (Kleiner Bittersee)
Wâdi el Giddi
Bîr el Giddi
Gebel el Giddi
840 m
Bîr el Thamâda
Gineifa
Wâdi el Hâgg
S
I
El Shallûfa
Ahmed Hamdi Tunnel
El 'Agrûd
Mitla Pass
480 m
Sadr el Hitan
Wâdi el Agheidara
Wâdi Abu Gidil
El Kûbri
SUEZ
Gebel 'Ataqa
871 m
823 m
El Shatt
Port Tawfîq
Gebel al Raha
Wâdi el Saheira
Wâdi Hommath
Wâdi Hegâl
Râs Adabîya
Adabîya
Ain Mûsa
Gebel el Râha
675 m
Qalat el Gundi
Ain Sudr
Wâdi el Natila
Râs Misalla
Golf von Suez
Wâdi Lahata
Gebel Budhiyya
El Hafayir
Bîr Udeib
Wâdi Sudr
Wâdi Gheita
Bîr Umm Saîd
Sudr
Gebel Sinn Bishr
622 m
Gebel Somâr
925 m
Râs Sudr
Ain el Foqeiya
Gebel Budhîya
1076 m
Ain Sukhna
Asl
Gebel Somâr
Bîr Abu Darag

S. 231
S. 234

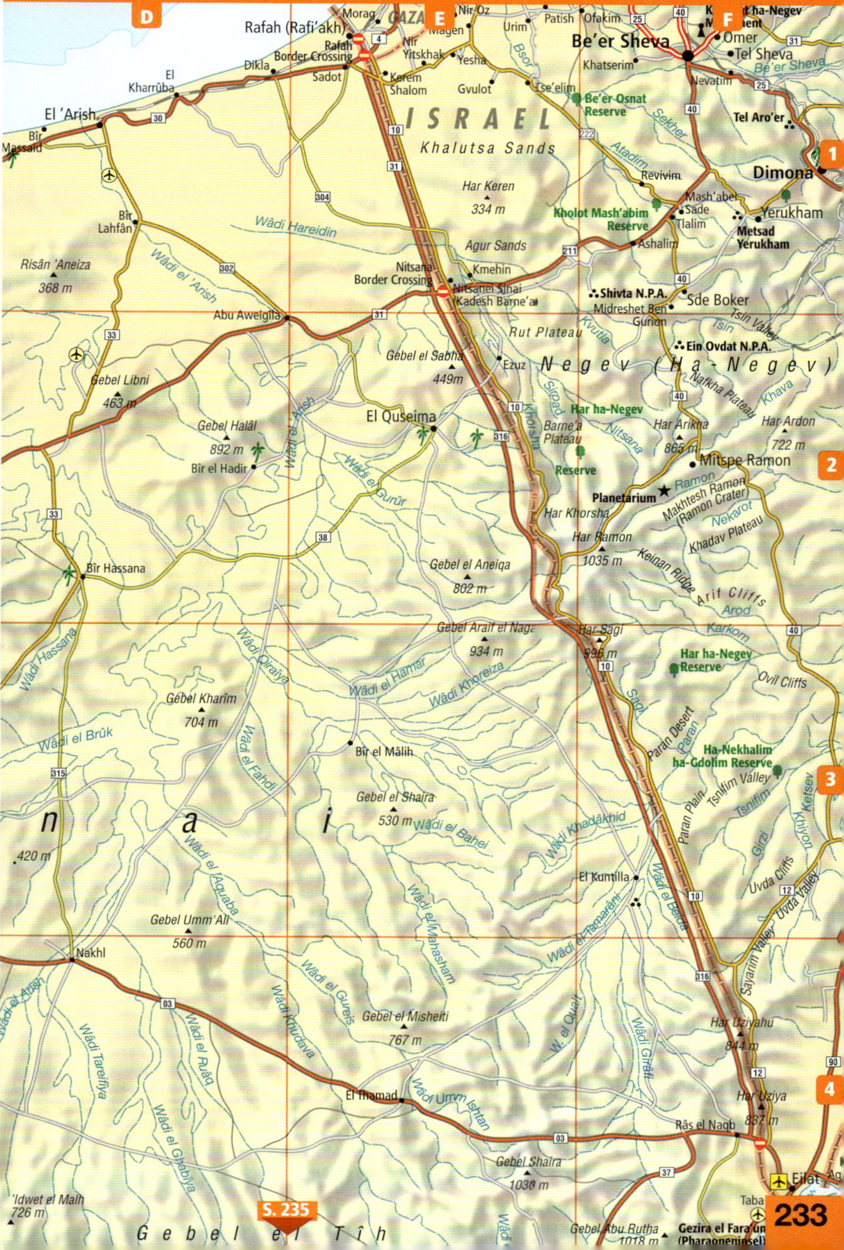
D
E
F
1
2
3
4
Rafah (Rafi'akh)
Morag
GAZA
Nir Oz
Magen
Urim
Patish
Ofakim
Rafah Border Crossing
Nir Yitskhak
Yesha
Dikla
Sadot
Kerem Shalom
Gvulot
Tse'elim
Bsor
Be'er Sheva
Omer
Tel Sheva
Be'er Sheva
Khatserim
Nevatim
Be'er Osnat Reserve
El Kharrûba
El 'Arish
Bîr Massaid
ISRAEL
Khalutsa Sands
Sekher
Atadim
Tel Aro'er
Dimona
Revivim
Mash'abei Sade
Tlalim
Yerukham
Metsad Yerukham
Kholot Mash'abim Reserve
Ashalim
Har Keren
334 m
Bîr Lahfân
Wâdi Hareidin
Agur Sands
Risân 'Aneiza
368 m
Wâdi el 'Arish
Nitsana Border Crossing
Kmehin
Nitsanei Sinai
Kadesh Barne'a
Shivta N.P.A.
Midreshet Ben Gurion
Sde Boker
Tsin
Tsin Valley
Abu Aweigila
Rut Plateau
Kvutla
Ein Ovdat N.P.A.
Gebel el Sabha
449m
Ezuz
Negev (Ha-Negev)
Nafkha Plateau
Khava
Gebel Libni
463 m
Sirpad
El Quseima
Har ha-Negev Reserve
Barne'a Plateau
Nitsana
Har Arikha
865 m
Har Ardon
722 m
Gebel Halâl
892 m
Bîr el Hadir
Wâdi el 'Arish
Khorsha
Mitspe Ramon
Wâdi el Gurûr
Planetarium
Ramon
Makhtesh Ramon (Ramon Crater)
Nekarot
Khadav Plateau
Har Khorsha
Har Ramon
1035 m
Keinan Ridge
Bîr Hassana
Gebel el Aneiqa
802 m
Arif Cliffs
Arod
Gebel Araif el Naga
934 m
Har Sagi
996 m
Karkom
Wâdi Hassana
Wâdi Diraiya
Wâdi el Hamar
Wâdi Khoreiza
Har ha-Negev Reserve
Ovil Cliffs
Gebel Kharîm
704 m
Sagi
Wâdi el Brûk
Wâdi el Fahdi
Bîr el Mâlih
Paran Desert
Paran
Ha-Nekhalim ha-Gdolim Reserve
Tsnifim Valley
Paran Plain
Tsnifim
Ketsev
Gebel el Shaira
530 m
Wâdi el Bahei
Wâdi Khadâkhid
Khiyon
n a i
420 m
Wâdi el 'Aquaba
Wâdi el Mahasham
El Kuntilla
Girzi
Uvda Cliffs
Uvda Valley
Wâdi el Beida
Gebel Umm'Ali
560 m
Wâdi el Tamarâni
Nakhl
Sayarim Valley
Wâdi el Arish
Wâdi el Gureis
Wâdi Khudava
Gebel el Misherti
767 m
W. el Quait
Wâdi Tareifiya
Wâdi el Ruâq
Wâdi Girâfi
Har Uziyahu
844 m
El Thamad
Wâdi Umm Ishtan
Har Uziya
837 m
Wâdi el Ghabiya
Râs el Naqb
Gebel Shaira
1030 m
Eilat
'Idwet el Malh
726 m
Taba
Gebel el Tîh
Gebel Abu Rutha
1018 m
Gezira el Fara'un (Pharaoneninsel)

S. 235

A
B
C
S. 231
S. 232
S. 236
1
2
3
4
Bîr Abu Darag
Asl
Gebel Khoshira
381 m
Râs Matarma
Wâdi Wardan
Wâdi el Siq
Wâdi Yarga
Bîr Ghighaimli
Wâdi No'oz
258 m
Gebel el Galâla
1274 m
el Baharîya
Râs Abu Darag
Aîn Hawara
Gebel Fûl
435 m
Wâdi Gharandal
Bîr el Barazi
Aîn Higiya
Ras Umm Maghrab
930 m
Râs Mal'ab
El Gharandal
Hamamet Fara'un
Gebel Hamman Fara'ûn
494 m
Aîn Abu Nateiqina
1187 m
Wâdi Malha
Wâdi 'Araba
Wâdi el Homur
Zafarâna
Mersa Thilmet
El Tileimât
223 m
Gebel Thilmet
656 m
Abu Zenîma
Wâdi Matalla
Gebel Matalla
418 m
Wâdi Nasib
Bîr Nasib
Sheik Barakat
Serabît el Khâdem
Umm Bugma
Gebel Serabî
1096 m
Gebel Atairtir el Dahami
1047 m
Wâdi Baba
Wâdi Kharig
Buerât
Deir el Qaddîs Antwân (Antoniuskloster)
1526 m
Deir Anba Bula (Pauluskloster)
Abu Rudeis
Wâdi Sidri
Gebel Mukattab
742 m
Sheik Suleiman Nafa'i
Gebel Abu 'Alaqa
791 m
Wâdi Mukattab
Wâdi Feirân
Wâdi el Deir
Gebel el Galâla
Râs Issaran
Golf von Suez
El Qa'a
Wâdi el Dakhal
1470 m
Râs Ruahmi
Râs Sharâtib
Gebel Ikma
631 m
Wâdi Abura
el Qiblîya
Wâdi Umm Arta
1206 m
Râs Amir
Râs Abu Bakr
El Bilaiyim
Gebel Umm Tinâssib
1110 m
Wâdi Umm Tinâssib
Abu Durba
Gebel Abu Huswa
677 m
Wâdi Araba
che Wüste
Râs Ghârib
Gebel Umm Rabul
969 m
Wâdi Abu Hâd
Râs el Wa'ir
Râs Abu Suv
Hammam
Gebel Samr el Qa'
893 m
Gebel Samr el 'Abd
1073 m
Gebel Abu 1461 m
Gebel Ghârib
1461 m
Râs Shukheir
908 m
che Wüste)
Gebel Ruseis
949 m
397 m
Wâdi Dâra
Râs Dib
Gebel Ghweirib
1359 m
Wâdi Umm' Sidar
Gebel el Niheidât el Sûd
866 m
Gebel el Kharâza
1359 m
Gebel Dâra
1077 m
Wâdi Dib
Gebel el
457
Bîr Umm' Omeiyid
Râs Umm' Omeiyid
Gebel el Urf
1236 m
Wâdi Umm' Balad
448 m
Ghub el
Abu Had
24
26
27
34
36
312

D
E
F
S. 233
S. 237
1
2
3
4
Gebel el Tîh
'Idwet el Malh 726 m
Wâdi Abu el Gain
Wâdi Girâ
1079 m
1219 m
n a i
Gebel el 'Igma
Gebel Kheiyâla 1221 m
Wâdi Qideira
Wâdi Shafalla
Wâdi el Burum
Wâdi Haysi
Gebel Abu Rutha 1018 m
Gezîra el Fara'ûn (Pharaoneninsel)
Eilat
Taba
Taba Heights
Fjord
Gebel Ghazlâni 1041 m
JORDANIEN
Basata
Ras Barka
El Humaydah
1430 m
Râs el Kelb 999 m
850 m
Coloured Canyon
Wâdi el Ain
Wâdi Nekheil
Ain Umm Ahmed
Ain Furtâga
Wâtir
Gharf
Gebel Fuga 1065 m
Râs el Gineina 1626 m
Wâdi el-Biyâr
White Canyons
Wâdi Ghazala
Wâdi Saada
Tarabîn
Nuweiba City
Nuweiba Port
el Khâdem
Forest of Pillars
Wâdi Maghara
Wâdi Seih
Gebel Dalal 1606 m
Gebel Gunna 1265 m
Gebel Ghlim 1229 m
700 m
Ain Khudra
Nawamis
Sheik Ghannam
Shabib
Blue Desert
Gebel Sukhn 926 m
Râs Abu Galûm Nationalpark
Gebel Banât 1510 m
Wâdi Akhdar
Wâdi el Sheikh
Wâdi Marra
Gebel Nughaimish 1025 m
Gebel Umm Ri' 1372 m
Wâdi Zaghra
Râs Suwayhil
Oase Feiran
Gebel Serbal 2070 m
Watia Pass 1266 m
Râs Abu Galûm
Golf von Aqaba
Gebel Abbas Pasha 2383 m
Gebel Tarbûsh 2093 m
Nabi Salih
Wadi Nasib Pass
Katrien (Migla)
Katharinenkloster
Gebel Musa (Mosesberg, Berg Sinai) 2285 m
Gebel Feirâni 1685 m
Dahab Nationalpark
Blue Hole
Assalah
Dahab
Wâdi Wirqa
Gebel Bab 2228 m
Bîr Nasrani
Gebel Katherina (Katharinenberg) 2642 m
Naturschutzgebiet St. Katherine
Wâdi Nasib
Wâdi Connection
Wâdi Qnai
Ghazâla Bay
Wâdi Mi'r
Gebel Giddat el 'Ila 2245m
Wâdi Luji
Wâdi Lig
Maqna
Wâdi Kid
Ain Kid
Sha'ira Pass 650 m
Gebel Umm Shomar 2586 m
Gebel 'Umm 'Isheirât 1120 m
Gebel el Thabt 2438 m
Wâdi Hudr
Râs Atantûr
SAUDI-ARABIEN
Wâdi Imlaha
Wâdi Isla
Gebel Sabbâgh 2266 m
Nationalpark Wâdi Nabq
Wâdi Mandar
El Tûr
Gibeil
Wâdi Thimân
Wâdi Mahash
Wâdi Umm Adawi
Râs Ash
Sheikh Himeid
Nabq Bay
Râs el Qasba
Râs Garra
Gebel Sahara 1459 m
Jez. Tiran
Tiran & Sinafir Islands Nationalpark
Jez. Sinafir
Gebel Wa'ir 557 m
Râs Nusrâni
Zeit
Râs Kanîsa
Gebel Madsûs 740 m
Naama Bay
Râs Zeit
Râs Umm Sid
Sharm el Sheikh
Zeituna
Râs Ush
Gezr. Ashrâfi
Gezr. Ghânim
Straße von Tiran
Nationalpark Râs Mohammed
Râs Mohammed
Gezr. Umm
Gezr. Qeisûm
35
36
37
34

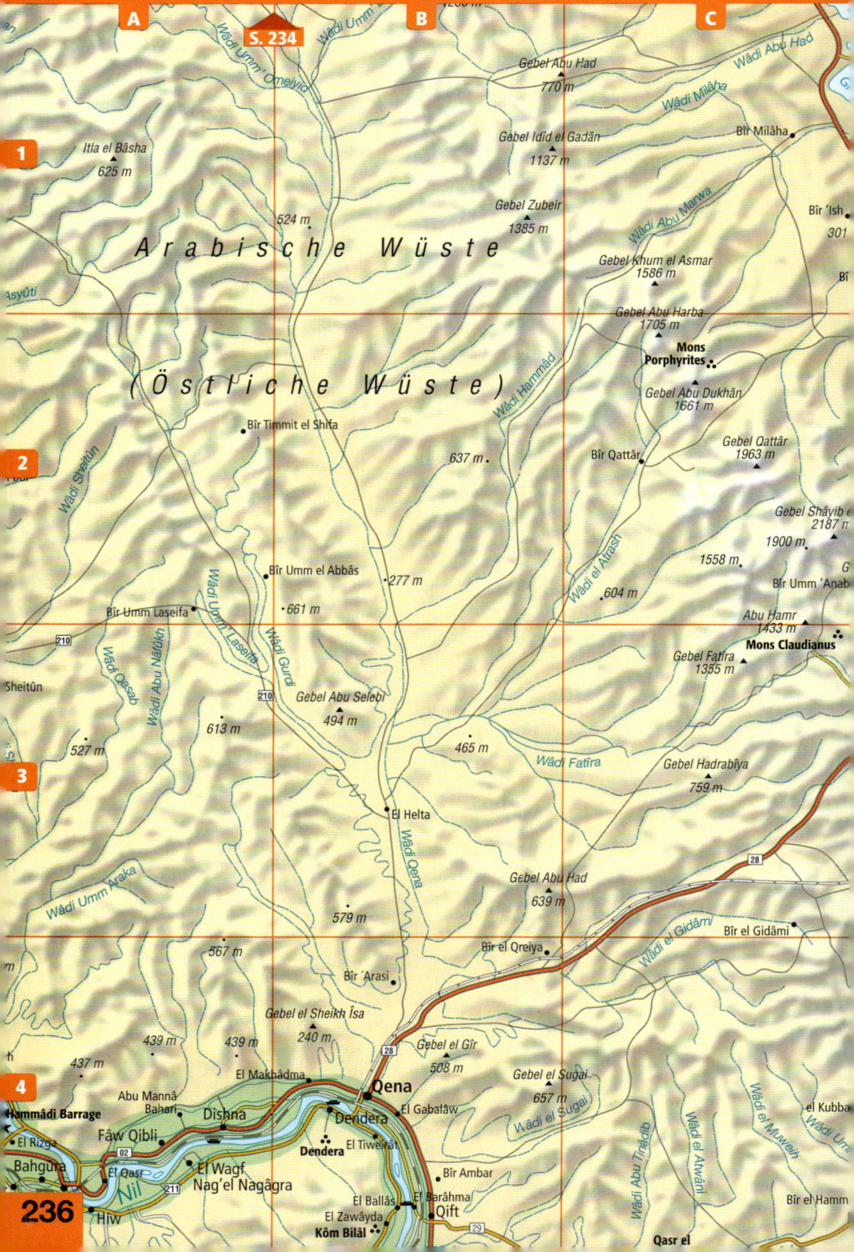
A
B
C
S. 234
1
2
3
4
Arabische Wüste
(Östliche Wüste)
Wâdi Umm 'Omeiyid
Wâdi Umm
Gebel Abu Had
770 m
Wâdi Abu Had
Wâdi Milâha
Bîr Milâha
Gebel Idîd el Gadân
1137 m
Itla el Bâsha
625 m
524 m
Gebel Zubeir
1385 m
Wâdi Abu Marwa
Bîr 'Ish
301
Asyûti
Gebel Khum el Asmar
1586 m
Gebel Abu Harba
1705 m
Mons Porphyrites
Gebel Abu Dukhân
1661 m
Wâdi Hammâd
Bîr Timmit el Shifa
637 m
Bîr Qattâr
Gebel Qattâr
1963 m
Wâdi Sheitûn
Gebel Shâyib
2187 m
1900 m
1558 m
Wâdi el Atrash
Bîr Umm el Abbâs
277 m
661 m
604 m
Bîr Umm 'Anab
Bîr Umm Laseifa
Wâdi Umm Laseifa
Wâdi Gurdi
210
Abu Hamr
1433 m
Mons Claudianus
Gebel Fatira
1355 m
Sheitûn
Wâdi Qesab
Wâdi Abu Nâfûkh
Gebel Abu Selebi
494 m
613 m
527 m
465 m
Wâdi Fatira
Gebel Hadrabîya
759 m
El Helta
Wâdi Qena
28
Gebel Abu Had
639 m
Wâdi Umm Araka
579 m
Wâdi el Gidâmi
Bîr el Gidâmi
567 m
Bîr el Qreiya
Bîr 'Arasi
Gebel el Sheikh Îsa
240 m
439 m
439 m
437 m
Gebel el Gîr
508 m
Gebel el Sugai
657 m
Wâdi el Sugai
El Makhâdma
Qena
Hammâdi Barrage
Abu Mannâ Bahari
Dishna
El Gabalâw
Dendera
Fâw Qibli
El Rizga
El Tiweirât
Dendera
Bahgûra
02
El Qasr
El Wagf
Nag'el Nagâgra
211
Nil
Bîr Ambar
Wâdi Abu Tirâdib
Wâdi el Atwâni
Wâdi el Muweih
el Kubba
Wâdi Um
El Ballâs
El Barâhma
Qift
El Zawâyda
Hiw
Kôm Bilâl
29
Bîr el Hamm
Qasr el

D
E
F
Sharm
Nationalpark
Râs Mohammed
Râs Mohammed
S. 235
Gezr. Ghânim
Gezr. Umm el Heimet
Râs el Barr
Gemsa
Râs Gemsa
Ghubbet el Gemsa
Gezr. Qeisûm
Gezr. Gûbâl
Gezr. Tawîla
Madiq Gubal
Gezr. Shâkir
Abu Sha'r
El Gouna
Abu Sha'r
Gezr. Gifatîn (Giftun Island)
Hurghada
Hurghada International Airport
Gezr. Abu Minqâr
Gezr. Umm Agawîsh
Wâdi Fâliq el Sahl
Magawish
Gebel Lômân 1123 m
Wâdi Abu Aqieri
100 m
Sahl Hasheesh
Makadi
Banât
Bîr Umm Dalfa
Wâdi Umm Kibâsh
Makadi Bay
Rotes Meer
Gebel Umm 'Anab 1782 m
Sharm el Nâga
Gebel Abu Moqul 1246 m
Sôma Bay
Râs Abu Soma
Ghubbet Râs Abu Sôma
Bîr Abu Murrât
1446 m
Wâdi Barûd
Gezr. Safâga
Bîr Umm Tâghir
Safâga
Wâdi Umm Tâghir
Gebel Nagâra 834 m
Bîr Safâga
Abu Mareiwât
Magal
Gebel Weira 1035 m
Bîr Wasîf
Umm Huweitat
Bîr Abu Gawa
Bîr Semna
Gebel Semna 1062 m
Wâdi el Sâqi
G. Umm Zarâbît 708 m
Bîr Quei
•886 m
Wâdi Quei
El Hamarâwein
Magal el Sâqi
Gebel Hamarâwein 679 m
Gebel el Rubshi 996 m
619 m
Bîr Nakheil
Bîr el 'Anz
Bîr Sivala
Quseir
Gebel Mi'tiq 1112 m
Qalt
G. Umm Ba'anib 1038 m
Wâdi Abu Zîran
631 m
Bîr Beida
438 m
Bîr Zareib
Bîr Umm Fawâkhir
Bîr el Muweilih
Bîr Kareim
Bîr el Muweilih
Bîr 'Asal
S. 238
24
28
29
1
2
3
4

A
B
C
1
2
3
4
S. 237
S. 239
Rotes Meer
Quseir
Bîr el 'Anz
Bîr Zareib
Bîr 'Asal
Wâdi 'Asal
Bîr Hamdalla
Râs Abu'Aweid
Gebel Abu Tiyûr
1099 m
Bîr Umm Gherg
1477 m
Râs Toronbi
1309 m
Marsa Mubârak
853 m
Bîr Umm Huwetât
Marsa 'Alam International Airport
Wâdi el Nimra
Wâdi Mubârak
Bîr Abu Dabbab
Wâdi Abu Dabbab
Wâdi Dubur
Blondie Beach Resort
Marsa Shagra
Gebel Abu Diyâb
1160 m
787 m
1096 m
Gebel ´Igla el Iswid
973 m
Wâdi Umm Kharîqa
Marsa Alam
Tondoba Bay
Awlad Baraka
Wâdi Hafya
Wâdi Garf
Bîr Alâm
Hangalîya
Gebel Hangaliya
1240 m
Râs Dirra
Gebel Mudargag
1030 m
Qalt Umm Kharâba
1198 m
Gebel Nugrus
1505 m
Wâdi Ghadir
Bîr Ghadîr
Migwâl el Mafroga
1225 m
Wâdi Sha'it
Sharm el Loly
Gezr. Wâdi Gamal
Wadi el Gamal
Wâdi el Gamal
Wâdi Nuqrus
874 m
Râs Baghdâdi
Bîr Abu Had
290 m
Râs Honkorâb
Wâdi Gamal
Wâdi Natash
Bîr Mâsûr
Abu Ghusum
Gebel Musîwîrab
1021m
741 m
Wâdi 'Antar
872 m
Wâdi Abu Ghusum
683 m
Wâdi Huluz
977 m
470 m
24
212

D
E
F
S. 238
Migwâl el Mafroga
Sharm el Loly
Gezr. Wâdi Gamal
Wadi el Gamal
Râs Baghdâdi
Râs Honkorâb
Wâdi Nuqrus
Wâdi Gamal
290 m
741 m
Musîwîrab
1021m
Wâdi Abu Ghusum
Abu Ghusum
Wâdi Hulûz
470 m
Gezr. Siyûl
Gezr. Showarît
Rotes Meer
Sha'ab Maksur
Hamata
Bîr Qulan
Sha'ab Malahi
Gebel Abu Hamâmîd
1745 m
Gebel Hamata
1977 m
Wadi Lahami
Gebel Kafha
1018 m
Wâdi Lahami
Wâdi el Kharit
1562 m
Bîr Mueilih
Wâdi Na'ait
Berenice
Bîr Taw
Râs Banas
Gebel Zarqet Na'âm
823 m
24
Bîr Shut
Foul Bay
Gebel Dahanib
1268 m
820 m
Wâdi Khûda
Bîr Girid
Bîr Bitan
Gebel Fara'id
1342 m
Bîr Rahaba
bische Wüste
Wâdi Rahaba
Bîr el Sunta
Bîr Abraq
Bîr Hutit
tliche Wüste)
Gebel Umm Tineidba
650 m
673 m
Bîr Abu Sa'ja
Bîr Dif
Wâdi Hodein
Bîr Shalatein
Abu Fendera
Gebel Kalât
640 m
Bîr el Hasa
verwaltet vom Sudan
1
2
3
4

Abbildungsnachweis
Alle Fotos, außer den unten aufgeführten stammen von Axel Krause/laif, Köln

Archiv für Kunst und Geschichte, Berlin: S. 27
Clemens Emmler/laif, Köln: S. 57, 163
Hemispheres/laif, Köln: S. 216/217
RAPHO, Desmier/laif, Köln: Umschlagklappe hinten
Frank Tophoven/laif, Köln: Titelbild

Die **Bibelstellen** sind zitiert nach: Die Heilige Schrift, Wuppertal und Zürich, 7. Aufl. 1996

Abbildungen
Titelbild: Dahab auf dem Sinai
Umschlagklappe vorne: Koptisches Kloster St. Antonius
Umschlagklappe hinten: Urlauber am Roten Meer
S. 1: Detail der Moschee an der Einfahrt in den Suezkanal, Port Said
S. 2/3: Blick über das Oberoi Hotel von Sahl Hasheesh auf das Rote Meer

Kartografie
DuMont Reisekartografie, Fürstenfeldbruck

3., aktualisierte Auflage 2008

Grafisches Konzept: Groschwitz, Hamburg
Druck: Rasch, Bramsche
Buchbinderische Verarbeitung: Bramscher Buchbinder Betriebe